베를린장벽길 산책

베를린 장벽길 산책

장벽길 160km 희망과 슬픔의 기록

백기철 지음

솔과학

추천사

베를린의 올레길-베를린장벽길

　2025년은 독일 통일 35주년이 되는 해입니다. 독일이 40년 동안 동서로 분단되었으니 5년 후에는 독일이 분단되었던 시간과 통일된 하나의 독일로 살게 된 시간이 동일해 질 것입니다. 그 이후에는 물론 통일된 하나의 독일이 존재하는 시간이 계속 더 길어질 것이니 언젠가는 독일 역사 속에서 분단은 아주 짧은 에피소드였다고 말하게 되는 날이 올 것입니다.
　40년이라는 분단의 역사는 독일 민족의 역사 전체를 보면 분명히 짧은 기간이었지만, 분단된 체제를 견디며 살아야만 했던 동시대 사람들에게 그 시간은 결코 짧은 것이 아니었습니다. 그리고 분단은 독일의 많은 곳에 지금도 그냥 지나칠 수 없는 뚜렷한 흔적을 남겼습니다. "베를린장벽길"이라고 불리는 베를린 장벽의 흔적도 그런 흔적 중에 하나입니다. 서베를린 전체를 둘러쌌던 3m 높이의 장벽이 서 있던 자리를 따라 만들어진 이 장벽길을 저는 베를린 올레길이라고 부릅니다.

분단 시기 서베를린은 동독 지역 한 가운데 외롭게 떠 있는 섬과 같은 존재였습니다. 1961년부터는 도시 전체가 높은 콘크리트 벽에 둘러싸인 하나의 감옥과 같았던 서베를린에서 분단을 온몸으로 느끼면서 살았던 사람들에게 베를린 장벽이 사라졌다는 것은 기적과 같은 일이었습니다. 우리가 지금 휴전선이 사라지는 날이 올 수 있다는 것을 상상할 수 없는 것과 다르지 않았을 것입니다. 베를린 장벽길은 그런 암담했던 날들의 기억을 품고 있는 역사의 현장입니다.

여전히 분단을 견디며 살아가야만 하는 한국인들에게 베를린장벽길은 특별한 의미를 가질 수밖에 없습니다. 그래서 저는 베를린 자유대학교 한국학연구소에 방문학자로 오신 분들에게 가능하면 장벽길을 한번 걸어보라고 권합니다. 160km 전부를 완주하는 것이 쉽지 않으면 몇 개의 구간만이라도 걸으면서 분단과 통일을 몸으로 느껴보는 것은 베를린에서만 할 수 있는 특별한 경험이기 때문입니다.

저자는 160km가 되는 베를린장벽길을 전부 걸어서 완주한 몇 안 되는 언론인일 것입니다. 그 경험을 기록한 글을 책으로 출판하는 것은 아주 반가운 일입니다.

그의 글에는 장벽길 곳곳에 남아 있는 분단과 통일의 흔적을 둘러보는 한국 사람이 느낄 수밖에 없는 여러 가지 복잡한 감정이 오롯이 담겨 있습니다. 분단과 냉전의 골이 더욱 깊어지고 있는 한반도의 현실이 더욱 아프게 느껴질 수밖에 없게 만듭니다.

베를린장벽길의 이야기는 한국의 독자들에게 언젠가는 휴전선의 흔적을 따라 만들어진 올레길을 걸을 수 있는 날에 대한 상상의 나래를 펴보라고 권하는 책입니다. 평화로운 한반도를 그리는 것을 포기하지 말라는 이 책의 메시지가 큰 울림을 얻기를 기원합니다.

베를린에서 이은정
베를린자유대 한국학과 교수·한국학연구소장·동아시아대학원장

책 머리에

 2023년 봄부터 여름 사이 베를린장벽길을 걸었다. 독일 통일을 연구하기 위해 베를린자유대 한국학연구소에 몸담았다. 그 와중에 우연찮게 베를린장벽길을 접했다. 재미 삼아 두어 코스 걸어보겠다고 시작했는데 결국 14개 코스를 모두 걸었다. 전체 길이 160km, 400리에 해당한다. 주말을 이용해 한 코스 정도씩 걷다가 나중에 속도가 붙자 일주일에 두세 코스를 걷기도 했다.
 동, 서독 분단 시절 베를린을 동, 서로 갈랐던 베를린장벽에 대해선 많이 들었지만 베를린장벽길이 있다는 건 독일에 가서야 알았다. 분단 시절 서베를린은 동독 영토 내에 섬처럼 존재했다. 베를린장벽은 이 서베를린을 빙 둘러싸 설치됐다. 2차대전 승전국인 미·영국·프랑스·소련 4개 연합국이 독일 땅을 동, 서로 분할 점령했고, 다시 소련 영역 안에 있던 베를린을 네 구역으로 나누어 점령했다. 수도 베를린이 갖는 상징성 때문이었다. 서베를린은 미·영·프 3개국이 점령한 땅이고, 동베를린은 소련이 점령한 땅이었다. 냉전이 격화하면서 동, 서독이 철의 장막으로 막히고, 동, 서베를린 사이에는 장벽이 세워졌다.

베를린장벽길은 분단 시절 세워졌던 베를린장벽을 따라 걷는 길이다. 장벽길이라고 하지만 실제 장벽을 따라 걷는 길은 많지 않다. 1961년 8월 동독 당국이 기습 설치한 베를린장벽은 1989년 11월 붕괴할 때까지 28년 존속했다. 1990년 독일 통일 직후 장벽은 대부분 헐렸다. 2000년대 초반 과거 분단 역사에 대한 독일인들의 관심이 커지면서 예전 장벽이 있던 곳을 따라 베를린장벽길을 만들었다. 베를린장벽길은 분단 시절 동독 국경수비대가 장벽을 경비하기 위해 만들었던 국경 순찰로를 따라 이어진다. 도심 구간의 경우 주택·건물이 들어서고 공원이 생겼고 외곽 구간은 자연의 모습을 그대로 간직한 곳이 많다.

5월의 어느 주말 베를린 집에서 가까운 베를린장벽길을 찾았다. 코스 출발점인 도심 소공원을 걸었다. 장벽길은 공원 산책길을 따라 무심한 듯 이어졌다. 그렇게 한동안 걷다가 묘한 느낌이 들었다. 불과 34년 전까지 철의 장막, 동서 냉전의 현장, 탈출과 죽음의 현장이었던 베를린장벽을 느긋하게 걷고 있다는 게 새삼스러웠다. 젊은 연인들, 산책 나온 노인, 엄마 손을 잡고 나온 아이와 함께 아시아의 이방인인 나조차 평화롭게 예전 대결과 죽음의 현장을 걷고 있다는 게 신기하기까지 했다. 그렇게 베를린장벽길을 걷기 시작했다.

베를린장벽길은 걸으면 걸을수록 다르게 다가왔다. 장벽길을 걸으며 장벽으로 나뉘었던 시절과 이후 시절의 변화를 어렴풋이나마 짐작할 수 있었다. 도심의 한복판을 가르고 지나간 장벽의 폭력성과, 그 야만을 껴안고 살았던 베를린 시민들의 아픔과 용기를 떠올렸다. 군데군데 띄엄띄엄 찾던 베를린의 여러 역사 현장이 장벽이라는 한 코드로 묶여 시간과 공간 속에서 연결됐다.

무엇보다 가슴 아프고 부러웠던 건 동서로 갈린 장벽을 무너뜨리고 34년의 세월이 흐른 지금 그 장벽이 오솔길이 되고 공원이 되고 주택가 도로가 되어 베를린 시민의 삶 속에 녹아든 현실이었다. 베를린장벽길을 걷는 내내 우리 분단 현실을 떠올렸다.

베를린장벽길은 단지 역사의 아픔과 축복만을 간직하고 있는 건 아니다. 장벽길을 따라 숲과 들판, 호수와 강이 어우러진 대자연의 향연이 펼쳐진다. 역사의 아픔을 간직한 어둠의 길이면서도 동시에 수려한 풍광을 자랑하는 빛의 길이기도 하다. 걷는 내내 역사의 상흔과 빛나는 자연이 뒤섞여 잔잔하면서도 신선한 즐거움을 맛볼 수 있었다.

어느 순간부터 기록으로 남겨야겠다는 생각이 들었다. 베를린에 오래 살지 않은 내가 베를린장벽길 답사기를 쓸 수 있을까 하는 걱정이 앞섰다. 베를린의 지인들은 용기를 북돋아 주었다. 베를린을 접한 지 얼마 안 되는 내가 오히려 한국적 감수성으로 장벽길 이야기를 실감 나게 쓸 수 있을 것이라고 격려해 줬다.

베를린장벽길 걷기는 내가 살던 베를린 집에서 전철로 코스의 시작점과 종착점을 오가는 방식으로 진행됐다. 당일 날씨나 시간, 컨디션에 따라 그때그때 코스를 택했다. 집에서 가까운 곳부터 걷다가 남쪽 코스도 한번 가보고 다음에는 서쪽 코스를 걸어보는 식이었다. 내키는 대로 들쭉날쭉 걸은 셈이다. 몇몇 코스는 이런저런 사정으로 도중에 중단한 뒤 다른 날 이어걷기도 했다. 핵심 포인트가 많은 시내 루트의 경우 처음에 설렁설렁 걸었다가 나중에 다시 걷기도 했다.

이렇다 보니 장벽길을 걸었던 순서대로 기록하기는 현실적으로 어려웠다. 결국 처음 걷기 시작했던 코스이자 시내 루트의 핵심 코스 중 하나인 노르트반호프~포츠다머플라츠 코스에서부터 기록하게 됐다. 시내 루트 6개 코스 중 세 번째에 해당하는 노르트반호프~포츠다머플라츠 코스가 실제 걷기의 출발점이자 서술의 시작이기도 하다. 1부에는 시내 루트 6개 코스를 담았고, 2부는 남쪽 루트 3개 코스, 3부는 서쪽 루트 5개 코스를 담았다.

책이 나오기까지 많은 분의 도움을 받았다. 베를린자유대 한국학연구소 이은정 교수님은 내게 베를린장벽길이란 걸 처음으로 소개하면서 걷기를 권해주셨다. 베를린장벽길 답사기 출간 계획을 듣고서 적극 격려해 주셨다. 박원재 당시 통일부 베를린 주재 통일관께서는 베를린장벽길을 먼저 걸었던 경험을 전해주는 한편 중요한 책자와 자료를 건네주셨다. 베를린에 머물던 남은주 전 한겨레신문 기자, 노지원 당시 한겨레신문 베를린특파원은 베를린 정착에 큰 도움을 주었다. 베를린자유대 한국학연구소의 김상국 박사는 독일 통일 관련 각종 프로그램에 참여할 기회를 주셨고, 강호제 박사는 북한 관련 학문적 논의에 접할 기회를 주셨다. 결코 상업적이지 않은 글을 선뜻 맡아주신 솔과학 출판사 김재광 대표께도 감사드린다.

『베를린장벽길 산책』은 여행기, 답사기인 동시에 독일 통일과 분단에 대한 현장 고찰이기도 하다. 베를린장벽길을 걸으며 접한 독일 분단과 통일의 여러 흔적과 유산들이 우리 분단 현실을 극복하고 남북한이 함께 미래를 개척하는 데 조그마한 밑돌이라도 되기를 소망해 본다. 끝으로 책 속에 오류가 있다면 전적으로 필자의 짧은 식견과 부주의 탓이다. 기회 되는 대로 바로 잡을 것을 약속 드린다.

2025년 봄을 맞으며
백기철

베를린장벽길이란

　베를린장벽은 동서 냉전의 대표적 현장이었다. 1961년 8월 13일 밤 동독 정부가 급작스레 서베를린 지역을 빙 둘러싸 봉쇄하면서 생겼다. 장벽은 동독 주민의 계속된 서베를린 이탈을 막기 위한 것이었다.
　서베를린은 동, 서독 분단 국경선에서 훨씬 벗어나 동독 지역 내 깊숙이 섬처럼 위치했다. 2차대전 종전 후 미국·영국·프랑스와 소련은 각각 독일 영토를 동, 서로 나누어 점령하는 한편, 소련 점령지 내에 있던 수도 베를린도 별도로 4개국 관할로 분할 점령했다. 냉전이 격화돼 동, 서독이 분단되면서 베를린도 소련이 점령한 동베를린과 미·영·프 3개국이 점령한 서베를린으로 나뉘었다. 장벽 설치 전까지만 해도 동, 서베를린 사이 왕래는 자유로웠다.
　동독 정부는 애초 베를린장벽에 철조망, 나무 바리케이드, 대전차 장애물 등을 설치했다가 이후 감시탑, 자동경보장치 등을 갖춘 현대화된 콘크리트 벽으로 대체했다. 잘 알려진 대로 1989년 동독

베를린장벽길 위치도
장벽길 14개 코스의 시작과 끝 지점

① 호헨노이엔도르프
② 헤르스도르프
③ 볼란크슈트라세
④ 노르트반호프
⑤ 포츠다머플라츠
⑥ 바르샤우어슈트라세
⑦ 쇠네바이데
⑧ 쇠네펠트
⑨ 리히텐라데
⑩ 리히터펠데쥐트
⑪ 그리브니츠제
⑫ 반제
⑬ 슈타켄
⑭ 헤니히스도르프

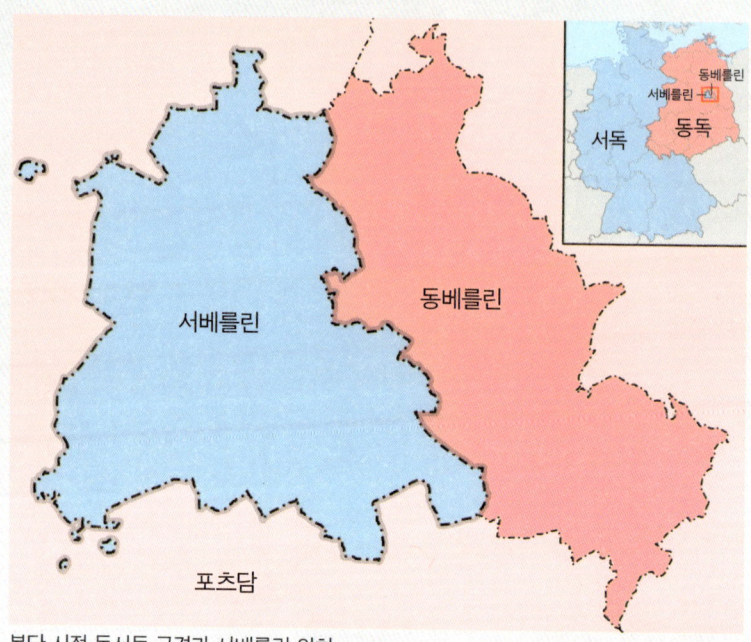

분단 시절 동서독 국경과 서베를린 위치

시민들의 대규모 시위로 베를린장벽이 붕괴하면서 독일 통일의 기폭제가 됐다.

28년 동안 동, 서베를린을 나눈 장벽은 물리적 장벽에 그치지 않고 정치적, 심리적, 사회적 장벽이 됐다. 장벽을 넘어 서베를린으로 탈출하려던 130여 명의 동독 시민이 국경수비대의 총격 등으로 목숨을 잃었다. 동, 서베를린 주민들은 이산의 아픔, 직업 박탈, 이주 자유 제한 등 숱한 고통을 겪어야 했다. 1989년 장벽 붕괴 과정에서 장벽을 넘어 쏟아졌던 동베를린 주민들의 폭발적 반응은 오랜 세월 장벽으로 인한 고통을 짐작게 했다.

1989년 11월 베를린장벽 붕괴에 이어 이듬해인 1990년 10월 독일 통일이 이뤄지자 동, 서독의 대다수 주민은 전체 장벽의 철거를 요구했다. 분단의 고통을 안겨준 지긋지긋한 장벽을 더 이상 남겨둬서는 안 된다는 것이었다. 실제로 통일 이후 대부분의 장벽이 철거됐다. 베를린장벽의 대표적 장소 중 하나였던 체크포인트찰리 검문소의 감시탑마저 2000년 11월 조용히 철거됐다.

이런 흐름은 통일 이후 10년이 더 지나면서 바뀌기 시작했다.[1] 베를린장벽 설치 40주년이자 1953년 동독 인민 봉기 50주년을 2년 앞둔 2001년 즈음에는 독일 분단 역사에 대한 대중의 관심이 고조됐다. 2005~2006년 독일 연방의회와 베를린 상원, 하원은 장벽의 역사에 대해 책임 있는 접근을 하겠다고 선언했다. 2006년 베를린 상원은 '베를린장벽 일반 계획'을 제시했는데, 장벽의 보존 및 설명을 위한 다양한 방법이 포함됐다.

베를린장벽길(Berliner Mauerbeg)은 그런 흐름에 발맞춰 2002년 건설이 시작됐다.[2] 2001년 10월 베를린 하원에서 통과된 결의안에 따른 것이다. 베를린 상원 도시개발부가 건설 프로젝트를 총괄했고 국영기업인 그륀베를린이 공사를 맡았다. 2006년 4년 만에 베를린장벽길 프로젝트가 일단락됐다.

예전 베를린장벽이 있었던 곳을 따라 몇몇 시내 구간에는 두 줄의 벽돌선을 설치하고 장벽길 트래킹을 안내하기 위한 표지판도 충실히 세웠다. 장벽을 넘어 탈출하려다 희생된 이들을 기리기 위해 모두 29개의 추모비를 세웠다. 희생자의 사진과 행적을 담아 희

1　Gabriele Camphausen, Wo stand die Mauer in Berlin(Jaron Verlag, 2008), p.8
2　베를린장벽길 사이트 https://www.berlin.de/mauer/

생된 장소 가까이 자리하도록 했다. 베를린장벽길을 걷다 보면 보수 공사를 하는 게 더러 눈에 띠는데, 이용자의 편의성을 높이기 위한 건설공사는 여전히 진행 중이다.

이렇게 만들어진 베를린장벽길은 14개 코스, 160km, 407리에 달한다. 도시의 옛 서쪽 절반인 서베를린을 둘러쌌던 옛 동독 국경 요새, 즉 장벽의 흔적을 따라 이어진다. 예전 동독 국경수비대가 순찰을 위해 장벽 옆으로 건설한 국경순찰로인 이른바 콜로넨베그와 서베를린 쪽 옛 세관 루트를 중심으로 베를린장벽길이 만들어졌다.

베를린장벽길은 예전 서베를린 지역을 이등변삼각형 모양으로 둘러싸는 모양새다. 동, 서베를린의 경계였던 시내 구간은 6개 코스에 달한다. 베를린 도심을 북쪽에서 남쪽으로 가르고 있다. 서베를린과 브란덴부르크주와의 경계를 이룬 남쪽, 서쪽 구간은 각각 3개, 5개 코스다. 시내 구간은 도심의 핫플레이스들을 지나고 남쪽과 서쪽의 외곽 구간은 숲과 강, 들판 등 아름다운 자연이 펼쳐진다. 자전거 및 도보 여행이 가능하도록 대부분 시멘트 포장이 돼 있다.

각 구간은 7~21km 길이이며, 대중교통을 이용해 각 코스의 시작과 끝을 쉽게 오갈 수 있다. 베를린 지역은 넓은 평원 지대로 장벽길은 대부분 평지여서 걷기에 안성맞춤이다. 우리나라의 제주 올레길 표지판은 청색·주황색 깃발과 간세로 돼 있는데, 베를린장벽길 표지판은 긴 막대 끝 양쪽으로 매달린 흰색·회색의 직사각형 철제 패널이다. 비교적 촘촘히 표지판을 세워놓아 외진 곳에서도 길을 잃을 염려는 거의 없다.

　제주 올레길과 대비되는 점은 베를린장벽길엔 식사나 휴식 공간에 대한 안내가 전혀 없다는 점이다. 시내 구간 장벽길엔 식당이나 카페가 제법 있지만, 길게 이어지는 외곽 구간엔 이런 시설이 거의 없다. 20km 안팎의 몇몇 외곽 구간을 완주하려면 별도로 먹을거리를 준비해야 한다. 지하철에서도 화장실 이용료를 받는 유럽의 특이한 화장실 문화 탓에 화장실 문제도 상당한 부담이다. 베를린 장벽길을 통틀어 화장실에 대한 안내는 아예 없다. 불편한 점이 다소 있지만 그럼에도 장벽길은 언제 걸어도 고즈넉하고 평화롭다.

목차

추천사 베를린의 올레길-베를린장벽길_이은정 • 4
책 머리에 _백기철 • 7
베를린장벽길이란 • 12

1부 베를린장벽길 시내 루트 • 23

1. 공원 산책길 옆 두 줄 벽돌길 • 25
   : 노르트반호프~포츠다머플라츠

2. 체크포인트찰리 박물관의 북한 코너 • 52
   : 포츠다머플라츠~바르샤우어슈트라세

3. 6인 추모비로 시작하는 황홀한 산책길 • 78
   : 바르샤우어슈트라세~쇠네바이데

4. 죽음의 도시를 극복하려는 몸짓들 • 100
   : 쇠네바이데~쇠네펠트

5. 말이 뛰노는 전원마을 • 118
   : 헤르스도르프~볼란크슈트라세

6. 장벽 공원, 장벽 기념관 • 139
: 볼란크슈트라세~노르트반호프

2부 베를린장벽길 남쪽 루트 • 155

7. 쓰레기 트럭을 위해 뚫린 구멍 • 157
: 쇠네펠트~리히텐라데

8. 마리엔펠데 수용소의 난민들 • 170
: 리히텐라데~리히터펠데쥐트

9. 장벽길에 묻힌 빌리 브란트 • 187
: 리히터펠데쥐트~그리브니츠제

3부 베를린장벽길 서쪽 루트 • 213

10. 스파이 다리 위의 장벽길 • 215
    : 그리브니츠제~반제

11. 장벽 위로 누운 교회 • 233
    : 반제~슈타켄

12. 슈판다우숲의 마르크스 명상정원 • 252
    : 슈타켄~헤니히스도르프

13. 희생자에게 총을 쏜 병사에 대한 심판 • 266
    : 헤니히스도르프~호헨노이엔도르프

14. 필사의 터널 탈출이 이뤄진 집 • 280
    : 호헨노이엔도르프~헤르스도르프

에필로그 노르트반호프역에서 대광리역으로 • **297**
참고문헌 • **302**

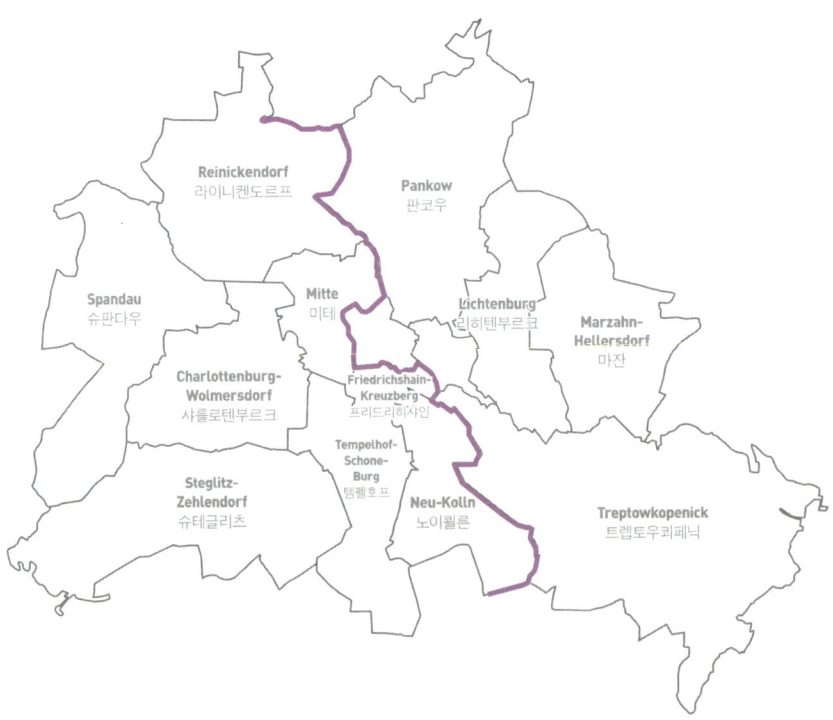

1부
베를린장벽길 시내 루트

1
공원 산책길 옆 두 줄 벽돌길
: 노르트반호프~포츠다머플라츠

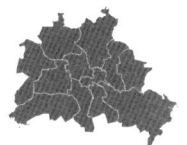

　노르트반호프 공원은 베를린 도심 미테 지역의 조그만 공원이다. 주말 오후인데도 공원은 한산했다. 아이와 함께 나온 이들과 노인들 몇몇이 한가로이 거닐고 있었다. 5월의 햇살이 따사로이 공원을 비춘다. 나무들이 듬성듬성 서 있는 사이로 풀밭과 산책길이 이어진다.

　휴대전화에 띄운 베를린장벽길 구글맵 표시를 따라 공원 입구로 들어섰다. 특별할 것 없는 평범한 소공원이다. 공원 가운데로 난 소로를 따라 걸었다. 길 한쪽 너른 풀밭으로 어린이놀이터가 보인다. 베를린장벽의 흔적은 찾아볼 수 없다. 구글맵을 살펴보니 내가 걷는 길과 지도의 장벽길 표시가 미세하게 차이 난다.

　구글맵의 빨간색 베를린장벽길 표시는 공원 오른쪽 가장자리를 따라 이어진다. 샛길로 방향을 틀어 그쪽으로 향했다. 오롯한 오솔길이 나온다. 제법 우거진 나무와 수풀 사이로 좁다란 흙길이 곧게 뻗어 있다. 마치 공원 한쪽에 다소곳이 숨겨진 것 같다. 좀전의 조금 어수선한 분위기와 달리 고즈넉하다. 이쪽 길로는 오가는 이가 별로 없다.

오솔길 한쪽으로 벽돌이 두 줄로 길게 놓여 있다. 적갈색 직사각형 벽돌을 길이 방향으로 나란히 이어놓았다. 두 줄 벽돌은 길 끝까지 이어진다. 베를린장벽길 표시다. 예전 베를린장벽이 있던 곳에 벽돌로 표시를 해놓았다. 두 줄 벽돌길을 따라 천천히 걸었다. 지금 걷는 길이 과거 무시무시한 콘크리트 장벽이 있던 곳이라는 게 좀처럼 실감 나지 않았다. 분단 현장이라기엔 너무 아늑하고 차분하다. 도로에 접한 공원 가장자리를 따라 난 오솔길은 공원 끝까지 이어진다. 한 쌍의 젊은 남녀가 길가 돌무더기에 앉아 정겹게 얘기하고 있다. 과거와 오늘이 극명히 대비되는, 너무나 비현실적인 공간이다.

오솔길 끝자락에 다다를 즈음 문득 깨달았다. 독일 통일과 분단의 역사가 이 길에 오롯이 담겨 있다는 걸. 공원 한쪽 외진 길이지만 이곳은 과거 죽임과 대결, 원한과 분노의 길이었을 것이다. 그런 길이 이제는 시민들의 산책로가 되고 연인들의 데이트 코스가 되고 아이들의 놀이터가 됐다. 시민들 일상을 보듬는 안식처로 거듭났다.

베를린장벽길 사진 중 딱 하나를 고르라면 나는 망설임 없이 이 오솔길 사진을 고를 것이다. 수풀 사이로 곧게 뻗은 흙길, 그리고

노르트반호프 공원의 장벽 표시길

길 한쪽으로 아득히 이어지는 두 줄 벽돌길은 언제 봐도 아련하다. 며칠 뒤 이 사진을 한국 지인들 카톡방에 올렸다. 예상대로 반응이 남달랐다.

"숲길이 된 베를린장벽이 너무 부럽네요. 우리도 그런 날이 오려나요." "참으로 신박한 사진이네요." "공짜로 걷기엔 엄청 비싼 길이네요. 그 돌 하나 값이 빌딩 하나 값은 되지 않을까요. 그 길이 만들어지기까지 들어갔을 비용이 얼마일 것이며, 그로 인해 나오고 있는 통합 효과는 얼마일지…"

분단 현실을 온몸으로 느끼는 우리나라 사람들은 베를린장벽길의 두 줄 벽돌길을 보는 순간 모든 걸 알아챘다. 살벌하기 짝이 없는 우리의 DMZ 풍경과 베를린장벽길의 지금 모습은 너무도 대비된다. 우리와는 너무 다른 독일 상황을 노르트반호프 공원 두 줄 벽돌길은 웅변하고 있다.

곰곰이 생각해 보니 얼마 전 도심 관광차 찾았던 포츠다머플라츠에서도 두 줄 벽돌 표시가 있었다. 베를린장벽은 베를린의 중심 광장인 포츠다머플라츠를 두 동강 냈다. 이곳의 두 줄 벽돌길은 짧다. 도로 건널목 옆에 표시되거나 광장에 남겨진 옛 장벽의 조각과 조각 사이를 잇는다. 벽돌길 중간중간 직사각형 구리 동판에 'berliner mauerweg'(베를린장벽길)이란 독일어 표시가 돼 있다.

같은 두 줄 벽돌길인데 느낌은 사뭇 달랐다. 포츠다머플라츠의 두 줄 벽돌길은 옛 역사의 흔적이 담긴 유럽의 여느 관광지와 비슷한 느낌이다. '아, 베를린이 과거에 이렇게 분단됐었구나'라고 생각하게 한다. 노르트반호프 공원 한쪽의 두 줄 벽돌길은 역사 유적이라고 하기엔 좀 밋밋하다. 그냥 주민 산책길에 장벽길 표시를 곁들여 놓은 정도다. 예전의 무시무시한 장벽이 있던 곳이라곤 생각하기 쉽지 않다. 시민들이 아는 듯 모르는 듯 지나치며 산책하고 명상하는 삶의 현장에 장벽의 옛 흔적이 녹아들어 있을 뿐이다.

노르트반호프 공원은 내가 처음 장벽길을 걸었던 노르트반호프~포츠다머플라츠 코스의 초입에 해당한다. 베를린장벽길 시내 구간의 세 번째 코스다. 모두 7km 길이로, 베를린 도심의 상징적 장소들을 지난다. 첫 코스로 이곳을 택한 건 내가 살던 베를린 집에서 가까웠기 때문이다.

5월 중순의 주말이었을 것이다. 따스한 햇살이 내리쬐는 청명한 날씨였다. 날은 너무 좋은데 딱히 할 게 없었다. 어떻게 온 유럽인가, 빛나는 주말 오후를 빈둥빈둥 집에서 보낼 순 없었다. 그때 문득 베를린자유대 한국학연구소 지도교수가 베를린장벽길을 걸어 보라고 한 게 생각났다. 이른 점심을 먹고 집을 나섰다. 베를린의 지인이 소개해 준 베를린장벽길 사이트, 그리고 베를린장벽트레일 구글맵을 길잡이 삼았다.[1] 일단 집에서 가장 가까워 보이는 코스로 향했다.

노르트반호프는 베를린 중심가 북쪽의 지하철역이다. 유서 깊은 미테 지구에 속한다. 노르트반호프, 즉 독일어로 북역이다. 애초 1840년대 철도역이 생겼고, 1936년 바로 옆에 지하철역이 새로 생겼다. 한때 북부 독일로 가는 길목이었던 지상의 기차역 건물은 2차대전 중 폭격을 맞아 소실됐다.

베를린 서남부 슈테글리츠의 내 집에서 지하철로 30분 정도 가면 노르트반호프 지하철역이다. 이 역은 베를린장벽이 생긴 이후 '유령역'으로 불렸다. 지하철은 다니지만 타고 내리지 못하는 역이었기 때문이다. 장벽 설치 이후 서베를린의 남과 북을 잇는 지하철은 땅 밑으로 동서 베를린 경계를 넘나들며 계속 다녔다. 하지만 동베를린 쪽에 속한 지하철역은 승객의 승하차가 불허된 채 그냥 지나쳐야 했다. 지하철이 동베를린 땅 밑을 지날 수는 있지만 사람이 동베를린 쪽 지하철역에서 오르내릴 수는 없었다. 노르트반호

---

[1] Berlin's Wall Trail – Mauerweg. 2015년 베를린장벽길을 완주한 이가 만들어놓은 구글맵이다. 베를린장벽길을 걷는 내내 이 맵에 의존했다.
베를린장벽길 공식 사이트(https://www.berlin.de/mauer/mauerweg/)에서는 각 코스에 대한 풍부한 정보를 얻을 수 있다.
베를린장벽재단(https://www.stiftung-berliner-mauer.de/de)이 만든 안드로이드앱 'The Berlin Wall 1961-1989'에도 지도와 함께 각종 정보들이 담겨 있다.

1. 공원 산책길 옆 두 줄 벽돌길 29

포츠다머플라츠에 남아있는 예전 베를린장벽 조각

프 지하철역 구내에는 당시 동독 당국이 역과 승강장 입구를 나무 판자 등으로 틀어막은 사진들을 빼곡히 전시해 놓고 있다.

역 출구 네거리에서 오른쪽으로 길을 건너면 베를린장벽기념관 거리이고, 왼쪽으로 건너면 노르트반호프 공원이다. 가르텐슈트라세를 따라 이어지는 공원 담장이 예전의 동, 서베를린을 가르는 국경이었다. 그곳에 베를린장벽의 바깥벽, 즉 외벽이 세워졌다. 동독 당국은 외벽 안으로 다시 내벽을 만들고 두 벽 사이로 완충지대를 만들어 감시장비들을 배치했다. 쉽게 말해 지금의 공원은 두 벽 사이의 완충지대가 장벽 붕괴 이후에도 그대로 녹지로 남아 공원이 된 것이다. 5.5ha, 1만 6천여 평 규모로 약 1km에 걸쳐 긴 돛처럼 공원이 뻗어 있다.

지금은 호젓하기 짝이 없지만 노르프반호프 공원 역시 분단 시절의 아픔을 고스란히 간직하고 있다. 레오 리스가 베를린장벽을 넘다 희생된 곳은 공원 초입에서 300m가량 지난 지점이다. 베를린장벽재단이 독일연방정치교육센터 등과 함께 만든 베를린장벽길 안드로이드앱 'The Berlin Wall 1961-1989'는 리스가 숨진 지점을 지도 위에 정확히 표시하고 있다. 공원 안 놀이터 바로 옆이다. 정작 베를린장벽길을 걸을 때는 이 앱이 있는 줄 모르고 있다가 나중에 알게 됐다. 장벽길을 걷는 내내 의지한 베를린장벽길 구글맵 'Berlin's Wall Trail-Mauerweg'도 비록 개인이 만들었지만 훌륭한 길잡이였다.

1969년 9월20일 밤 45살의 레오 리스는 서베를린으로 탈출하기 위해 노르트반호프 지하철역 근처 국경지대로 숨어 들었다. 하지만 그를 발견한 경비견이 짖기 시작했고 장벽의 내벽을 넘으려다 경보장치를 건드렸다. 리스를 발견한 동독 경비병이 추격했지만 이미 내벽을 넘은 뒤였다. 리스가 장벽 순찰로와 탱크 장애물 등을 넘어 외벽으로 향하는 동안 두 곳 감시탑에서 모두 78발의 총알이 쏟아졌다. 리스는 외벽에 미치지도 못한 채 가슴에 치명상을 입고 쓰러져 현장에서 숨졌다. 동독의 동쪽 끝 헤네르스도르프에서 부인, 그리고 일곱 명의 아이들과 함께 살며 농업회사에 다니던 리스가 왜 서베를린으로 탈출하려 했는지는 알려지지 않았다.

사건 당시 장벽을 사이에 둔 동, 서베를린 양쪽 집들에 총소리가 들렸고 주민들은 창밖으로 이를 지켜봤다. 총알 중 하나는 서베를린 쪽 아파트의 노부부가 살던 집 창문을 때렸다. 서베를린 언론은 이 사건을 대서특필했고 사건 발생 지역을 관할하던 프랑스 연합군 사령관은 동독 국경수비대의 비인도적 행위를 규탄하는 성명을 냈다. 당시 총을 쏜 병사들은 동독 정권으로부터 '국경에서의 모범적 행위 메달'을 받았지만 독일 통일 이후인 1997년 서베를린 검찰의 조사를 받아야 했다. 서베를린 검찰은 이 병사들이 상부 명령에 따라 총을 쏘았다는 이유로 불기소 처분했다.

베를린장벽길을 걷기 전에도 노르트반호프를 찾은 적이 있다. 베를린장벽기념관을 보기 위해서였다. 두 번째는 베를린장벽길을 걷기 위해서였다. 같은 장소를 보름 사이 나시 찾았지만 느낌은 사뭇 달랐다. 베를린장벽기념관은 동, 서베를린 분단 시절의 흔적을 훑는 역사 관광에 가까웠다. 반면 노르트반호프를 출발점 삼아 베를린장벽길을 걸었을 때는 살아 숨쉬는 역사의 현장에 들어선 느낌이었다. 베를린장벽길이란 공간을 매개로 과거 역사와 오늘의 삶이 절묘하게 어우러져 있었다.

베를린의 4월은 봄이라기엔 무척 쌀쌀했다. 한국은 이미 봄인데 베를린은 아직이었다. 차가운 칼바람에 옷깃을 여미며 동서독 분단 현장인 베를린장벽기념관을 찾았다.

비가 오락가락하는 우중충한 날씨였다. 그럼에도 베를린장벽기념관 거리가 있는 베르나우어슈트라세는 사람들로 붐볐다. 현장 교육 나온 학생들과 관광객들이 여기저기 눈에 띄었다. 동, 서베를린 국경이었던 베르나우어슈트라세를 따라 베를린장벽의 흔적들이 여기저기 산재해 있다. 실제 장벽도 수백 미터가량 남아 있고, 예전 장벽 자리에는 쇠막대를 연달아 세워놓았다. 장벽 탈출 과정에서 희생된 이들의 사진을 한데 모아 놓은 추모 조형물 앞에선 한

베를린장벽기념관 문서센터 전망대에서 바라본 베를린장벽의 모습

무리의 학생들이 누군가의 설명을 열심히 듣고 있다.

베르나우어슈트라세 서쪽 끝자락에 있는 베를린장벽기념관 문서센터 옥상에 올랐다. 옥상에서 아래를 보니 예전 장벽의 실제 모습이 한눈에 들어온다. 높은 콘크리트 벽으로 된 외벽, 그 뒤로 동독 주민들의 접근을 원천 차단하기 위해 추가로 설치한 내벽이 보인다. 두 벽 사이는 널찍한 잔디밭이다. 순찰로와 각종 조명, 경보 장치 등이 설치돼 있다. 잔디밭 한쪽에는 높다란 감시탑이 있다. 동독 병사들이 상주하며 탈출자를 감시한 곳이다. 그 감시탑 너머로 멀리 옛 동베를린의 상징과도 같았던 텔레비전타워가 우뚝 솟아 있다. 왠지 을씨년스럽다.

노르트반호프 공원을 나와 길모퉁이를 돌면 리젠슈트라세다. 이 거리는 길 자체가 예전의 국경이었다. 베를린장벽길은 리젠 철교가 있는 원형교차로에서 남서쪽으로 꺾인다. 프로이센 시절 만들어진 리첸 철교는 지금은 사용되지 않는다. 베를린장벽은 그 철교 아래로 지나갔다. 그 장벽의 일부가 지금도 철교 밑에 남아 있다. 이 장벽 조각은 건물 벽 위에 세워져 있어 접근이 쉽지 않다. 그림에도 장벽 조각엔 어지럽게 그래피티가 그려져 있다. 그래피티 천국인 베를린답게 상당수 장벽 조각은 물론 장벽길 안내판에도 그래피티가 그려져 있다.

리젠슈트라세를 따라 있는 세인트헤드윅 성당 묘지와 프랑스 개혁공동체 묘지는 묘지벽이 곧 장벽이 됐다. 장벽 설치 초기에는 동독 주민들이 묘지를 드나들 수 있었다. 하지만 세월이 흐르면서 묘지들은 점점 요새화됐다. 묘지 안에 내벽이 생기고 순찰로가 들어서면서 묘지는 크게 훼손됐다. 인근 샤른호스슈트라세에 있는 인발리데 묘지도 마찬가지였다. 묘지 한쪽 벽이 운하를 따라 장벽이 되면서 묘지 안에 온갖 장벽 시설물이 들어섰다. 1748년 만들어진 이 묘지는 프로이센 시절 전쟁 영웅들의 묘지였다.

동, 서베를린 국경은 제법 넓은 도로인 쇼쎄슈트라세를 가르고 지나갔다. 이곳 건널목에서는 1961년 11월 드라마틱한 자동차 탈출이 이뤄졌다. 동베를린 주민 5명은 오래된 오펠 자동차를 타고 이 국경 건널목을 넘어 탈출하는 데 성공했다. 이들은 자동차 내부의 옆과 뒤쪽을 시멘트로 채웠고 앞 유리에는 철판을 댔다. 자동차로 국경을 넘을 때 100여 발의 총탄이 쏟아졌지만 자동차는 끄떡없었다. 서베를린 쪽으로 넘어온 뒤 자동차 앞 유리 오른쪽과 그 아래 보닛에 총탄구멍이 크게 뚫렸지만 5명 모두 무사했다. 베를린장벽이 만들어진 지 3개월 만의 일이었다.

베를린장벽길 사이트는 예전 쇼쎄슈트라세 검문소 자리 바닥에 토끼 실루엣 모양의 동판인 '토끼 들판'(Rabbit Field) 조각품이 있다고 알려줬다. 하지만 여기저기 둘러봐도 찾을 수 없었다. 아마도 내가 제대로 위치를 파악하지 못했거나 도로 보수 공사 와중에 놋쇠 토끼가 치워졌을 수도 있다. 이 조각품은 1989년 베를린장벽이 허물어지면서 사람들과 달리 장벽 일대 녹지에서 장벽을 넘나들며 살던 토끼들이 삶의 터전을 잃은 걸 기리기 위해 만들어졌다. 장벽 일대 바닥에 120개의 놋쇠 토끼가 새겨졌지만 일대가 점차 개발되면서 상당수 토끼 조각이 없어졌다고 한다.

보엔슈트라세를 따라 걷다 길모퉁이를 돌면 탁 트인 물길이 나온다. 예전 동, 서베를린 국경이었던 베를린-슈판다우 운하다. 이 운하의 동쪽 변으로 베를린장벽이 들어서 있었다. 운하 바로 앞에 동독 시절 감시탑이 우뚝 솟아 있다. 킬러에크 감시탑이다. 킬러슈트라세 모퉁이에 자리해서 붙여진 이름이다. 귄터 리트핀 기념관으로도 명명돼 있다. 베를린장벽에서 처음 총을 맞고 사망한 귄터 리트핀을 기리기 위해 붙여진 이름이다.

고층 건물 사이로 흐르는 도심 운하 앞에 떡하니 버티고 있는 킬러에크 감시탑은 초현실적이다. 유럽 현대 도시 베를린 한가운데에 포로수용소에나 있을 법한 감시용 망루가 버젓이 있다는 게 무척 새삼스러웠다. 감시탑 일대는 유로파시티 지구로 조성돼 사무실과 아파트가 빽빽하다. 베를린장벽 붕괴 직후 장벽이 대부분 철거됐듯 여기저기에 있던 감시탑도 대부분 사라지고 지금은 극히

베를린-슈판다우 운하 앞 킬러에크 감시탑

일부만 남아 있다.

　베를린장벽을 따라 동독 국경수비대가 만든 감시탑은 280개에 달했다. 이중 현장 지휘관이 위치한 감시탑은 모두 32개로, 킬러에크 감시탑도 그중 하나였다. 현장 지휘소로 운영되는 감시탑은 병사들이 상주하는 감시탑보다 규모가 컸다. 5개 층으로 이뤄진 조립식 콘크리트 건물 형태다. 약 13.5m^2 규모의 정사각형 평면으로 높이가 약 10m에 달했다.

　다행히 킬러에크 감시탑 내부 관람이 허용되는 시간이었다. 철제 계단을 통해 위로 올라가도록 돼있다. 입구에서 자원봉사자로 보이는 젊은 여성이 상냥하게 맞아준다. 휴식 공간으로 사용된 중간층을 거쳐 꼭대기 층에 오르니 마네킹 동독 경비병이 버티고 서 있다. 마네킹 병사는 날카로운 눈빛으로 밖을 응시하고 있다. 창밖으로 베를린-슈판다우 운하가 한눈에 들어온다.

분단 시절 국경이었던 운하 폭은 그다지 넓지 않다. 이 운하는 12.2km 길이로, 슈프레강과 하펠강을 연결한다. 베를린은 강과 호수도 많지만 곳곳에 운하와 수로를 뚫어 놓아 해상교통이 발달해 있다. 운하 이쪽에서 저쪽으로 헤엄쳐 건너는 데는 오래 걸리지 않을 것 같다. 얼추 실내 수영장의 25m 레인 정도다. 하지만 분단 시절 운하를 건너는 건 너무도 위험천만이었다. 동쪽에서 서쪽으로 탈출하려면 감시탑과 연결된 장벽의 내벽을 넘고 다시 운하 코앞의 외벽도 넘어야 했다. 두 개의 장벽을 넘어야 비로소 운하로 들어설 수 있다. 설사 벽을 모두 넘어 운하 앞에 이르렀다 해도 서쪽으로 헤엄쳐 건너는 순간이 가장 위험하다. 당시 동, 서베를린 국경선은 운하의 서쪽 연안을 따라 그어졌다. 동독 당국이 보안상 편의를 위해 운하의 동쪽 연안에 장벽을 설치했지만 장벽 너머 운하 자체는 동베를린 영역이었다. 운하를 완전히 건너 서베를린 땅을 밟지 않고선 안전을 담보할 수 없었다.

베를린장벽 설치 직후인 1961년 8월24일 실제로 그런 일이 일어났다. 24살의 청년 귄터 리트핀은 오후 4시쯤 운하 동쪽의 훔볼트 항구에서 건너편 서베를린 땅으로 탈출을 시도했다. 리트핀이 장벽을 넘어 운하 바로 앞까지 접근했을 때였다. 동독 경찰이 이를 발견하고 소리치며 경고사격을 했다. 리트핀은 아랑곳하지 않고 운하로 뛰어들어 헤엄치기 시작했다. 얼마 지나지 않아 동독 경찰이 조준사격을 가했다. 목 뒤에 총알 두 발을 맞은 리트핀은 물속으로 고꾸라졌다. 세 시간여 뒤 리트핀이 싸늘한 주검으로 떠올랐

슈프레강변 장벽길 귄터 리트핀 추모 비석과 안내판

다. 주검은 운하를 관할히는 동베를린 경찰이 건져 올렸다. 건너편 서베를린 쪽 연안에서는 사람들이 충격에 휩싸인 채 이 광경을 지켜보았다.

　권터 리트핀은 베를린장벽 설치 이후 동독 군인의 총격으로 사망한 최초의 희생자였다. 리트핀은 동베를린 출신이지만 서베를린으로 직장을 다녔다. 연극 재단사를 꿈꿨던 리트핀은 재봉 견습 과정을 마친 뒤 서베를린의 맞춤 제작 스튜디오에서 일했다. 서베를린에 아파트를 구했지만 동베를린에 사는 어머니를 부양하기 위해 정식 이사 절차를 미루고 있던 중 베를린장벽이 설치됐다. 졸지에 직장을 잃은 리트핀은 서베를린으로 탈출을 감행했지만 비극으로 끝나고 말았다. 리트핀이 운하로 뛰어들었던 장소에는 추모 비석이 세워져 있다. 권터 리트핀의 동생 위르겐 리트핀은 형의 죽음 이후 동베를린에서 반체제 인사로서의 삶을 살았다. 1980년 10개월간 감옥에 갇혔던 위르겐 리트핀은 동독 정치범 송환사업을 벌였던 서독 정부가 1981년 동독 정부에게 9만 6천마르크의 몸값을 주고 서베를린으로 데려왔다.

감시탑을 지나 모퉁이를 돌아서니 운하를 따라 푸른 나무들이 이어지는 산책길이다. 운하 옆 벤치에 앉아 목을 축였다. 주말 오후 자전거 타는 이들이 제법 많다. 몇 무리의 젊은이들이 5월의 햇살을 가르며 지나갔다. 좀전의 흉측한 감시탑과는 전혀 다른 풍경이다.

좁은 운하는 널찍한 슈프레강과 만난다. 강물 위로 관광객을 가득 실은 유람선이 떠다닌다. 정말 극과 극이다. 멀리 베를린 중앙역이 보이고 강 너머로는 공화국광장의 연방의회 의사당이 시야에 들어온다. 길바닥 한쪽에는 여전히 두 줄 벽돌길, 베를린장벽길 표시가 이어진다. 그 길을 따라 현지인과 관광객이 뒤섞여 걷고 달린다. 5월의 햇살 아래 모든 게 활기차다. 과거와 현재가 극명히 대비돼 교차하는 현장이다.

베를린장벽길을 걸으면서 조금씩 깨달았다. 베를린은 죽음의 도시, 잿빛 도시인 동시에 희망의 도시, 빛의 도시라는 걸. 수많은 죽음의 그림자가 켜켜이 쌓여 도시를 뒤덮고 있지만 그 나락에서 떨치고 일어나려는 희망의 움직임 또한 눈부시다는 걸.

장벽길 걷기를 시작할 때는 몰랐지만 내가 무심코 첫날 걸었던 노르트반호프~포츠다머플라츠 구간은 베를린장벽길의 하이라이트 구간 중 하나였다. 길이는 7km에 불과하지만 시내 중심부를 관통하며 베를린의 상징과도 같은 곳들을 여럿 지난다. 그중에는 장벽길을 걷기 전 이미 들른 곳도 있고, 장벽길을 걸으며 접한 뒤 나중에 다시 찾은 곳도 있다.

이 구간엔 베를린 여행객이라면 한 번씩은 찾을 법한 장소들이 아주 많다. 그런 장소들만 훑어봐도 좋지만 장벽길을 따라 걸으며 함께 연결해 보면 훨씬 흥미롭다. 베를린에서 장벽길 걷기에 푹 빠져 있는 동안 주변 지인들에게 장벽길 걷기를 권하며 추천한 코스도 노르트반호프 공원 구간이다. 나중에 지인들과 함께 다시 걸었던 코스 역시 이 구간이다.

유람선이 떠다니는 슈프레강을 건너면 연방의회가 있는 공화국광장이다. 연방의회는 장벽길을 걸으며 처음 접했다가 나중에 다시 찾았다. 광장의 넓은 잔디밭엔 관광객, 나들이객들로 북적였다. 광장의 동쪽으로 웅장한 연방의회 의사당이 버티고 서 있다. 연방의회 쪽으로 가기 전 광장 맞은 편에 눈에 띄는 건물이 있다. 세련된 현대식 건물이다. 구글맵을 찾아보니 다름 아닌 연방총리실이다. 동, 서독 통일 이후 새로 지은 총리 집무실인데, 2001년 완공돼 앙겔라 메르켈 전 총리부터 사용했다. 통일 독일의 초대 총리였던 헬무트 콜은 1998년 실각한 탓에 이곳에 들지 못했다. 8층 규모로 꽤 큰 편이다. 건너편 연방의회와는 광장을 사이에 두고 불과 수백 미터 떨어져 있다. 독일이 의원내각제 국가여서 그렇게 했을 것이다. 대통령제 국가인 우리나라에선 대통령 집무실을 여의도 국회의사당 바로 앞에 짓는 일을 상상하기 어렵다.

연방의회 의사당 건물 바로 뒤편이 베를린장벽길이다. 동, 서베를린 분단 시절 국경선의 바로 서쪽, 서베를린 쪽에 의사당 건물이 있었다. 이 의사당은 애초 독일제국 시절인 1894년 제국의회 건물로 세워졌다. 제정이 무너지고 바이마르공화국이 성립하면서 잠시 제대로 된 의회로 기능했다. 1933년 제국의회 방화사건으로 불에

슈프레강변 옆 장벽길 표시 두 줄 벽돌길

탔고, 2차 대전 와중에 크게 파괴됐다. 2차대전 이후 동, 서독 분단으로 베를린이 두 동강 난 탓에 이 건물은 제대로 기능하지 못했다. 서독은 수도를 본으로 정하면서 연방의회도 그곳의 몇몇 건물로 들어갔다. 장벽 코앞에 있는 탓에 연방의회 건물은 애물단지로 남았다. 1990년 독일 통일 뒤 1999년 수도를 본에서 베를린으로 옮기면서 이 건물도 다시 연방의회로 사용되기 시작했다.

슈프레강변에서 장벽길을 따라 연방의회 뒤쪽 모퉁이를 도는 순간 조금 특이한 빨간 벽돌벽이 있었다. 장벽 조각은 아니다. 그렇다고 의회 건물도 아니다. 낡고 허름하면서 두툼한 벽돌벽 조각인데 어디선가 옮겨다 놓은 것이었다. 안내판을 읽어 보니 다름 아닌 폴란드 그단스크 조선소 벽의 일부였다. 동유럽 공산주의 정권 몰락의 단초를 기념하기 위해 폴란드 의회가 독일 의회에 보내온 것이다.

안내판에는 이 벽이 1980년 8월 14일 폴란드 자유노조 지도자 레흐 바웬사가 뛰어넘었던 벽이라고 돼 있다. 바웬사는 이 벽을 넘어 봉쇄된 그단스크 조선소 안으로 들어갔다. 당시 그단스크 조선소 노동자들이 공산주의 정권에 항의해 시위를 벌이자 당국은 조선소를 봉쇄해 버렸다. 바웬사가 이를 뚫고 들어가 노동자들을 이끌어 파업을 조직했다. 이것이 폴란드 자유노조의 시작이었다. 폴란드 자유노조 운동은 이후 당국의 탄압에도 굴하지 않고 1980년대 내내 끈질기게 투쟁해 1989년 마침내 민주화를 이뤄냈다. 1980년 8월혁명은 노동자의 천국이라는 소련·동유럽권에서 노동자들이 일으킨 최초의 노동자혁명이라고 할 수 있다.[2] 자유노조 운동은 점차 다른 동유럽 국가로까지 번져갔다. 자유노조 깃발 아래 이뤄진 폴란드 민주화는 유럽의 동서 냉전 종식과 베를린장벽 붕괴의 서막이었다.

독일 통일 원인을 두고는 여럿을 꼽지만 동유럽 민주화, 다시 말해 동독 인민들의 민주화운동을 빼놓고 설명할 수 없다. 서독 총리 빌리 브란트의 동방정책, 소련 서기장 미하일 고르바초프의 개혁개방도 중요한 요인으로 꼽힌다. 하지만 동독 내에서 떨치고 일어나 베를린장벽을 허물고 공산정권을 무너뜨린 동독 인민들의 평화혁명이야말로 통일의 결정적 원인이었다. 그렇게 보면 폴란드 자유노조는 독일 통일의 시원인 셈이다. 폴란드 자유노조 발상지 그단스크 조선소의 벽 조각이 독일 의회 뒤쪽 모퉁이에 조촐하게 놓여 있는 건 좀 약소해 보이기도 했다.

장벽길 사이트는 이곳에서 연방의회로 들어서기 전 슈프레강변

---

2 김영희 『베를린장벽의 서사』(창비 2016) 139~145면

을 따라 동쪽으로 짧은 여행을 하라고 권한다. 이른바 '눈물의 궁전'(트라넨팔라스트)이다. 동독 당국이 프리드리히슈트라세 기차역에 국경 통관을 위해 만들었던 건물이다. 통일 뒤 철거하지 않고 보존하고 있다. 눈물의 궁전이란 이름은 동, 서독 주민들이 이곳에서 가족과 친지들을 만나고 헤어지며 눈물짓곤 했기 때문에 붙여졌다.[3] 우리로 치면 금강산의 이산가족면회소와 비슷하다. 공화국 광장 초입에서 슈프레강변을 따라 걸어가면 10분 남짓 걸린다. 나는 장벽길을 걷기 전 이미 눈물의 궁전을 찾았다.

눈물의 궁전은 베를린에 머무는 동안 몇 차례 갔다. 프리드리히슈트라세역은 도심 미테 지역의 큰 역이어서 이런저런 일로 찾을 일이 많았다. 훔볼트대학이나 박물관들이 모여 있는 박물관섬을 갈 때도 이 역을 이용했다. 역 청사 자체는 분단 시절의 흔적은 거의 찾을 수 없다. 역 구내는 오가는 사람들로 항상 붐비고 온갖 프랜차이즈 가게들이 가득하다.

프리드리히슈트라세 역은 분단 시절 유령역 중 하나였다. 서베를린에서 출발한 기차가 국경을 넘어 이 역으로 들어서면 승객들은 모두 내려 미로처럼 만들어진 통로를 따라 이동하면서 입국 절차를 거쳤다. 역 바로 옆의 눈물의 궁전을 통해 동베를린 지역으로 들어갈 수 있었다. 동독 주민들 역시 이 역을 통해 서베를린으로 들어왔다. 앙겔라 메르켈 전 독일 총리는 자서전에서 이 역을 통해 서베를린으로 여행한 일을 적어 놓았다. 분단 시절 동베를린에 살

---

3 이은정 『베를린, 베를린』(창비 2019) 110~115면

던 메르켈은 베를린장벽 설치 이후 처음으로 1987년 프리드리히 슈트라세 역을 통해 서베를린으로 여행했다. 미테 지역에 살던 그는 매일 이 역에서 전철을 타고 직장이던 동독과학아카데미로 출근했는데, 역 분위기가 매우 스산했다고 적었다. 이 역에서부터 열차 방향이 동쪽과 서쪽으로 나뉘고 자신은 동쪽만 출입할 수 있었다. 메르켈은 1987년 이 역을 통해 서베를린으로 여행하던 때를 회상하면서 "이제야 드디어 이 역에서 경비견 소리만 듣지 않고 직접 서쪽 구역으로 넘어갈 수 있었다"고 적었다.[4]

눈물의 궁전은 이름과는 달리 외관은 상당히 세련된 느낌이다. 유리 벽으로 된 유선형 건물이다. 내부는 현장 교육 나온 학생들, 관광객들로 제법 북적거렸다. 동독 시절의 이런저런 사진, 영상 등이 주제별로 잘 정리돼 있다. 안쪽으로 더 들어가면 동독 시절 입국심사대가 있다. 여러 개의 문으로 된 통관 부스들이 한데 붙어 있다. 그중 하나를 열고 들어가니 유리창 너머로 동독 군인 옷이 걸려 있다. 입국 심사를 받을 당시의 분위기를 조금 느낄 수 있다. 견본으로 놓인 당시 출입국 서류들을 살피며 유리 부스를 지나 출구 쪽 문으로 나왔다. 잠시 묘한 느낌이 들었다. 34년 전 이미 무용지물이 된 입국심사대지만 분단 시절의 잔상이 남아 있다. 예전 국경 통과 검문소의 입국심사대를 이제는 교육용, 관광용으로 전시해 놓은 독일 현실이 부러울 따름이었다.

다시 슈프레강변의 장벽길. 연방의회 건물의 뒤편을 감아 돌아

---

4 앙겔라 메르켈, 박종대 옮김 『자유』(한길사 2024) 138면

걸었다. 육중한 연방의회 건물의 볼륨감이 느껴진다. 연방의회 내부를 둘러보는 것은 다음으로 미뤄야 했다. 사전 예약제여서 당일 입장은 불가능했다. 의회 건물을 돌아 남쪽 출입구 앞으로 오니 바이마르공화국 당시 나치에게 살해당한 96명의 연방의원을 기리는 조형물이 세워져 있다. 조형물은 으스러진 듯한 얇고 검은 돌들이 제각각 모양으로 죽 줄지어 서 있다. 검은 죽음의 행렬 같았다. 베를린의 한 시민단체가 기금을 모아 세웠다고 적혀 있다.

나치는 1933년 제국의회 방화사건을 빌미로 대대적인 공산당 탄압에 나섰다. 총선을 불과 일주일여 앞둔 시점이었다. 나치는 방화사건을 공산당의 조직적인 폭동으로 몰아세워 공포 분위기를 조성함으로써 총선에서 이겼다. 이후 대대적인 좌파 몰살 작전을 벌였다. 이 와중에 공산당과 사회민주당 의원 96명이 살해됐다. 나치에 의한 바이마르공화국 압살 사건인 셈이다. 의회 옆에 세워진 이 추모 조형물은 단명한 최초의 민주공화국인 바이마르공화국에 대한 애도이자 이후 나치가 자행한 경악스러운 죽음의 행렬에 대한 반성과 경종인 셈이다.

한 달여 뒤 연방의회 의사당을 다시 찾았다. 인터넷으로 예약해 내부 관람을 하기 위해서였다. 영어, 독어, 스페인어 등 자신이 택한 언어에 따른 목줄 카드를 받고 검색대를 통과했다. 잠시 대기하니 영어 가이드가 나왔다. 20명가량 되는 방문객들은 영미권, 유럽, 인도, 아랍 등으로 다양하다. 의회는 휴회 중이었다. 회기가 아닌 기간에 가이드투어가 제공되는 듯했다.

가이드를 따라 복도 모퉁이를 돌아서니 군데군데 깨진 흔적이 그대로 남아 있는 대리석 벽이 이어진다. 의사당 건물을 복원하면서 2차대전 종전 직후의 벽 일부를 그대로 남겨 놓았다. 벽에는 종전 당시 베를린을 점령한 소련군 병사들이 휘갈겨 놓은 낙서들이 빼곡하다. '3. 5. 45'라는 숫자와 함께 이름과 출신지 등을 적은 러시아어 낙서들이 눈에 띠었다. 1945년 5월 3일 이곳을 점령한 소련군 병사들의 낙서다. 나라의 중추인 의회 의사당을 점령한 외국군 병사들이 남겨놓은 낙서는 정상 국가에겐 치욕이다. 얼른 지워 버리고 싶기 마련이다. 그런 현장을 한참 세월이 흐른 뒤에도 일부러 남긴 뜻을 미루어 짐작할 만했다. 나치가 일으킨 전쟁의 처참한 말로를 영원히 잊지 않겠다는 다짐으로 이해됐다.

가이드를 따라 건물 지하로 내려갔다. 계단 중 한 칸에 양쪽 벽 위로까지 이어지는 갈색 철선이 죽 이어진다. 예전의 베를린장벽 표시다. 통일 후 의회 건물을 전면 리모델링하면서 애초의 건물 주변에 새로 건물을 짓고 지하통로로 연결하면서 장벽이 있던 자리를 표시해 둔 것이다.

엘리베이터를 타고 본회의장으로 올라갔다. 입구를 지나 본회의장 2층으로 올라가 방청석에 자리를 잡았다. 본회의장 내부는 비교적 수수하다. 정면에 독일 국장인 독수리 문양이 크게 자리 잡았을 뿐 대체로 심플하다. 회의장 천장의 커다란 유리돔이 인상적이었다. 빛이 들어오게끔 설계돼 있어 밝고 생동감 있는 느낌을 줬다. 본회의장 의원들 의자는 깔끔한 보라색이다. 의자들은 비교적 다닥다닥 붙어 있다. 회의장 정면 중앙에 의자들이 제법 많았다. 가이드 설명에 따르면, 가운데 큰 의자에 연방의회 의장이, 왼쪽 큰 의자에 연방 총리, 오른쪽 큰 의자에 연방상원 의장이 앉는다고 했다.

가이드의 안내에 따라 의사당 건물의 돔으로 올라갔다. 경사로를 따라 돌며 꼭대기까지 걸어 오르니 베를린 시내 풍경이 파노라마처럼 펼쳐진다. 넓은 평야 지대인 베를린은 산은 없지만 숲과 들판, 강과 호수가 곳곳에 펼쳐진다. 건물들 사이로 숲과 풀밭이 이어지고, 강이 흐르는 자연 친화적 도시다.

멀리 굽이치는 슈프레강 옆으로 우뚝 선 텔레비전타워가 평소보다 훨씬 근사해 보인다. 도심의 널찍한 공원인 티어가르텐이 푸르름을 뽐내고 있다. 의사당 돔 바로 아래로는 베를린필하모닉의 노란 지붕이 보이고, 그 옆으로는 브란덴부르크문 위의 청동색 사두마차가 위풍당당하다. 의사당을 리모델링하면서 꼭대기에 유리돔을 얹어 시민들에게 개방한 독일의 여유가 부러웠다. 우리의 여의도 국회의사당 건물 위 우중충한 돔 안에는 무엇이 있는지 알 길이 없다. 예전 어린이만화의 주인공이었던 '로봇태권V'가 숨겨져 있다는 우스갯소리만 있을 뿐이다.

다시 장벽길이다. 연방의회 건물 뒤쪽을 돌아 나오면 곧바로 브란덴부르크문이다. 브란덴부르크문이야말로 베를린의 랜드마크다. 파리의 개선문과 비슷한 위상이다. 베를린에 도착한 직후 맨 먼저 찾았다. 지하철역 출구를 통해 지상으로 나오니 관광객들로 인산인해다. 대로를 따라 조금 걸으면 브란덴부르크문이 우뚝 서 있다. 브란덴부르크문 코앞의 스타벅스에서 커피 한 잔 사서 문을 바라보며 앉았다. 날씨는 제법 쌀쌀했지만 때마침 4월의 햇살이 눈부셨다. '아, 유럽이구나' 하는 생각이 절로 들었다.

파리의 개선문에 비견한다지만 브란덴부르크문은 개선문과는 분위기가 좀 다르다. 프랑스와 독일의 역사가 다른 탓일까. 개선문이 깔끔하다면 브란덴부르크문은 좀 딱딱한 느낌이다. 프랑스혁명을 전 유럽에 전파한 나폴레옹의 산뜻함과, 1, 2차 대전 패전에 이어 분단으로까지 치달은 독일 역사의 차이에서 비롯된 것일까.

브란덴부르크문은 애초 평화를 상징하는 문으로 만들어졌다고 한다. 나중에 개선문이 됐지만 독일 역사에서 개선할 일이 얼마나 있었을까 싶다. 실제로 나폴레옹이 유럽을 정복하면서 베를린에 입성할 때 브란덴부르크문을 통해 들어왔다. 굴욕의 문이었던 셈이다. 나폴레옹은 브란덴부르크문 위의 사두마차까지 떼어갔다. 나폴레옹 몰락 이후 파리를 점령한 프로이센군이 이 사두마차를 되찾아 브란덴부르크문으로 개선해 오긴 했다. 히틀러가 한때 승승장구하던 시절 이 문을 즐겨 활용했지만 2차대전 패전 과정에서 사두마차의 말 머리상들이 떨어져 나가는 치욕을 겪었다. 더구나 브란덴부르크문은 동, 서독 시절 분단의 상징처럼 돼 있었다.

베를린장벽길을 걸으며 다시 찾은 브란덴부르크문은 느낌이 사뭇 달랐다. 연방의회 쪽에서 나와 길 하나 건너면 브란덴부르크문이 보인다. 그런데 맨 처음 지하철역 출구로 나와 브란덴부르크문을 접했을 때와는 많이 다르다. 어딘지 어설프다. 한참을 살핀 뒤에야 그 이유를 알았다. 베를린장벽길은 브란덴부르크문의 뒤편으로 이어지고 있었다. 동, 서베를린을 가르는 국경이 브란덴부르크문 바로 뒤로 그어졌고, 브란덴부르크문은 동베를린에 속했다. 베를린장벽 설치 이후 서베를린에선 브란덴부르크문으로 접근할 수 없었다.

지하철을 타고 나와 처음 본 브란덴부르크문은 동베를린 쪽에서 본 것이었다. 마차를 끄는 네 마리 말의 힘찬 발길질과 그 위에 탄 승리의 여신 빅토리아의 모습이 생동감 있게 다가왔다. 분단 시절 장벽에 막힌 서베를린 사람들은 브란덴부르크문의 뒤꽁무니만 쳐다봐야 했다. 네 마리 말의 밋밋한 엉덩이만 보일 뿐이다. 브란덴부르크문은 앞에서 본 것과 뒤에서 본 것이 많이 다르다.

1961년 베를린장벽이 세워진 뒤 1989년 장벽이 붕괴할 때까지 28년 세월 동안 동, 서베를린 사람들은 제각각 브란덴부르크문의 반쪽만을 보고 살았던 셈이다. 사두마차의 앞과 뒤가 얼마나 큰 차이가 있을까 싶지만 오랜 세월 한쪽만 쳐다보면 모든 게 달라지는 법이다. 브란덴부르크문은 사소한 예일 수 있다. 분단은 양쪽 사람들의 시선과 생각을 송두리째 갈라놓는 것이었다.

이렇게 생각하면 우리는 너무도 아득하다. 1945년 분단 이후 여태껏 80년 세월 동안 남북이 서로 다른 쪽만 쳐다보며 살아왔다. 게다가 우리는 동족상잔의 전쟁까지 치렀다. 상대방과 철저히 차단된 채 서로를 원수 대하듯 하며 전연 다른 세상에서 살고 있다. 분단의 고통과 상처가 오랠수록 극복과 치유도 힘든 법이다. 그 80년 세월을 극복할 수 있을까. 그러기엔 너무 많은 시간이 흐른 건 아닐까. 두렵고 비관적인 생각을 떨칠 수 없다. 독일 통일을 보면 볼수록 우리도 독일처럼 하면 되겠다는 생각보다는 독일과 달리 너무 꽉 막힌 현실을 비관하곤 했다. 독일처럼 할 수도 없고, 이젠

한다고 해도 통하지도 않는다. 그렇다고 손을 놓고 있을 순 없다. 통일이 아니라면 공존이라도 해야 한다. 상생이라도 해야 한다. 그러려면 우리만의 길을 찾아야 한다. 베를린에 머무는 동안 그 길을 찾는 구도자의 마음으로 베를린장벽길을 걸었다.

브란덴부르크문은 분단의 상징인 동시에 통일의 상징이기도 했다. 장벽 설치 이후 브란덴부르크문에도 국경통과 검문소가 생겼다. 베를린 시내의 8개 검문소 중 일반인이 아닌 특수 신분 인사들이 통과하는 곳이었다고 한다. 로널드 레이건 미국 대통령이 1987년 서베를린 쪽 브란덴부르크 문 앞에서 연설하면서 당시 고르바초프 소련 서기장에게 "이 장벽을 무너뜨리라"고 촉구했다. 장벽길 안내판은 당시 레이건의 연설 장소를 표시하고 있다. 1989년 베를린장벽 붕괴 직후 헬무트 콜 서독 총리와 한스 모드로 동독 총리가 이 문을 통해 만나면서 통일 분위기를 띄우기도 했다.

브란덴부르크문을 지나 장벽길을 조금 걸으면 오른편으로 도심의 대공원, 티어가르텐이 맞닿아 있다. 뉴욕의 센트럴파크, 런던의 하이드파크와 비슷한 곳이다. 제국 시절 황제의 사냥터였다고 한다. 너른 잔디밭엔 주말 오후 봄볕을 즐기려는 이들이 삼삼오오 자리잡고 있다. 공원 벤치에 앉아 지친 몸을 달랬다. 얼마 안 되는 거리지만 장벽길 걷기는 초행길이라 쉽지 않았다. 구글맵을 실시간으로 확인하면서 걷기가 제법 까다로웠다. 베를린장벽길에도 제주 올레길처럼 주요 길목에 이정표가 있다. 그런데 걷기 첫날엔 그런 표식이 있는 줄도 몰랐다. 그저 구글맵만 쳐다보며 장벽길을 따라 잘 걷고 있는지 확인하느라 바빴다. 두 번째 걷던 날 우연히 베를린장벽길 이정표를 발견하고선 허탈하면서도 반가웠다.

마지막 있는 힘을 다해 포츠다머플라츠로 향했다. 이 코스의 마지막 지점이자 다음 코스의 시작점이다. 포츠다머플라츠도 베를린에 오자마자 찾았던 곳이다. 남아 있는 베를린장벽 몇 조각, 그리고 바닥에 새겨진 짧은 두 줄 벽돌길이 무척 신기했다. 이번에 장벽길을 따라 티어가르텐 쪽에서 포츠다머플라츠 쪽으로 걸으니 그런 두 줄 벽돌길이 더 길게 이어져 있다. 노르트반호프 공원 산책길, 슈프레강변에는 더 긴 두 줄 벽돌길이 이어져 있던 터다.

뚝 떨어진 관광지 같았던 포츠다머플라츠의 장벽 흔적이 저 멀리 시내의 조그만 공원에서부터 이어져 온 아주 먼 길이었고, 또 앞으로 계속 이어질 것이란 게 새삼스러웠다. 그 넓고 복잡한 포츠다머플라츠를 하루 밤새 두 동강 낸 예전 장벽의 흉측한 실루엣이 광장 위로 그려지는 듯했다.

베를린장벽길	https://www.berlin.de/mauer/mauerweg/
베를린장벽기념관	https://www.stiftung-berliner-mauer.de/de/node/119
베를린장벽 연대기	https://www.chronik-der-mauer.de/
노르트반호프 공원	https://www.visitberlin.de/de/park-am-nordbahnhof
귄터 리트핀 기념관	https://www.stiftung-berliner-mauer.de/de/gedenkstaette-guenter-litfin

2
체크포인트찰리 박물관의 북한 코너
: 포츠다머플라츠~바르샤우어슈트라세

 베를린 도심의 포츠다머플라츠는 전형적인 유럽 광장은 아니다. 유럽 광장에서 흔히 볼 수 있는 동상이나 조각 같은 건 없다. 광장은 매우 크고 복잡하다. 차도 많이 다닌다. 현대식 건물이 즐비하지만 조금은 제각각이다. 아담하게 잘 정리된 광장은 아니다. 유럽 도시 중 처음 세워졌다는 대형 시계탑 정도가 있을 뿐이다. 광장 중앙에 보존된 예전 베를린장벽 조각 앞에는 관광객들이 넘쳐난다. 그 옆으로 관광지에서 흔히 볼 수 있는 먹거리, 기념품 가게들이 즐비하다. 어수선한 관광지 느낌의 광장에 분단의 상흔이 덩그러니 남겨진 느낌이다.
 베를린이란 도시 자체가 좀 어수선하다. 무언가 정리가 덜 된 느낌이다. 한 베를린 교민은 "집에서 나와 길바닥에 나앉은 느낌"이

라고 했다. 그 정도까지는 아니지만 좀 뒤죽박죽인 건 사실이다. 이제 좀 정리가 된 곳도 많지만 여전히 정리 중이거나 정리해야 할 곳이 많다. 그럴 수밖에 없다. 2차대전 때 융단폭격에다 시가전까지 벌이며 폐허가 되다시피 했고, 또다시 분단으로 인해 도시가 두 동강 났다. 통일된 지 35년이 지난 지금도 베를린의 동쪽과 서쪽은 분위기가 많이 다르다.

짧은 베를린 체류였지만 베를린은 뭔가 부족한 탓에 외려 정감이 가는 도시였다. 여름이 끝나갈 무렵 베를린을 떠날 즈음 트램을 타고 북동쪽 외곽의 허름한 동네를 지날 때였다. 창밖으로 펼쳐지는 길거리 풍경을 보면서 문득 깨달았다. 내 안에 베를린이 많이 들어와 있다는 것을. 한국에 가면 베를린이 제법 그리울 것 같다는 것을. 어딘지 어설프고 헝클어진 듯한 이 거리가 내겐 무척 정겹다는 것을. 한 많고 탈 많았던 우리네 세월처럼 베를린의 세월도 너무도 음침하고 짓눌리는 것이어서 오히려 애잔하다는 것을.

내가 살던 에어비앤비 집은 베를린 서남쪽 부도심에 있었다. 베를린장벽길 코스의 시작과 끝을 30분에서 1시간 정도면 오갈 수 있다. 장벽길 두 번째 코스 포츠다머플라츠~바르샤우어슈트라세 구간의 출발점 포츠다머플라츠까지는 집에서 전철로 25분 정도 걸렸다. 베를린은 대중교통이 잘 발달돼 있어 각 코스의 시작과 끝을 어렵지 않게 찾아갈 수 있었다. 장벽길 걷기 초기엔 주말을 이용해 한 코스씩 걸었다. 나중엔 재미가 붙으니 더 자주 걷게 됐다. 7~21km 길이의 14개 장벽길 코스는 짧으면 2시간, 긴 코스는 6시간 정도면 완주할 수 있었다. 빠른 걸음으로 한달음에 걸으면 이

보다 훨씬 빨리 끝낼 수 있긴 하다. 하지만 이것저것 살피다 보면 의외로 시간이 많이 걸린다. 장벽길 걷기 초기에는 저질 체력 탓에 힘들었지만 걸을수록 다리는 튼튼해졌고 속도가 붙었다. 7km 길이의 두 번째 코스 역시 첫 코스와 마찬가지로 도심을 가로지른다.

베를린장벽은 28년 동안 도시의 중앙 광장을 갈랐다. 서쪽 이름은 그대로 포츠다머플라츠였고, 동쪽에 속한 광장은 라이프치거플라츠로 불렸다. 이름만 그렇게 불렸을 뿐 두 광장은 사실상 폐허였다. 동쪽 광장은 이른바 '죽음의 띠'를 만들기 위해 모든 건물이 차츰 헐렸다. 서쪽 광장 역시 1970년대에 장벽 너머 동쪽 광장을 조망할 수 있도록 연결도로가 만들어졌지만 도심의 폐허이긴 마찬가지였다. 그 이전 포츠다머플라츠는 유럽에서 가장 크고 붐비는 광장이었다.

1961년 8월 처음 설치된 장벽은 처음에는 광장 한가운데에 철조망을 얼기설기 엮어놓는 식이었다. 석 달 뒤인 11월 동독 당국은 철조망이 있던 자리에 콘크리트 벽을 세우고 그 위로 철조망을 촘촘히 엮었다. 뒤로는 동독 주민들의 접근을 원천 차단하기 위해 다시 내벽을 세웠다. 장벽이 최종적으로 완성된 1980년대 사진을 보면 장벽은 마치 거대한 요새와 같다. 육중한 장벽 성채가 광장 한가운데를 가르며 길게 이어진다. 맨 서쪽 바깥의 높은 외벽, 가운데 잔디밭으로 된 넓은 완충지대, 그 뒤로 또 다른 내벽이 겹겹이 세워져 있다. 어쩌면 인간이 만든 가장 어리석은 벽 중 하나가 아닌가 싶다.

포츠다머플라츠는 교통의 요지이고 큰 빌딩들이 많아 오가는 이

주택가 도로변에 남겨진 두줄 벽돌 장벽길   주차구역 표시처럼 된 장벽길

들로 북적인다. 이 광장에 정말로 사람이 가득 들어차 깜짝 놀란 적이 한 번 있다. 여름이 다 돼가는 7월 하순이었을 것이다. 베를린 퀴어 축제 날이었다. 시내에 약속이 있어 무심코 갔다가 퀴어 축제의 규모와 호응도에 깜짝 놀랐다. 한마디로 베를린 시내 전체가 퀴어 축제 마당이었다.

포츠다머플라츠로 이어지는 대로인 라이프치히슈트라세가 축제 행렬로 가득 메워졌다. 대형 이층 무개차들이 꼬리에 꼬리를 물고 대로를 따라 행진하고 있었다. 무개차엔 각양각색의 복장을 한 참가자들이 음악에 맞춰 몸을 흔들고 있다. 길가에 나온 이들도 이를 지켜보며 덩달아 춤추고 손을 흔들며 반겼다.

약속 장소로 가기 위해 버스로 이동하는 걸 포기하고 지하철을 탔다. 지하철도 이미 인산인해다. 노출이 심한 옷을 입은 이부터 친구들 몇몇이 깜찍한 퍼포먼스 복장을 하고 놀러 나온 젊은이들도 많았다. 노인층은 물론 청소년층도 많았다. 퀴어 축제란 게 단순히 성소수자, 이른바 LGBT들만의 축제가 아니라 축제 취지에 공감하고 성원하고 즐기려는 모든 이들의 축제라는 걸 실감할 수 있었다.

지하철에서 내려 포츠다머플라츠로 나와보니 그야말로 인산인해다. 그 넓은 광장이 퀴어 축제 인파로 뒤덮였다. 여름으로 접어들었지만 이상 저온으로 쌀쌀하기끼지 힌 날씨인데도 거의 발가벗다시피 한 남성들도 있다. 남녀노소 가릴 것 없이 끼리끼리 춤추는 이들, 광장 바닥에 삼삼오오 둘러앉아 축제를 즐기는 이들, 어디론가 부지런히 이동하는 이들로 광장은 발 디딜 틈이 없다. 마치 축제 인파가 베를린 시내를 점령한 것 같았다. 위압적인 느낌의 점령이 아니라 모두 한 덩어리가 된 축제의 마당이었다.

우리로 치면 종로통 전체를 따라 축제행렬이 이어지고 축제 인파가 광화문 광장을 뒤덮은 것과 비슷하다. 유수의 대기업들이 축제를 후원하고 직장에서는 동료들이 한꺼번에 휴가를 내어 축제에 참가한다고 했다. 성소수자들만의 축제가 아니라 각자가 서로의 인권, 개성, 취향을 존중하고 더불어 살아간다는 걸 보여주는 모두의 축제인 셈이다.

베를린은 유럽에서도 LGBT의 천국으로 알려져 있다. 내가 접하고 느끼기엔 적어도 베를린에선 더 이상 동성애, 성소수자들이 자신의 취향을 숨기며 고통받는 일은 없는 듯했다. 공항에서 젊은 남성 두 명이 다정하게 손을 잡고 걸어가거나 고속열차 안에서 두 여성이 나란히 앉아 스킨십 하는 걸 쉽게 목격했다. 대학 세미나에서 토론하면서 자신의 취향을 자연스럽게 드러내곤 했다.

베를린 생활 동안 성소수자 문화 이외에도 몇 가지 눈에 띠는 트렌드를 확인할 수 있었다. 반려견 문화, 타투 문화, 비건 문화가 그것이다. 이들 흐름은 우리나라에서도 뚜렷하게 자리 잡아 가고 있지만 베를린은 이미 대세가 됐다는 느낌을 받았다. 반려견 문화의 경우 간단히 예를 들 수 있다. 베를린 지하철에서는 반려견 동반 탑승이 언제든 허용된다. 베를린 지하철을 처음 타고서 가장 인상적인 게 반려견이 보호자와 함께 나란히 지하철을 타고 내리는 모습이었다. 반려견을 보호자가 안고 타는 게 아니다. 보호자의 목줄에 이끌려 지하철에 탑승한 반려견은 보호자 좌석 옆에 다소곳이 앉아 있곤 했다. 코를 킁킁거리기도 하고 이리저리 두리번거리기도 하지만 대체로 차분하게 자리를 지켰다. 다른 승객들을 향해 짓거나 공격적 행동을 하는 걸 보지 못했다. 승객이 많은 경우에도 주인 옆에 서 있거나 앉아 있으면서 주변 승객들의 귀여움을 독차지하는 걸 많이 봤다. 우리나라 지하철의 경우 반려견을 케이스에 넣어 승차하는 것만 제한적으로 허용하고 있다. 베를린처럼 반려견 지하철 탑승 문화가 자리 잡으려면 여러 가지 요소가 갖춰져야 한다. 반려견에 대한 일반의 인식은 물론이고 대중교통 운영 규정, 반려견 훈련 등 모든 요소가 일정 수준을 넘어서야 가능한 일이다.

타투 문화 역시 베를린에서는 질적인 변화 과정에 들어선 것 같았다. 우리나라에서도 타투를 하는 이들이 아주 많아지고 있긴 하다. 베를린에서 내가 살핀 바로는 얼추 여성이든 남성이든 절반 이상이 어떤 형태로든 타투를 몸에 새긴 것 같았다. 타투가 개성을 강조하는 소수 문화가 아니라 일반 대중들의 보편적 문화 형태로 자리 잡아 가고 있었다. 서양과 다른 동양 문화 특성상 우리나라에서도 타투가 보편적 행태로 자리 잡을지 속단하기 어렵다. 다만 지구촌의 글로벌화가 거의 동시간대로 진행하는 요즘 세태로 보면 타투 문화도 그렇게 될 가능성이 많다. 이런 와중에 우리나라에서 타투 관련 법 미비로 관련 업종 종사자들이 어려움을 겪는 건 시대착오적이다.

채식주의, 비건 문화는 정도의 차이만 있을 뿐 이미 대세가 된 듯하다. 내가 속했던 베를린자유대 구내식당 메뉴의 절반 정도가 비건 음식이었다. 매일매일 메뉴를 바꿔가며 이런저런 비건 음식들이 구내식당 메뉴의 대종을 이루고 있었다. 점심시간에 학생들 줄이 길게 늘어선 곳은 대부분 비건 코너였다. 비건 소시지, 비건 슈니첼 등 다양한 메뉴들을 선보였다. 비건 음식에 친숙하지 않은 탓에 한국인 동료들과 대학 구내식당에서 밥을 먹을 때는 어떻게든 비건 음식을 피해 보려 하지만 워낙 종류가 많아 쉽지 않았다. 베를린 시내 비건 베트남쌀국수 가게에서 먹은 쌀국수는 여지껏 접한 쌀국수 중 몇 손가락 안에 드는 맛이었다.

다시 장벽길이다. 복잡한 포츠다머플라츠를 빠져나와 길모퉁이를 도니 한적한 길이 나온다. 예전 장벽이 있던 곳에 들어선 새 건물들에는 이제 연방정부 기관들이 입주해 있다. 장벽길 사이트에는 환경부 건물 뒤쪽으로 예전의 동독 감시탑이 남아 있다고 돼 있지만 보이지 않았다. 뒤쪽으로 가보니 일대가 다 공사 중이다. 공사장 입구에 감시탑 사진과 설명이 적힌 안내판이 있을 뿐 정작 감시탑은 볼 수 없었다. 공사장 앞쪽에 2~3층 높이의 철판 구조물이 무언가를 둘러싸고 있는데 그 안에 감시탑이 있지 않나 싶었다.

공사장 입구 경비실의 경비원에게 다가가 감시탑이 어디 있는지 영어로 물었다. 경비원은 무표정한 표정으로 독일어로 무언가를 잔뜩 쏟아낸다. 감시탑 얘기는 없이 영어 말고 독일어로 물으라는 것 같았다.

베를린은 유럽 대도시 중 외국 이주민들이 가장 살기 좋은 도시 중 하나다. 워낙 다양한 국적과 인종들이 모여 사는 국제도시인 탓에 독일 내에서도 인종차별이 덜한 도시다. 지하철을 타보면 승객의 3분의 1 정도는 이주민들인 듯했다. 터키·시리아 등 이슬람, 동유럽 슬라브족, 인도, 아프리카, 아시아까지 다양한 이들이 이 국제도시의 주민으로 살아가고 있다. 베를린에서 지내는 동안 아시아의 이방인에게 친절을 베풀고 배려하는 이들을 많이 만났다. 그저 몸에 밴 자연스러운 친절이었다. 지금 경비원처럼 영어로 묻는데 독일어로 뭔가를 잔뜩 쏟아내는 건 극히 드문 예에 속한다. 베를리너들은 대부분 영어를 잘한다. 설사 영어를 몰라도 독일어로 친절하게 천천히 설명하는 게 상례다. 집 근처 슈퍼마켓에서도 이와 비슷한 일을 한번 겪은 적이 있긴 하다. 일종의 인종차별에 해당한다.

공사장 입구를 나와 다시 걸었다. 차도 옆으로 두 줄 벽돌길, 장벽길 표식이 선명하다. 마치 길가의 주차구역 표시 같다. 차들이 그 벽돌길 위로 드문드문 주차돼 있다. 차들 밑으로 벽돌길이 길게 이어진다. 도심 공원 한쪽의 두 줄 벽돌길에 이어 또 다른 발견이다. 예전의 그 무시무시한 장벽이 이젠 주차구역이 된 것이다. 장벽길이 공원에선 시민들의 산책길이 됐고, 도로에선 주차구역이 됐다. 장벽의 소소한 변신이다. 아니 거대한 변신인 셈이다. 엄혹한 장벽이 모두 녹아내리고 헐려서 사람들의 일상에 스며든 것이다.

니더키르히너슈트라세는 분단 시절 길 자체가 국경선이었다. 도로를 경계로 동쪽과 서쪽에 유서 깊은 건물들이 마주하고 있다. 서쪽의 마르틴 그로피우스 빌딩은 지금은 미술관으로 사용되고 있다. 장벽 건너 동쪽 건물은 예전 프로이센 의회 건물이다. 지금은 베를린 주의회가 사용하고 있다. 이곳은 1949년 독일민주공화국(GDR), 다시 말해 동독 정권이 출범한 곳이다. 장벽 설치 불과 두 달 전인 1961년 6월 이곳에서 열린 국제행사에서 당시 동독 수상 발터 울브리히트는 "아무도 장벽을 세울 의도가 없다"고 둘러댄 적이 있다. 1965년엔 이 빌딩에서 기막힌 탈출극이 벌어졌다. 하인츠 홀차펠 가족이 몰래 꼭대기 층 화장실에 숨어들었다. 이들은 한밤중에 장벽 너머로 로프를 던져 이를 타고 서쪽으로 극적인 탈출을 감행했다. 당시 장벽 너머 서쪽에서 로프를 잡아주는 이들의 도움으로 탈출은 대성공으로 끝이 났다.

장벽길은 '공포의 지형'으로 이어진다. 상당히 큰 규모의 복합 역사 유적지다. 실제 베를린장벽이 200미터가량 남겨져 있다. 그 뒤로는 나치 시절 정보기관들이 모여 있던 자리다. 장벽 바로 앞엔 예전 건물들 터가 일부 남겨져 있다. 그 뒤로 나치 시절 각종 사진과 자료를 모아놓은 전시관을 새로 지었다.

전시관 일대는 사람들로 붐볐다. 외국 관광객들은 물론이고 독일 내 단체 관광객들도 제법 많다. 장벽은 비교적 온전히 남아 있는데 벽 한가운데 구멍이 뚫린 곳이 있다. 그 구멍 너머로 자동차와 사람이 오가는 풍경이 이채롭다. 벽 틈으로 마치 과거 분단 시절의 초상화를 보는 듯하다. 장벽은 이제 대부분 사라졌다. 1989년 장벽 붕괴 직후 이른바 기념품 사냥꾼들이 망치, 끌, 전동 공구를 사용해 장벽을 파괴해 가져갔다. 장벽 조각들은 독일 내는 물론이고 전 세계로 팔려나가거나 기증됐다. 미 중앙정보국(CIA)의 주차장, 교황의 정원에도 장벽 조각이 기념으로 세워져 있다고 한다.

장벽 뒤 공포의 지형은 말 그대로 나치 시절 공포의 대상이었던 히틀러의 친위조직들이 있던 곳이다. 친위대(SS), 게슈타포 등 제국 보안부대의 본부 자리다. 1933년부터 1945년 패전까지 존속했다. 장벽 바로 밑에는 게슈타포의 1인 감옥 터가 보존돼 있다. 장벽 코앞이어서 방치되다가 통일 이후 나치 만행을 기억하는 장소로 꾸민 것이다.

전시관에는 나치의 악행을 증언하는 다양한 사진과 자료들이 체계적으로 전시돼 있다. 사람들이 발 디딜 틈 없이 들어차 있다. 시대별로 자료들을 나누어 전시했는데 줄을 서서 봐야 할 정도다. 히틀러는 물론이고 괴링, 괴벨스, 힘러 등 악명높은 심복들의 활약상을 담은 사진들이 시대별로 분류돼 있다. 이곳은 나중에 서울에서 온 가족과 함께 현지 가이드를 따라 다시 찾았다. 가이드는 베를린 훔볼트대학에서 정치학을 공부하는 한국 유학생이었다. 그는 정치학 전공자답게 심복들의 행적을 담은 사진과 자료들을 전시관 여기저기에서 족집게처럼 찾아내 일목요연하게 안내해줘 감탄을 자아냈다.

짐머슈트라세는 카페와 음식점들이 즐비하다. 가게마다 관광객들로 가득 차 있다. 여기서부터가 체크포인트찰리다. 이곳이 냉전 당시 미군이 관할했던 국경 통과 검문소여서인지 유독 미국인으로 보이는 이들이 많다. 분단 시절 미국·영국·프랑스 3개국 연합군은 서베를린을 세 지역으로 나눠 점령하고 각각 체크포인트를 운영했다. 체크포인트 알파(A), 브라보(B), 찰리(C)로 이름 붙여 프랑스, 영국, 미국이 각각 관할하는 시이었다. 동독이 베를린장벽을 설치한 직후인 1961년 10월 체크포인트찰리에서 일촉즉발의 상황이 연출됐다. 소련군이 동베를린 지역에서 미·영·프 연합군의 활동반경을 제한하자 미군이 이에 맞서 탱크들을 배치했다. 소련군도 질세라 탱크를 바로 코앞에 배치했고, 30여 대의 양쪽 탱크가 무장한 채 16시간 동안 대치하는 상황이 발생했다. 3차 세계대전이 일어나는 것 아닌가 하고 세계가 촉각을 곤두세웠다.

베를린장벽이 무너지면서 체크포인트찰리는 대표적인 분단 관광 명소가 됐다. 애초의 검문소는 연합군박물관으로 옮겨졌지만 그 자리에 검문소를 똑같이 새로 지었다. 검문소 앞뒤로는 각각 미군과 소련군 병사의 대형 초상화가 세워졌다. 서쪽에서 보면 미군 병사가, 동쪽에서 보면 소련군 병사가 보이는 입간판이다. 냉전 시절에는 없던 양쪽 병사들 얼굴이 들어서니 외려 더 현장감이 묻어난다. 미군 초상화 앞에는 기념사진을 찍는 이들로 항상 붐빈다.

체크포인트찰리는 베를린에 온 직후 찾았던 곳이다. 베를린장벽길을 걸은 게 아니라 유명한 냉전 관광지라고 해서 간 것이다. 미군과 소련군이 대치하던 곳이어서 우리의 판문점과 비슷할 걸로 생각했지만 느낌은 많이 달랐다. 어쨌든 베를린은 베를린장벽이 세워지기 전까지 동, 서간 이동이 제한되진 않았다. 나중에 장벽으로 막혔지만 동족상잔의 전쟁도 없었다. 비교적 자유롭게 왕래하던 중 도시 한가운데에 막무가내로 벽을 쌓아버린 것이다. 장벽은 당시에도 그랬겠지만 지금 생각해도 뭔가 엉성하고 멍청해 보인다.

체크포인트 이곳저곳을 돌아보다 체크포인트찰리 박물관이란 곳을 발견했다. 검문소에서 얼마 떨어지지 않은 건물에 있었다. 입장료가 17유로다. 이곳은 베를린에서 처음 찾은 박물관이었다. 입장료가 모두 이 정도 하려니 했다. 그런데 나중에 알고 보니 입장료 17유로는 턱없이 비싼 것이었다. 이곳이 사설 박물관인 때문일 것이다. 베를린에선 고대 유물이나 미술품을 전시하는 박물관의 경우 입장료를 낸다. 하지만 냉전이나 나치 흔적을 담은 전시 공간은 대부분 무료다. 공공에서 운영하기 때문이다.

이런 사정을 초짜 베를리너가 알 길이 없다. 17유로를 덜컥 내고 박물관에 입장했다. 입구에는 유니폼도 안 입은 젊은이들이 입장객을 안내하고 있었다. 어딘지 엉성하다. 동, 서 분단 시절의 풍경을 보여주는 개인 소장품이나 사진, 자료 등을 1, 2층에 나누어 전시해 놓았다. 양쪽 주민들이 동, 서독을 오갈 때 소지했던 '보호 여권' 같은 서류들을 모아 놓았고, 베를린장벽의 작은 조각들도 여럿 전시돼 있다. 주로 당시 상황을 보여주는 사진 자료들이 많았다.

2층에는 동독 시절 공산당 독재의 잔악상을 알리는 사진들, 육성 증언 영상들이 진열돼 있다. 복도를 지나다 보니 '북한 특별 코너'

란 게 있었다. '한국-또 하나의 분단국가' '북한에서의 인권침해'란 표제가 붙어 있다. 복도의 한 공간을 활용하는 간이 전시인 듯했다. 입구 벽에 걸린 대형 북한 지도에는 정치범수용소 위치들이 표시돼 있다.

안으로 들어서니 놀라운 컷들이 보인다. 북한 정치범수용소에서의 인권침해 사례를 담은 만화들이다. 수용소 안에 갇힌 헐벗은 사람들이 뱀과 쥐를 산 채로 잡아먹는 장면, 손을 등 뒤로 묶은 채 앉지도 서지도 못하게 매달아 놓는 이른바 '비둘기 고문'을 당하는 상면 등이다. 또 임신한 여성의 배 위로 긴 막대를 올려놓고 양쪽에서 번갈아서 짓밟아 낙태시키는 장면, 소똥을 강제로 먹도록 하는 장면 등이 벽에 걸려 있다. 충격적인 컷들이다. 그림에는 간혹 '도주는 자멸의 길이다'라는 등의 한글도 보였다. 그림들 하단에는 'Free the NK Gulag'라는 색인이 적혀 있다. 'Gulag', 즉 굴라크는 소련의 강제노동수용소를 일컫는 말이다. 북한 인권 문제, 특히 북한 정치범수용소 문제를 다루는 국내외 인권 단체의 그림들로 보였다.

이런 그림들이 어디까지 사실인지 명확히 알 수 없다. 나중에 인터넷을 찾아보니 그림들은 쉽게 검색이 된다. 'Free the NK Gulag'으로 검색하면 체크포인트찰리 박물관의 만화 이미지들이 곧바로 뜬다. 또 'Free the NK Gulag'는 'NK Watch'라는 단체의 홈페이지로 연결된다. 북한 정치범수용소 모니터를 주요 활동 중 하나로 제시하고 있다. 북한 정치범수용소 지역으로 추정되는 산악 지형 사진, 3D 이미지 같은 게 있다. 다만 체크포인트찰리 박물관의 만화들은 이 단체 홈페이지에서는 찾아볼 수 없다.

2025년 초 체크포인트찰리 박물관 홈페이지를 검색하니 여전히 전시회 항목 중 하나로 'North Korea'가 있다. 내가 보았던 만화들도 소개하고 있다. 박물관 홈페이지는 이 만화들이 북한 정치범수용소에 갇혔던 수감자들이 고문 방법을 묘사해 그린 것이라고 적어 놓았다. 한국의 비영리 단체인 'Free the NK Gulag'의 지원으로 전시가 이루어졌다고 밝히고 있다.

북한 인권 문제의 특성상 몇몇 소수의 증언을 토대로 한다는 점에서 그 주장의 진위를 따지기는 쉽지 않다. 인터넷에 떠도는 이 만화들 중에는 작성 시점이 20년 가까이 된 것도 있다. 이들 만화가 모두 없는 사실을 날조했다고 단정할 수는 없다. 검증 자체가 쉽지 않다는 점에서 과장과 허위, 실제가 뒤섞여 있다고 봐야 한다.

하지만 북한 인권과 관련된 생경하고 오래된 주장을 담은 그림들이 2023년 4월 버젓이 유럽 한복판에서 전시되고 있는 건 좀 우려스러웠다. 북한 인권 문제에 대한 유럽 사회의 강경한 분위기를 엿볼 수 있는 대목이기도 하다. 명확한 검증 없이 북한 정치범수용소 관련 이미지들이 몇몇 북한 인권단체에 의해 해외로 퍼졌고, 체크포인트찰리 박물관은 여과장치 없이 이런 만화들을 전시하고 있는 것이다.

내가 몸담았던 베를린자유대 한국학연구소에서 이 전시회 얘기를 꺼내 봤다. 한국학연구소엔 북한을 전문적으로 공부하는 이들이 제법 많다. 이 전시회를 두고 이런저런 얘기들이 오갔지만 뚜렷한 결론을 내기 어려웠다. 군이 잠정 결론이라면 북한 인권 문제의 실체에 대해 현재로선 답을 찾기가 어렵다는 것이었다. 들여다볼수록 미궁에 빠지기 쉽다는 것인데 참으로 답답한 노릇이었다.

그 뒤 2023년 초 한국 정부가 발간한 '2023 북한인권보고서'를 접했다. 2016년 북한인권법 제정 이후 한국 정부가 처음으로 발간한 북한인권보고서라고 한다. 보고서에는 특별 사안으로 정치범수용소를 다루고 있다. 탈북자들의 증언을 토대로 정리한 것이다. 결

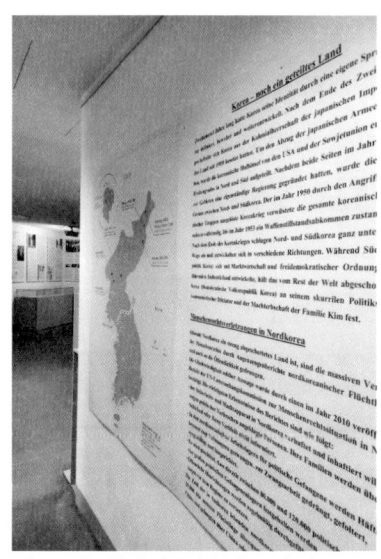

체크포인트찰리 박물관 북한 코너 입구

론부터 말하면 체크포인트찰리 박물관의 북한 특별 코너에 전시된 그림을 뒷받침하는 내용은 적어도 이 보고서에는 없다. 정치범수용소가 현재 5곳 운영 중이고, 이곳에서 공개처형과 영양실조로 인한 사망 등의 사례가 있었다는 증언들이 소개돼 있다. 멀리는 1980, 90년대까지 거슬러 올라가고 가까운 사례가 2014년 정도다.

정부는 다음 해인 2024년 6월에도 '2024 북한인권보고서'를 발간했다. 이 보고서도 정치범수용소 문제를 특별 사안으로 다뤘다. 보고서는 운영 중인 정치범수용소가 전년도 5개에서 4개로 줄었다고 했다. 1곳이 정치범수용소가 아닌 것으로 파악됐기 때문이다. 북한인권기록센터가 파악한 북한 내 정치범수용소는 모두 10곳인데, 2010년대 초반 이후 상당수 수용소가 폐쇄된 것으로 확인됐다. 정치범수용소에서는 탈출 시도 등을 이유로 공개처형, 비밀처

형이 자행됐다고 한다. 구 북창 18호 관리소에서는 매년 1~2회의 공개처형이 있었는데, 대부분 탈출하다가 체포된 경우였다고 한다. 북한 당국은 정치범수용소에 수용된 주민들을 대부분 광산이나 농장에 배치해 강도 높은 노동을 부과하고 있다. 외부인의 접근이 어려운 산악지대에 수용소를 설치하고, 체제에 반하는 인사들과 그 가족들을 수용하고 있다고 보고서는 밝혔다.

체크포인트찰리 박물관 북한 코너에 전시된 만화. 북한 정치범수용소의 인권탄압 실태를 고발하고 있다.

체크포인트찰리 박물관에 전시된 충격적인 만화를 뒷받침할만한 내용은 두 차례 발간된 정부의 북한인권보고서에서는 찾아볼 수 없다. 그렇다고 해서 북한의 정치범수용소가 용인될 수 있는 건 아니다. 정치적인 이유로 주민을 가두고 강제노동을 시키는 것, 심지어 처형까지 한다는 게 사실이라면 결코 용납할 수 없는 반인권 행위이기 때문이다.

북한 인권 문제는 매우 민감한 문제다. 민감한 문제일수록 신중하게 근거를 가지고 접근해야 한다. 흔히들 북한 인권 문제는 판도라의 상자, 또는 신기루 같다고 한다. 보는 시각에 따라 내용이 판이하기 때문이다. 국제적으로 북한 인권 문제가 상당히 심각하게 받아들여지는 측면이 분명히 있다. 하지만 남한 내에서는 양극단만 존재할 뿐이다. 우리 사회에서 진보는 북한 인권을 제외한 모든 인권 문제를 다루고, 보수는 여러 인권 문제 중 북한 인권만 다룬다는 말이 있다. 과장된 측면이 있지만 현실의 일면을 보여주는 말이다. 양쪽 다 제각각 보고 싶은 내용만 다루고 있다는 점에서 그렇다.

2016년 제정된 북한인권법에 따라 북한인권기록센터가 창설됐지만 이 또한 절름발이에 가깝다. 북한인권법은 당시 야당의 반대 속에 박근혜 정부가 밀어붙였다. 이를 근거로 만들어진 북한인권기록센터 역시 논란이 이어지고 있다. 애초 북한인권기록센터는 독일의 잘츠키터 중앙법무기록보관소를 본뜬 것이다. 그런데 둘은 태생부터 다르다.

독일의 잘츠키터 기록보관소는 1960년대 초 당시 서베를린 시장이던 빌리 브란트의 제안으로 만들어졌다. 장벽 설치 이후 동독군의 만행으로 사상자가 속출하자 동독의 인권침해 행위 관련자들을 철저히 조사해 기록함으로써 나중에 처벌할 수 있는 근거를 남겨두자는 취지에서였다. 사민당 소속 빌리 브란트가 제기하고 당시 여당인 기민련이 동의해서 만들어졌다. 이후 존속 여부를 두고는 사민당 내에서 제법 논란이 있었지만 어쨌든 초당적 합의로 만들어졌고 운영됐다. 우리의 북한인권기록센터가 출발부터 지금까지 절름발이식으로 운영되고 있는 것과 많이 다르다.

체크포인트찰리를 뒤로 하고 짐머슈트라세를 따라 조금 더 가면 악셀스프링어 사옥이 눈에 들어온다. 악셀스프링어는 독일의 전통적 보수지다. 건물이 제법 높은 데다 외벽이 모두 유리로 돼 있어 멀리서도 눈에 띈다. 반공을 표방했던 사주 악셀스프링어는 1961년부터 1966년까지 일부러 장벽 바로 앞에다 19층짜리 화려한 건물을 세웠다. 서베를린 시민들의 자유에 대한 의지를 표현하기 위해 디자인된 것이라고 한다. 장벽이 무너진 뒤에는 옆에 건물을 새로 증축해 매머드 사옥이 돼 있다.

건물로 다가가니 사옥 앞 조그만 광장에 예전의 장벽이 남아 있다. 장벽 블록들이 몇 조각 띄엄띄엄 세워져 있는 식이다. 그 사이 시멘트벽 위로 한 젊은이가 위태롭게 서 있다. 가까이 가보니 장벽에서 희생된 피터 펙터 추모 조형물이다.

펙터는 한 발을 장벽 위에 딛고 서 있다. 곧장 장벽을 뛰어넘으려는 것 같다. 마치 장벽 위에서 위태로운 곡예를 하는 것 같다. 그의 눈은 먼 곳을 바라보고 있다. 장벽의 이쪽도 저쪽도 아닌 한 가운데를 본다. 장벽 위에 선 젊음, 위태로우면서 비장하고 처연하다. 다른 설명이 없어도 단번에 펙터의 용기와 고난, 희생을 느낄 수 있다. 베를린장벽을 품고 살았던 동, 서베를린 주민들의 고통을 직감할 수 있다.

피터 펙터가 베를린장벽에서 스러진 건 1962년 8월17일 이었다. 장벽이 건설된 지 1년이 막 지나던 때다. 장벽에서 희생자가 빈발하면서 서베를린 주민들의 분노가 쌓여가던 때다. 그새 11명의 탈출자와 3명의 동독 병사가 장벽에서 숨졌다. 18살의 건설 노동자 펙터는 오후 2시쯤 같이 일하는 동료인 동갑내기 헬무트 케이와 함께 탈출을 시도했다. 장벽 코앞에 있는 건물 공사장에 일하러 왔다가 점심시간이 끝난 뒤 복귀하지 않았다. 둘은 장벽 앞 건물에서 뛰어내려 장벽을 향해 함께 힘껏 내달렸다. 동독 경비병들은 이를 곧바로 발견하고 총격을 가했다.

헬무트 케이가 총탄을 뚫고 가까스로 장벽을 넘어 주변을 살폈을 때 펙터는 없었다. "먼저 장벽을 넘었을 것"이라 생각했지만 펙터는 장벽 바로 앞에 쓰러져 피를 흘리고 있었다. 양쪽에서 많은 사람이 이 장면을 지켜봤다. 사건 발생 지점은 언론사 밀집 지역이라 카메라 기자들도 상당수 와 있었다. 심각한 총상을 입은 펙터가 "살려 달라"고 외치기 시작했다. 그의 애처로운 비명은 무려 50분간이나 이어졌다. 하지만 누구도 나서지 않았다. 동쪽 병사들은 지켜만 보았다. 서쪽 병사들도 접근하지 못했다. 그의 이름을 묻고 붕대를 던져주었을 뿐이다. 서쪽에서 구조하기 위해 동베를린 영역으로 넘어설 경우 동독 군의 발포를 우려한 탓이다. 한참이 지나고 펙터의 비명조차 끊긴 뒤에야 동독 병사들이 작전하듯 연막탄을 터뜨리며 그의 주검을 수습해 갔다. 나중에 공개된 동독 군 내부 문서를 보면 서베를린 쪽 응사를 우려해 총상을 입은 펙터를 장벽 앞에 한동안 방치한 건 잘못이라고 적어놓았다.

이 사건은 서베를린은 물론 전 세계를 충격에 빠트렸다. 펙터가 철조망 앞에 쓰러져 피를 흘리며 죽어가는 장면, 동독 병사들이 그의 주검을 옮기는 과정 등이 시시각각 서방 기자들의 렌즈에 포착돼 전 세계로 전송됐다. 다음날 수만 명의 서베를린 시민들이 거리로 나와 항의 시위를 벌였다. 특히 시민들은 미군이 아무것도 하지 않고 수수방관한 것에 분노했다. 펙터의 죽음은 당시 베를린장벽에서 벌어지고 있던 비인도적 참상을 전 세계에 알리는 계기가 됐다.

장벽길은 복잡한 대로를 벗어나 한적한 주택가로 접어든다. 도심 속 아파트 주거지역이다. 코만단텐슈트라세를 거쳐 슈톨슈라이버슈트라세를 지날 때까지 길 한쪽에 두 줄 벽돌길이 길게 이어진다. 길 양쪽은 모두 아파트 주택가다. 장벽길을 사이에 두고 주택들이 서로 마주보고 있다.

이 부근 주택가 어딘가를 지날 때 처음으로 장벽길 이

피터 펙터 추모 조각물. 뒤로 악셀스프링어 사옥이 보인다.

정표를 발견했다. 네거리 한쪽에 'Berliner Mauerbeg'(베를린장벽길)이라 쓰인 직사각형 표지판이 높다랗게 매달려 있다. 길다란 쇠막대 끝에 매달린 두 개의 표지판이 장벽길 양방향을 가리키고 있다. 너무 반갑고 고마웠다. 한마디로 천군만마를 얻은 것 같았다. 이역만리 타향에서 길을 걷다가 제대로 된 길잡이를 만난 것이다. 멈춰서서 한참 동안 이정표를 바라보았다.

엉겁결에 시작한 장벽길 걷기여서 아는 게 별로 없었다. 제주 올레길의 빨강, 파랑 리본이나 간세 같은 게 있을 거라고는 생각지 않았다. 그저 구글의 장벽길맵을 실시간으로 살피며 따라 걷는 식이었다. 그런데 도심 네거리에 높다랗게 장벽길 이정표가 떡하니 세워져 있다. 첫째 날 걸었던 장벽길에도 이런 이정표가 있었을 것이다. 그런데 구글맵만 의지해 걷다 보니 그걸 발견할 여유가 없었다.

나중에 살펴보니 베를린장벽길은 나름 꼼꼼히 정비돼 있었다. 제주 올레길과 마찬가지로 이정표를 충실히 따라가면 큰 문제 없이 각 코스를 완주할 수 있었다. 복잡한 도심 구간의 경우 이정표 찾기가 좀 어려울 때도 있지만 외

주택가 도로에 있는 베를린장벽길 이정표

곽 구간은 외려 이정표가 눈에 잘 띄어 큰 어려움 없이 걸을 수 있었다.

슈톨슈라이버슈트라세 장벽길 안내판에는 마틴 루터 킹 목사의 흔적이 담겨 있었다. 당시 이 거리를 방문한 킹 목사의 사진과 함께 설명이 곁들여져 있다. 1964년 9월 마이클 마이어의 탈출은 해피엔딩이었다. 마이어가 몰래 장벽을 넘으려다 발각됐고, 동독 병사들은 처음에는 경고사격을 하다 급기야 조준사격을 했다. 필사적으로 뛰던 마이어가 총탄을 맞고 장벽 앞에 쓰러졌다. 이러자 길 건너편의 서베를린 경찰이 동독 병사들을 향해 응사했다. 동독 군이 쏜 총알이 서베를린 쪽 건물들을 때렸기 때문이다. 이때 미군 헌병 한스 풀 상병이 용감하게 움직였다. 다른 병사들의 엄호사격 속에서 사다리와 로프를 이용해 쓰러져 있던 마이어를 장벽 위로

들어 올린 뒤 서베를린 영역으로 옮겨놓은 것이다. 마이어는 곧바로 병원으로 옮겨져 구사일생으로 살아났다. 그를 구한 풀 상병은 그 용맹함으로 미군 군인 메달을 받았다.

사건 발생 당시 킹 목사는 서베를린을 방문 중이었다. 마이어의 극적 탈출 소식을 들은 킹 목사는 당일 사건 현장을 찾았다. 베를린장벽의 엄중한 현실을 직접 목격한 것이다. 사진에는 킹 목사가 사건이 일어났던 인근 주택 앞에서 주민들과 담소하는 장면이 담겨 있다. 킹 목사는 그날 밤 동베를린에서 설교할 기회가 있었다고 한다. 그 자리에서 그는 기독교의 단합을 호소하면서 장벽으로 인해 기독교가 분열돼서는 안 된다고 강조했다.

하인리히하이네슈트라세는 차량이 많이 다니는 제법 큰 네거리다. 이곳은 분단 시절 차량 통과 검문소가 있었다. 지금은 간단한 안내판이 있을 뿐 예전 흔적은 찾아볼 수 없다. 이곳에선 차량을 이용한 탈출 시도가 빈번했다. 두 친구와 함께 차량 탈출을 감행한 만프레드 브뤼케는 안타깝게도 목숨을 잃었다. 1962년 4월 17일 야음을 틈타 브뤼케는 친구들을 차에 태우고 장벽으로 돌진했다. 총탄이 쏟아졌지만 차는 가까스로 서베를린 영역에 들어섰다. 운전했던 브뤼케는 심한 총상을 입고 병원으로 옮겨졌지만 곧바로 사망했다. 차에 동승했던 다른 두 친구는 큰 부상 없이 살아남았다. 다음날 서베를린 신문은 "브뤼케가 친구들의 자유를 위해 운전하다 사망했다"고 보도했다. 이제는 60년이 더 지난 일이다. 그런 일이 언제 있었냐는 듯 거리는 활기차다.

길 건너 세바스찬슈트라세 초입은 비극적인 터널 탈출 장소로 알려진 곳이다. 베를린장벽에서는 터널을 이용한 탈출이 제법 많았다. 길거리 하나를 사이에 두고 장벽으로 막힌 곳이 많은 만큼 그 밑으로 터널을 뚫어 여러 명이 함께 서베를린으로 탈출하는 식이다. 동쪽에서 서쪽으로 터널을 뚫어 탈출하기도 했지만 비교적 안전한 서쪽에서 동쪽으로 터널을 뚫은 경우가 더 많았다.

22살의 지그프리드 노프케는 서쪽에서 동쪽으로 터널을 뚫은 경우다. 노프케의 사연은 참으로 처연하다. 동독 출신이지만 서베를린에 정착해 건축 일을 하던 노프케는 장벽이 건설되기 전 동베를린에 사는 여성과 사귀다 아이가 생겨 곧 결혼했다. 그런데 아내의 서베를린 이주 허가가 나지 않아 대기하던 중 갑자기 장벽이 생겼다. 동, 서베를린 사이의 이동이 막히면서 그야말로 생이별하게 된 것이다. 가끔 허가를 받아 방문하거나 벽을 사이에 두고 얼굴을 보는 식이었다.

수소문 끝에 노프케는 자기와 같은 처지의 디터 회처가 동쪽으로 터널 뚫기를 시도하고 있다는 걸 듣고 여기에 합류한다. 터널은 서베를린 크로이츠베르크에서 동베를린 미테 지역으로 뚫었다. 마침내 터널이 뚫리고 1962년 6월 28일 두 사람은 터널을 통해 동쪽으로 건너갔다. 하지만 탈출하려던 동베를린 쪽 사람들 가족 중에 밀고자가 있었다. 터널의 동쪽 끝에 도착했을 때 슈타지 요원들이 두 사람을 기다리고 있었다. 격투 끝에 노프케는 총격으로 심한 부상을 입고 병원에서 사망했다. 동행했던 회처 역시 중상을 입었지만 회복한 뒤 동독에서 징역살이를 해야 했다. 탈출하려던 두 사람의 가족들 역시 재판에 넘겨져 옥고를 치렀다. 참으로 기구한 사연이다.

엥켈베컨파크는 도심 속 이국적 공원이다. 정사각형 호수에는 작은 분수들이 물을 뿜고 있다. 그 뒤로 직사각형의 잔디 정원이 길게 이어진다. 인도식 분수 공원이라고 한다. 장벽이 있을 때는 황무지였던 곳이 아름다운 공원으로 탈바꿈했다. 호수 뒤로 있는 성미카엘 성당의 돔이 호수와 잘 어울린다. 묵직하게 자리 잡은 성토마스 교회 앞으로 잔디밭 공원이 펼쳐져 있다. 날이 더워지는 때여서 잠시 교회 옆 벤치에 앉아 목을 축였다. 교회는 예배가 끝난 뒤여서 한적하다. 교회 앞 잔디 공원이 무척 평화롭다.

쉴링브뤼케를 건너면 이 코스 종착점인 이스트사이드 갤러리다. 다리 밑으로 슈프레강이 유유히 흐른다. 슈프레강은 언제 봐도 탁트인 느낌이다. 때마침 다리 밑으로 관광객을 태운 유람선이 지나간다. 쉴링브뤼케 역시 냉전의 상처를 간직하고 있다. 이곳 다리 근처의 슈프레강을 헤엄쳐 탈출하려다 희생된 동베를린 주민이 3명이나 된다. 제각각 시점은 다르지만 모두 안타까운 죽음이다. 다리로 내리쬐는 5월 하순의 햇살이 제법 따갑다. 저질 체력 탓인지 땡볕을 받으며 걷자니 급격히 힘이 부친다. 시원한 탄산음료 한 잔이 그립다.

이스트사이드 갤러리는 항상 북적인다. 이곳도 베를린에 오자마자 다녀갔던 곳이다. 베를린에 머무는 동안 이런저런 기회로 네댓 번은 둘러봤다. 이스트사이드 갤러리가 원래 베를린장벽이었다는 건 베를린에 와서야 알았다. 정확히 말하면 베를린장벽 중 동베를린 쪽으로 만들어놓은 내벽이다. 외벽은 바로 강가에 인접해 있었다. 이곳은 슈프레강 서쪽 연안이 동, 서베를린 국경이었다. 따라서 슈프레강 자체는 동베를린 영역이었다. 국경선은 슈프레강 서쪽으로 그어졌지만 외벽과 내벽은 강 동쪽을 따라 만들어졌다. 이곳 내벽은 다른 곳과 달리 외벽에 사용된 흰색 콘크리트 구간으로 지어졌다. 공항에서 동베를린 도심으로 들어오는 외빈들이 통과하는 지점이어서 좀 더 그럴듯하게 지었다고 한다.

이스트사이드 갤러리는 모두 1.3km에 달한다. 남아 있는 베를린장벽 중 가장 긴 구간이다. 1990년 독일 통일 뒤 전 세계 21개국 작가 118명이 장벽에다 그림을 그렸다. 장벽 붕괴 20년을 맞는 2009년에 대대적으로 복원해 100개의 그림이 작가들에 의해 재구성됐다. 이곳에서 가장 유명한 그림은 알려진 대로 러시아 화가가 그린 '형제의 키스'다. 브레즈네프 소련 공산당 서기장과 호네커 동독 공산당 서기장의 입맞춤을 그린 것이다. 실제로 둘은 양국의 우정을 과시하기 위해 1986년 입맞춤을 했다고 한다. 이 그림 앞에는 기념사진을 찍는 이들로 항상 붐빈다.

이스트사이드 갤러리는 그림도 많고 사람도 많아 갈 때마다 정신이 없었다. 장벽에 그려진 그림도 뭐랄까 장벽 붕괴 당시의 느낌과는 좀 멀어진 것 아닌가 싶었다. 장벽 붕괴 직후의 생생함, 기쁨보다는 이제는 좀 더 차분한 느낌, 상업적인 느낌을 받았다. 많은 세월이 흘렀기 때문이리라.

이스트사이드 갤러리 벽 뒤쪽의 슈프레강변 공원은 인상적이었다. 4월 하순께 처음 이곳을 찾았을 때 벚꽃 길이 길게 이어져 있었다. 강변을 따라 진분홍 벚꽃들이 송이송이 엉글어진 모습이 무척 아름다웠다. 장벽길을 따라 걷다 보면 벚꽃 길을 자주 만난다.

베를린장벽 붕괴를 축하하기 위해 일본에서 시민들이 모금해서 보내왔다. 4월 하순 날씨는 비록 쌀쌀했지만 멀리 베를린에서 벚꽃 길을 걷자니 감흥이 색달랐다.

이스트사이드갤러리 뒷쪽 강변에 핀 분홍색 벚꽃

슈프레강변을 걷다 카페에서 아메리카노를 한 잔 샀다. 카페 바깥 의자에 앉아 바라보니 저 멀리 오버바움브뤼케가 고즈넉한 자태를 뽐내고 있다. 다리 모습이 한 폭의 그림 같았다. 날씨가 찬 탓인지 야외 카페엔 사람이 별로 없다. 넘실대는 강물, 강 건너로 보이는 이국적인 건물들, 멀리 붉은 벽돌색의 오버바움브뤼케, 그리고 다리 위를 지나는 노란색 전철까지 모든 게 완벽했다. 여기가 베를린이구나 싶었다.

공포의 지형   https://www.topographie.de/
체크포인트찰리 박물관   https://www.mauermuseum.de/

3
6인 추모비로 시작하는 황홀한 산책길
: 바르샤우어슈트라세~쇠네바이데

오버바움브뤼케에서 텔토우 운하까지 이어지는 13km 구간이다. 베를린장벽길 시내 구간 세 번째 코스다. 베를린 도심에서 동남쪽 외곽으로 비스듬히 내려가는 길이다. 미테 지구의 클럽, 카페 밀집 지역에서 주택가를 거쳐 공원과 물길로 이어진다. 유명 관광지들이 즐비한 도심과는 분위기가 좀 다르다. 숲과 운하, 공원 사이로 베를린 시민들 삶의 터전이 자리하고 있다.

베를린 집에서 오버바움브뤼케까지는 지하철로 40분 정도 걸렸다. 집 근처 U9 노선 발터슈라이버플라츠 역에서 출발해 한 번 갈아탄 뒤 슐레지쉐스토어 역에서 내렸다. 베를린은 지하철망이 거

오버바움 다리. 다리 동쪽에 동베를린의 국경검문소가 있었다.

미줄처럼 잘 돼 있다. 시내에서는 굳이 차를 가지고 다닐 필요가 없을 정도다. 베를린 지하철은 국영 S반과 민영 U반으로 나뉜다. 그런데 민영 U반 지하철은 기차가 작고 비좁을 뿐만 아니라 에어컨도 제대로 가동되지 않는다. 여름에 더위를 피하려고 창문을 열고 달리는 지하철을 베를린서는 흔히 볼 수 있다.

오버바움브뤼케 초입은 관광객들로 붐볐다. 파리의 퐁네프 다리처럼 베를린에선 오버바움브뤼케가 인기 코스다. 퐁네프 다리가 영화에서처럼 낭만적이라면 고딕 양식의 오버바움브뤼케는 뭔가 철학적이다. 다리 가운데의 붉은 벽돌색 두 기둥은 고전적 분위기를 풍긴다. 과거 다리 자체가 동, 서베를린 국경이었으니 비장함 같은 것도 느껴진다.

1896년 건설된 이 다리는 베를린 크로이츠베르크와 프리드리히샤인 지역을 연결한다. 1961년 장벽 설치 이후 1989년 붕괴할 때까지 국경 검문소가 설치됐다. 다리의 차로는 막히고 보행로만 통행할 수 있었다. 이제는 다리 위로 자동차와 전철이 부산히 움직인다. 다리 초입에는 베를린장벽길 희생자 추모판이 있다. 1962년 슈프레강을 헤엄쳐 건너려다 동독 국경수비대의 총격으로 사망한 안톤 발처의 추모비다. 추모비는 아름다운 다리 아래서 벌어진 비극을 생생히 증언한다. 빛바랜 투명 플라스틱 추모판에 눈길을 주는 이들은 거의 없다. 추모판 한쪽엔 그래피티가 휘갈겨져 있다. 60여 년 전의 비극을 아는지 모르는지 관광객들은 한가로이 다리를 거닐고 있다.

다리 양쪽으로 모두 인도가 있지만 한쪽은 좁다. 다른 쪽은 벽돌 돔으로 덮인 비교적 넓은 보도다. 다리 중간 조망지점의 풍경이 훌륭하다. 슈프레강이 힘차게 굽이치는 모습을 볼 수 있다. 멀리 '분자 인간' 조각물이 눈에 들어온다. 독일 통일 뒤 슈프레강변에 세워진 작품이다. 구멍 뚫린 알루미늄 판넬로 만든 세 사람이 물 위에 서서 서로 손을 맞잡고 있다. 동베를린의 프리드리히샤인, 트렙토우, 서베를린의 크로이츠베르크 세 자치구의 협력을 다짐한 것이라고 한다.

다리 건너편 안내판에 이 다리에 얽힌 분단사가 적혀 있다. 1961년 장벽 설치 직후 동, 서베를린을 잇는 이 다리는 폐쇄됐다. 동독 병사들이 다리 입구에 시멘트 벽돌을 돔 천정까지 쌓아 올려 완전히 틀어막은 사진이 게시돼 있다. 다리가 다시 열린 건 2년 4개월이 지난 1963년 12월이었다. 서베를린 당국과 동독 정부의 기나긴 협상 끝에 베를린 통행증협정이 타결된 직후였다. 그해 크리스마스를 맞아 일일 통행 허가증을 받은 수만 명의 서베를린 주민들이 이 다리를 통해 동베를린의 일가친척을 찾았다. 동독 병사들이 다리 입구를 틀어막은 시멘트 벽돌벽 가운데를 헐어내 드나들 수 있는 출입구를 만드는 사진도 장벽길 안내판엔 담겨 있다.

베를린 통행증협정은 독일 동방정책의 시작, 통일의 첫걸음이라 해도 과언이 아니다. 당시 서베를린 시장이던 빌리 브란트가 주도했다. 동, 서베를린 시민들의 고통을 조금이나마 완화해 주자는 인도주의적 취지에서 비롯됐다. 협상은 서독 정부가 아닌 서베를린 당국과 동독 당국 사이에 진행됐다. 우여곡절 끝에 1차 통행증협정이 12월17일 타결됐다. 서베를린 시내에 통행증 교부소를 설치하고 시민들의 신청을 받았다. 동독 당국이 이를 승인하면 다음날 통행증을 발급하는 식이었다. 동베를린의 일가친척을 오전 7시부터 24시까지 하루 동안 방문하는 방식이었다. 1차 통행증협정 기한인 1964년 1월5일까지 서베를린 주민 70만 명이 동베를린을 방문했다. 통행증협정은 이후 네 차례 추가로 이어졌다.[1]

통행증협정이 서독 정부가 아닌 서베를린 당국과 동독 정부 사이에 진행되면서 여러 난관이 있었다. 동독을 정부로 인정하지 않는다는 서독 연방 정부의 방침에 따라 서베를린 당국은 협정을 비공식적으로 체결하려 했고, 동독 당국은 자신들의 대표성을 인정받기 위해 공식성을 띤 협정을 주장했다. 여러 논란이 있었지만 결

---

1 이은정 『베를린, 베를린』(창비 2019) 155~164면

국 타협점을 찾았다. 이 통행증협정은 '접근을 통한 변화' '작은 걸음 정책' 등으로 대표되는 브란트 동방정책의 첫 시험대였다.

오버바움브뤼케를 지나면 팔켄슈타인슈트라세다. 장벽길 안내판은 해당 지역의 항공사진을 곁들인 설명도 제공한다. 애초의 동, 서베를린 국경, 실제 있었던 장벽, 그리고 나중에 조성된 베를린장벽길

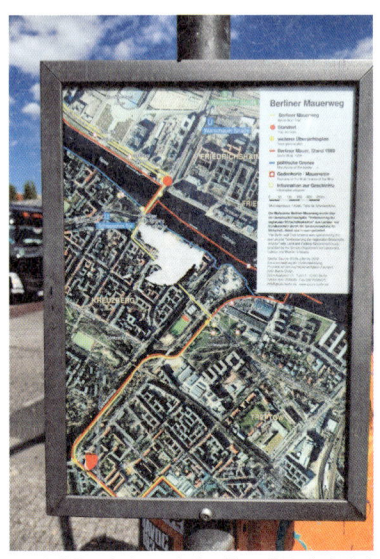

오버바움 다리 초입에 있는 베를린장벽길 안내판. 항공사진에다 예전 장벽과 지금의 장벽길을 표시해 놓고 있다.

이 각각 다른 색깔로 항공사진 위에 표시된다. 실제 장벽과 지금의 장벽길이 일치하는 곳도 많지만 여러 이유로 인해 얼마간 간격이 있는 곳도 많다. 오버바움브뤼케에서 실제 장벽은 슈프레강변으로 꺾이지만 장벽길은 곧바로 직진한다.

슐레지쉐슈트라세에는 카페와 식당이 즐비하다. 도심 번화가의 세련된 거리와는 느낌이 좀 다르다. 투박하지만 왠지 정겹고 서민적이다. 베를린은 동쪽, 즉 예전 동베를린 쪽으로 갈수록 이런 느낌이 더 많아진다. 길가 카페에 걸터앉아 맥주 한잔 들이키고 싶었다. 저질 체력 탓에 힘이 부치고 목도 마르다. 갈 길은 멀다. 아직 13km 코스의 절반도 걷지 못했다. 길가 마트에서 탄산음료를 사 목을 축이는 걸로 만족해야 했다. 마트 앞 테이블에 앉아 콜라 한

잔 마시니 그래도 살 것 같다.

슈프레강에서 갈라져 나온 운하는 아담한 규모의 물길이다. 다리 아래 천변으로 카페들이 죽 늘어서 있다. 물 위로 말뚝을 박아 만든 일종의 수상 카페들이다. 카페들은 한낮인데도 손님들로 북적인다. 흥겨운 음악이 흘러나오고 비좁은 카페 스테이지에서 여럿이 춤을 추고 있다. 천변 카페촌을 지나니 허름한 건물에 나이트클럽 간판이 보인다. 이곳도 밤이 되면 불야성일 것이다. 베를린 동남쪽 이스트사이드 갤러리 부근은 유명 클럽들이 많은 곳이다.

다리 아래 천변으로 카페들이 죽 늘어서 있다.

슐레지쉐 공원은 한낮인데도 뭔가 음산했다. 군데군데 아프리카계 흑인들이 무리 지어 있었다. 공원 초입에는 예전 장벽의 감시탑이 남아 있다. 2004년 한 예술단체가 맡아 리노베이션 했다고 적혀 있다. 그래서인지 감시탑 외벽에 그래피티가 빼곡히 그려져 있다. 베를린서 본 감시탑 중 그래피티가 그려진 건 여기가 유일했다. 감시탑 출입문에는 귀여운 고양이 그림이 있고 형형색색의 그래피티 글자들이 외벽을 화려하게 장식하고 있다. 우중충한 감시탑의 그래피티 버전인 셈이다.

공원 안쪽 길은 대낮인데도 분위기가 좀 이상했다. 흑인 너덧 명이 한쪽에 모여 앉아 있다. 그중 한 명이 내게 손짓하며 뭐라고 말한다. 좋은 말로 들리진 않는다. 독일 체류 중 뭔가 사람한테서 불안감을 느낀 몇 안 되는 사례 중 하나다. 씩 웃고 있는 흑인을 애써 무시한 채 빠른 걸음으로 지나쳤다. 좀 더 가니 흑인 두 명이 자전거 타고 온 백인 한 명과 얘기를 나누면서 뭔가를 건넨다. 마약류를 사고파는 걸로 짐작됐다. 나중에 교민에게 물으니 이 공원이 마약 거래가 이뤄지는 곳이라고 했다. 분위기가 아주 험악하진 않았지만 상당히 꺼림직했다.

슐레지쉐 공원의 예전 베를린장벽 감시탑

슐레지쉐 공원을 벗어나니 운하길이 운치 있게 이어진다. 조금 전 공원과는 분위기가 다르다. 인근 주택가 주민들이 많이 나와 바람을 쐬고 있다. 물길 양쪽으로 잔디밭이 조성돼 있다. 운하는 그리 넓지 않다. 운하변 잔디밭으로는 혼자서 책을 읽거나 악기를 연주하는 이들도 있다. 잔디밭에 누워 한가로이 낮잠 자는 이도 있다. 가족끼리, 연인끼리, 친구끼리 여유로운 오후를 즐기고 있다. 물 위로는 조그만 보트를 타고 노 저어 가는 이도 있다. 건너편 언덕엔 제법 큰 어린이 놀이터가 보인다. 운하는 더 큰 물길로 합쳐

지더니 다시 세 갈래로 나뉜다. 트렙토우, 크로이츠베르크, 노이쾰른 세 자치구의 경계 지점이다.

큰길 삼거리에는 두 줄 벽돌길 표시가 보인다. 벽돌길이 길 건너편 카페 앞으로 곧게 이어진다. 모처럼 보는 벽돌길 표시가 반갑다. 장벽길은 주택가 밀집 지역을 통과한다. 평범하고 아담한 주택가다. 하이텔베르거슈트라세 역시 차들이 오가는 평범한 시내 길이다. 하지만 예전엔 이곳에 해자가 있었다. 동독 당국이 장벽 뒤로 해자를 파서 물을 채워 넣었다. 쇠못과 대전차 장애물도 갖다 놨다고 한다. 예전 해자의 흔적은 찾아볼 수 없다. 해자가 있던 자리는 이젠 주차구역이 돼 차들이 주차돼 있다.

보췌슈트라세 33번지는 '자유를 향한 도르래'로 이름 붙여진 성공적인 장벽 탈출기가 쓰인 곳이다. 1983년 3월 미카엘 베커와 홀거 베스케는 이곳 집 지붕에 몰래 숨어들어 새벽이 오기까지 12시간을 숨죽이며 기다렸다. 이윽고 새벽이 되자 이들은 줄을 매단 화살을 장벽 너머 서베를린 쪽으로 쏘아 보냈고, 건너편에서는 베커의 동생이 기다리고 있었다. 장벽 너머로 줄이 연결되자 이들은 도르래를 이용해 미끄러져 내려가 서베를린 땅에 무사히 도착했다.

하이텔베르거슈트라세 35번지는 비극적인 터널 탈출 장소였다. 장벽길 사이트는 이곳에 안내판이 있다고 돼 있는데 막상 와보니 아무런 표지도 없다. 도로공사 중에 철거된 듯하다. 1962년 3월 21일 하인츠 제르차는 조력자들과 함께 12명의 동베를린 주민을 서베를린으로 탈출시켰다. 서베를린 쪽 35번지 건물에서 길 건너 동베를린 쪽 75번지 건물로 터널을 파서 12명을 데려올 수 있었다.

하이데캄프 주립공원 입구 장벽길   하이데캄프 주립공원 입구에 세워진 추모비

3월27일 두 번째 터널 탈출 시도는 비극으로 끝이 났다. 제르차가 터널을 통해 동쪽으로 건너갔을 때 슈타지 요원들이 그를 기다리고 있었다. 첩자의 제보로 탈출계획이 누설된 것이다. 슈타지 요원의 발포로 제르차는 심한 총상을 입었다. 가까스로 서베를린 쪽으로 도망쳐 오긴 했지만 얼마 지나지 않아 목숨을 잃었다.

  27살의 제르차는 아내와 어린 딸과 함께 서베를린에서 정육업을 하며 살고 있었다. 장벽이 생기기 수년 전 동베를린을 탈출한 그는 예전 동료가 이끄는 터널 탈출 작업에 합류했다가 변을 당했다. 그의 죽음이 알려지자 서베를린 주민들은 분노에 휩싸여 동베를린 당국을 격렬히 비난했다. 제르차는 장벽 너머로 들어가 동베를린 주민 탈출을 돕다 숨진 두 번째 서베를린 시민이었다. 첫 번째는 1961년 12월 숨진 20살의 서베를린 대학생 디터 볼파르트였다. 그는 동베를린 주민들을 데리고 오기 위해 한밤중에 장벽 틈을 넘어 들어갔다가 동독 군의 총에 맞아 희생됐다. 서베를린 상원은 제르차와 유족에게 순국 용사에 준하는 대우를 하는 한편 젤렌도르프 공원묘지에서 성대한 장례식을 치렀다.

트렙토우와 노이쾰른 사이의 장벽길은 제법 큰 도로를 따라 이어진다. 동쪽 큰길 건너편으로는 트렙토워파크가 있고 서쪽에는 잘 조성된 정원들 사이로 주택들이 촘촘히 들어서 있다. 대로변 장벽길엔 나무가 듬성듬성 있어 햇볕 피할 데가 별로 없다. 6월의 태양이지만 제법 따갑다. 내리쪼이는 햇볕을 받으며 밋밋한 대로변을 계속 걷자니 힘이 부친다. 한 무리의 자전거 하이킹족들이 시원스레 지나간다. 문득 자전거를 타고 싶다는 생각이 들었다.

제주 올레길이 그렇듯 길을 걷는 게 항상 즐거운 건 아니다. 올레길을 걷다 보면 밋밋한 도로변, 주택 밀집 지역, 비닐하우스촌 등 무미건조한 길도 많다. 참고 걸으면 어느 순간 생각지도 못한 풍경과 조우한다. 그래서 더욱 그 풍광이 반갑고 소중하다. 베를린장벽길도 마찬가지다. 무미건조한 길이 이어지다가도 어느 순간 그럴듯한 풍경이 펼쳐진다. 으슥한 길을 나 홀로 걷다가 약간 무서워질 때쯤 수려한 풍광과 불쑥 마주친다. 이런 게 길을 걷는 묘미다.

힘들게 타박타박 걷다 보니 어느덧 하이데캄프 주립공원 입구다. 초입의 키프홀츠슈트라세에는 특이한 추모비가 세워져 있다. 두 개의 회색 시멘트로 된 조각물이다. 장벽을 형상화한 듯 직사각형 모양의 조각이 하나 서 있다. 바로 옆으로 위가 비스듬히 잘린 다른 벽 조각이 맞닿아 있다. 그 벽 아래쪽은 어린이 한 명이 서 있는 모습으로 뚫려 있다. 그 뚫린 어린이 조각이 벽 바로 옆으로 뉘어져 있다. 장벽에서 희생된 어린이를 기리는 조형물이란 걸 알 수 있다.

　장벽길 사이트 설명을 보니 트렙토우 지역 장벽에서 희생된 6명을 기리는 조형물이다. 특히 조각이 서 있는 지점은 두 명의 어린이가 희생된 곳이다. 어린이들이 장벽을 넘어 탈출하려 했을 리는 없다. 13살의 로타르 슐로이제너, 10살의 죄르그 하르트만이 장벽에서 총격을 받고 숨진 건 1966년 3월14일 저녁 7시쯤이었다. 한 명은 현장에서 곧바로 숨졌고, 다른 한 명은 병원으로 옮겼지만 그날 밤 숨졌다. 동독 당국은 사건 경위를 숨기기에 급급했다. 장벽에서 어린이들이 자국 군인의 총을 맞아 사망했다는 걸 공개하기 어려웠던 것이다.

　이 사건에 대한 동독 당국의 공식 보고서에는 장벽에서 국경 침범자 두 명이 총을 맞고 숨졌다고 돼 있을 뿐 나이도 이름도 적혀 있지 않다. 동독 당국은 가족들에게도 두 아이가 사고를 당해 라이프치히의 병원에서 숨졌다고 통보했을 뿐이다. 하지만 나중에 공개된 동독의 기밀 보고서는 장벽에서 두 어린이가 동독 병사들의 총격으로 사망했으며, 부주의한 병사들에게 책임이 있다고 적어 놓았다.

　독일은 통일 뒤 동독 시절의 인권침해 행위를 광범위하게 조사하고 책임을 묻는 작업을 벌였다. 장벽 희생자들의 사망 경위를 밝히고 가해자를 처벌하는 일도 꾸준히 진행됐다. 이곳 장벽에서 숨진 두 어린이 사건도 예외가 아니었다. 1997년 11월 베를린 법정은 두 어린이를 살해한 혐의로 당시 동독 국경 경비병에게 1년8개월의 실형과 집행유예를 선고했다.

법정에서 이 병사는 사건 경위를 자백했다. 3월14일 저녁 감시탑에서 경계근무를 하던 중 장벽에 접한 소르겐프라이 정원 부근에서 인기척을 느꼈다. 그는 누군가 장벽 바로 앞의 자동차 차단용 해자를 넘으려다 뒤로 숨는 걸 봤다. 감시탑에 같이 있던 다른 동료에게 감시탑에서 내려가 용의자들을 제압하도록 명령했다. 그런데 이 동료 병사는 내려가서 얼마 지나지 않아 40발의 총탄을 퍼부었다. 다른 방법을 알지 못한 탓이었다. 법정에서 증언한 병사는 감시탑에서 내려가 총알을 맞은 어린이들을 보고 경악을 금치 못했고, 총을 쏜 건 미친 짓이었다는 걸 깨달았다고 했다. 재판 당시 두 어린이에게 직접 총을 쏜 동독 병사는 사망한 뒤였다.

두 어린이는 자신들의 가족이 일하러 간 사이에 둘이 가끔 놀았다. 집 근처 정원에서 놀던 중 아마도 호기심에서 장벽 쪽을 기웃거리다 억울한 죽임을 당한 것이다. 장벽길 바로 옆으로 길게 이어지는 소르겐프라이 정원은 나무와 꽃들로 꾸며진 아기자기한 정원이다. 그 정원 뒤편으로 주택가가 죽 이어진다. 그날도 둘은 집에서 나와 정원을 뛰놀다 어느새 어스름 저녁이 됐고 무심결에 바로 코앞의 장벽 쪽으로 발걸음을 옮겼으리라.

회색 시멘트로 빚어진 두 어린이 추모비는 베를린 도심 유대인 추모공원의 시멘트 조형물들과 느낌이 비슷하다. 잿빛 추모 조각들은 볼수록 처연하다. 유대인 추모공원 조각물들은 거대한 시멘트 숲을 이루고 있어 압도적인 슬픔을 자아낸다. 이곳 키프홀츠슈트라세의 추모비는 두 조각이 의지하듯 붙어 있는 모습이 왠지 쓸쓸하다. 꿈에도 상상하지 못했을 뜻밖의 죽음을 맞은 두 어린이의 운명이 안타깝기 짝이 없다.

가라앉은 마음으로 추모비를 지나쳤다. 그런데 길모퉁이를 돌아서는 순간 전혀 다른 풍경과 마주했다. 공원 입구로 아름다운 하이킹 길이 이어진다. 길은 보행자와 자전거 이용자를 위해 넓게 포장돼 있다. 길옆의 나무와 풀들이 6월의 햇살을 받아 반짝였다. 싱그런 나뭇잎들이 바람에 살랑인다. 공기는 더할 나위 없이 상쾌하다. 듬직한 나무들이 그늘을 드리우고 있다. 산책 나온 주민들은 경쾌한 발걸음으로 주말 오후를 즐기고 있다. 자전거를 탄 이들은 씽씽 페달을 밟는다. 조금 전 지나쳐온 잿빛 추모비와 너무도 대조적이다.

길가 벤치에 앉아 주변을 둘러보니 감탄이 절로 나온다. 베를린장벽길의 재발견이라고 해야 할까. 도심 구간을 걸을 때와는 느낌이 판이하다. 건물과 주택가 사이로 이어지는 장벽길을 걷다가 갑자기 탁 트인 교외로 소풍을 나온 느낌이다. 칙칙하고 어두운 과거 역사의 상흔에 짓눌리는가 싶던 베를린장벽길이 이제 보니 밝게 빛나는 생명의 길이었다. 이 길이 어디까지라도 죽 이어졌으면 싶었다.

아마도 이즈음 160km, 407리 베를린장벽길을 완주하고 싶다는 생각을 처음 한 것 같다. 벤치에 앉아 가만히 생각하니 앞으로 어떤 빛깔의 장벽길이 펼쳐질지 무척 궁금해졌다. 형형색색의 장벽길을 걸으면서 얻게 될 감흥과 애잔함에 설렜다. 머나먼 이국땅을 찾은 초로의 쓸쓸한 방랑객에게 조금이나마 위안과 떨림을 줄 수 있지 않을까 싶었다. 그 뒤 장벽길을 계속 걸으면서 알게 됐다. 실제로 장벽길은 형형색색의 빛깔을 뿜내고 있다는 걸. 어느 길 하나 빠지지 않는다는 걸. 장벽길의 빛나는 아름다움은 이날이 시작에 불과하다는 걸.

하이데캄프 공원 장벽길은 아파트 단지를 따라 일정한 폭으로 길게 이어진다. 나무와 풀들이 길가로 우거지고 그 너머로 아파트 단지들이 띄엄띄엄 자리하고 있다. 제법 오래된 아파트들이다. 그다지 높지는 않다. 베를린에서 아파트는 우리와 달리 서민용 주택이다. 장벽길엔 아이와 함께 바람 쐬러 온 여성, 노인 등 인근 주민들이 많다. 따스한 봄볕을 맞으며 한가로이 걷는다. 예전의 장벽이 이젠 서민의 산책길이 되고 주기 공간이 된 것이다. 주민 중에는 장벽길에 나타난 아시아 이방인을 유심히 보는 이들도 있다. 도심이 아닌 외곽 주택가여서인지 조금 낯설어하는 것 같다.

이곳은 장벽이 있던 자리가 그냥 숲길이 됐다. 장벽길은 예전 동베를린 쪽 내벽이 있던 자리다. 지도에선 빨간색으로 표시된다. 10미터 정도 옆으로 외벽이 있던 자리가 이어진다. 외벽 자리는 제법 큰 고랑이 파인 물길이다. 지도에는 검은색으로 표시된다.

장벽길 사이트는 이곳에서 잠시 인근 트렙토워파크에 있는 소비에트 전몰장병 기념관으로 이동할 것을 권한다. 그다지 멀지 않다. 큰길을 곧장 건너 주택가를 지나면 된다. 제법 큰 공원이다. 사실 트렙토워파크는 장벽길을 걷기 전 이미 다녀왔다. 5월 중순께 베를린에 오래 머문 교민들 틈에 끼여 이곳을 찾았다. 휴일 오후 공원 입구에서 몇이 만나 공원 안을 여기저기 거닐었다.

트렙토워파크 안의 호수 풍경

슈프레강변을 따라 자리한 트렙토워파크는 깔끔하고 쾌적했다. 강변을 거닐거나 배를 타는 이들, 잔디밭에서 해바라기하는 이들이 눈에 띠었다. 어떤 남녀 커플은 수영복 차림으로 잔디밭에서 햇볕을 쬐고 있다. 옆에는 타고 온 자전거 두 대가 놓여 있다. 강물은 5월의 햇살을 받아 빛났다. 맑고 푸른 강물을 따라 걸으니 마음이 탁 트이는 것 같았다. 베를린서 처음 만난 이들이 대부분이지만 일행들과 앞서거니 뒤서거니 정담을 나누며 강변을 걸었다.

강변에서 구름다리로 연결된 조그마한 섬이 나온다. '젊음의 섬'이라고 이름 붙여져 있다. 섬에는 널찍한 비어가르텐이 있다. 독일 특유의 야외 맥줏집이다. 베를린엔 어디를 가든 비어가르텐이 많다. 평소 맥주를 즐겨 먹는 편은 아니지만 베를린에선 그래도 맥주가 제격이다. 맛도 좋고 분위기도 좋다. 주말 오후 강변의 비어가르텐은 거의 만석이었다. 일행은 생맥주 한 잔씩을 사 들고 강변 잔디밭으로 나와 둘러앉았다. 베를린 생활이 오래된 이들은 자연스레 햇볕 있는 쪽에 앉아 해바라기를 한다. 나는 아직 직접 쬐는 햇볕이 부담스럽다. 그늘에 앉아 멀리 슈프레강을 바라보며 생맥주를 한 모금 들이켰다. 맥주가 참 달다.

공원 안쪽 길을 함께 걸었다. 제법 우거진 숲길이다. 숲길 옆으로는 호수가 있다. 크지도 작지도 않고 적당하다. 숲속 호수는 말 그대로 평화롭다. 호숫가에 앉아 있는 이들의 모습이 한 폭의 그림 같다. 피크닉 매트 위에 둘이 함께 앉아 물끄러미 호수를 바라보고 있다. 혼자서 뭔가를 읽는 이도 있다. 베를린은 어디를 가든 사색하게 만드는 도시다.

공원 중앙의 소련군 전몰장병 기념관은 규모가 제법 크다. 입구 양쪽의 적갈색 조형물 앞엔 소련군 병사들이 무릎 꿇고 경례하는 조각상이 맞세워져 있다. 조형물 위쪽엔 소련 국기의 낫과 망치 문양이, 아래쪽엔 러시아어로 무어라 추모 문구가 새겨져 있다. 멀리 정중앙으로 하얀색 추모탑이 우뚝 서 있다. 아이를 안은 소련군 병사 입상이 웅장하다. 이 추모비는 1947년부터 1949년까지 이곳에서 싸우다 전사한 7000여명의 적군 병사를 추모하기 위해 세워졌다. 2차대전 당시 독-소 전쟁은 희생이 가장 많았던 전투였다. 그만큼 전체 전쟁의 판도를 좌우한 전쟁이기도 하다. 베를린에는 독일에서 싸우다 전사한 소련 장병들을 기리기 위한 추모비가 여럿 있다.

추모관 한쪽의 늙은 여인상 앞 잔디밭에는 꽃들이 잔뜩 놓여 있었다. 내가 찾은 날은 독일이 항복한 5.9 종전 기념일이 얼마 지나지 않은 때였다. 종전 기념일을 맞아 이곳을 찾은 이들이 놓고 간 꽃들이다. 꽃에는 간혹 무언가 글귀를 새긴 스티커들이 묶여 있다. 빨간 장미 한 송이에는 러시아어로 뭔가 적혀 있고, 그 밑에 작은 글씨로 "nein zum krieg"(전쟁 반대)라는 독일어 글귀가 매달려 있다. 일행들끼리 '전쟁 반대'의 뜻이 무얼까 얘기해봤지만 정확한 맥락을 알 수 없었다. 2023년 5월이면 1년 3개월 전 발발한 우크라이나 전쟁이 한창이던 때다. 베를린도 다른 유럽과 마찬가지로 우크라이나를 침공한 러시아를 규탄하는 분위기가 아주 강했다. 시내 여기저기에 우크라이나 국기가 매달려 있는 걸 흔히 볼 수 있었다. 하지만 독-소 전쟁 종전 기념일을 맞아 소련군 전몰장병 추모비에 놓인 러시아어 '전쟁 반대' 장미꽃이 어떤 의미인지는 불분명했다. 러시아의 우크라이나 침공을 반대한다는 것인지, 아니면 서방과 우크라이나의 대러시아 확전을 반대한다는 것인지 알 수 없었다. 아마도 유럽에 엄청난 재앙을 몰고 온 전쟁 그 자체를 반대한다는 것이리라.

다시 6월의 하이데캄프 공원. 공원 끝자락은 '존넨알레' 검문소다. 장벽의 국경 통과 검문소가 있던 자리다. 독일어 '존넨알레'는 '태양의 거리'란 뜻이다. 토마스 브루시히의 원작 동명소설을 토대로 1999년 영화화됐다. 1970년대 존넨알레 검문소에 인접한 동베를린 마을 젊은이들 일상을 다룬 영화다. 장벽을 사이에 두고 서베를린과 인접한 탓에 팝송 등 서방 문화에 친숙한 동독 젊은이들의 애환을 다뤘다. 영화가 제작된 1999년은 독일 통일 이후여서 비교적 차분한 시선으로 동베를린의 일상을 담았다.

예전 국경 통과 검문소라지만 당시 흔적은 거의 남아 있지 않다. 왕복 6차선 대로를 가로지르는 두 줄 벽돌 표시와 장벽길 안내판이 없다면 이곳이 어떤 곳인지 알 길이 없다. 그저 평화로운 베를린 외곽의 도로일 뿐이다. 장벽길 사이트에는 길바닥 어딘가에

브릿츠 운하 장벽길

예전 검문소 자리를 알리는 철제 기념판이 있다고 돼 있지만 찾을 수 없었다.

존넨알레를 지나면 브릿츠 운하다. 폭이 그다지 넓지 않고 아담하다. 운하 옆으로 수풀이 우거진 오솔길이 이어진다. 오솔길은 제법 운치가 있다. 아무도 없는 길을 혼자 걸으니 조금 쓸쓸하다. 외진 길이어서인지 오가는 이를 볼 수가 없다.

브릿처알레 다리에는 크리스 게프로이를 비롯한 3명 희생자의 사연이 적힌 추모판이 있다. 게프로이는 장벽에서 총탄으로 사망한 마지막 희생자였다. 1989년 2월5일 일이다. 장벽은 9개월 뒤인 그해 11월 무너졌다. 1989년 2월은 동유럽을 휩쓴 민주화 시위가 동독 내에서도 크게 고양되던 때다. 게프로이와 그의 친구 크리스티안 지는 장벽 탈출자에 대한 사살 명령이 철회됐다는 잘못된 정

보를 믿고 탈출에 나섰다가 희생됐다. 밤을 틈타 장벽을 넘어 운하를 건너려 했지만 운하에는 다다르지도 못했다. 서베를린 쪽 마지막 외벽을 넘기 직전 게프로이는 총알 세례를 받고 현장에서 사망했고 크리스티안은 총상을 입고 체포됐다. 게프로이는 군 입대를 거부한 탓에 대학 입학이 좌절됐고 동베를린에서 웨이터로 생활했다. 크리스티안 역시 군 입대를 앞두고 있었다. 둘은 조만간 입영통지서가 나올 것으로 예상하고 탈출을 서둘렀다.

게프로이 사건은 가뜩이나 궁색한 처지에 있던 동독 당국을 궁지로 몰아넣었다. 동베를린의 민주화운동 세력들은 이를 크게 쟁점화됐다. 그의 장례식엔 동독 경찰의 감시 속에서도 100여 명의 민주화운동가들이 참석했고, 몇몇 서방 특파원들이 참석해 소식을 전했다. 민주화운동 세력은 동독 정부에 항의 서한을 보내 게프로이 죽음의 진상을 밝힐 것을 요구했다. 장례식이 치러지던 날 그가 건너가려 했던 서베를린 쪽 운하변에는 그를 기리는 추모비가 세워졌다.

독일 통일 이후 이 사건은 장벽에서 총격으로 희생된 이들의 가해자 처벌 문제를 다룬 첫 케이스가 됐다. 게프로이의 어머니는 아들 살해에 책임이 있는 "이름을 알지 못하는 사람들"을 고소했고, 베를린 검찰은 가해자를 특정해 1991년 5월 공소를 제기했다. 이 재판은 당시 많은 논란을 불러왔다. 베를린 지방법원은 총격을 가한 동독 병사에게 살인죄를 적용해 징역 3년6개월 형을 선고하고, 나머지 병사들에게는 집행유예를 선고했다. 하지만 연방대법원은 나중에 이 판결을 뒤집고 베를린 지방법원으로 되돌려 보냈다. 대법원은 총을 쏜 병사가 군대 명령체계의 최하위에 있다는 점을 적시했다. 따라서 자신이 한 행위에 대해 모든 책임을 져야 하는 보통 사람들과는 다르다고 했다. 1심 판결이 이를 충분히 고려하지 못했다는 게 대법원 판단이었다. 대법원은 일정 부분 이 병사 역시 베를린장벽의 희생자라고도 했다. 이 판결은 나중의 유사한 사건들에서 심리의 척도가 됐고, 총을 쏜 동독 병사들을 감형하는 근거가 됐다. 베를린 지방법원은 게프로이 사건을 재심리해 한 명의 동독 병사에게 집행유예 2년 형을 선고했다. 동독 정권의 인권침해 가해자에 대한 단죄는 통일 이후 꾸준히 계속됐지만 진상을 밝히고 책임을 묻되 처벌은 가혹하게 하지 않는다는 기조가 유지됐다.

브릿처알레 다리 인근에서 희생됐지만 베르너 퀼은 전혀 다른 경우다. 퀼은 서베를린에서 동베를린으로 넘어가려다 숨진 아주 드문 경우다. 1971년 7월24일 밤 퀼은 22살 동갑내기 동료 베른트 랑거와 함께 서베를린 쪽 브릿츠 운하로 뛰어들었다. 동베를린으로 탈출하기 위해서였다. 애초부터 베를린장벽 서베를린 쪽에는 별다른 장애물이 설치되지 않았기 때문에 마음만 먹으면 서베를린 주민들은 언제든 장벽으로 접근할 수 있었다. 두 사람은 초저녁에 운하를 몰래 건넌 뒤 동베를린 쪽 장벽 앞에 숨어서 밤이 깊어지기를 기다렸다. 퀼은 실업과 홈리스를 전전했고, 랑거는 동베를린에서 태어났지만 서베를린에 사는 아버지 덕분에 서베를린으로 이주했다. 일용직 일터에서 만나 가까워진 둘은 종종 동베를린에서의 보다 나은 삶을 동경했다.

자정이 다 될 무렵 둘은 가져갔던 담요를 바깥쪽 장벽에 두르고 장벽을 넘었다. 외벽을 넘은 둘이 동베를린 쪽 내벽으로 다가가기 위해 보안구역을 통과하던 중 동독 군인들에게 발각됐다. 이들이 동쪽에서 서쪽으로 탈출하려 한다고 생각한 군인들은 곧바로 발포했다. 퀼은 현장에서 숨졌고 랑거는 부상 당한 뒤 체포됐다.

이들의 탈출 경위를 둘러싸고 동, 서독 당국과 언론은 냉전 시대 특유의 촌극을 벌였다. 서베를린 경찰은 이들이 동베를린에서 서쪽으로 탈출하려다 변을 당했다고 발표했다. 그러자 서독 보수 언론들은 당시 조성되던 동, 서 데탕트 분위기를 막기 위해 동독 당국을 맹렬히 비난하고 나섰다. 얼마 지나지 않아 이들이 동베를린으로 오려다 사고를 당했다는 사실을 동베를린 당국이 공개하자 서베를린 쪽이 머쓱해졌다. 그런데 이번에는 동베를린 쪽에서 이들이 정치 테러를 가하기 위해 몰래 동베를린으로 숨어들려 했다는 주장을 제기했다. 단순 망명자를 테러리스트로 둔갑시킨 것이다. 동독 당국은 슈타지의 건의로 결국 이 기획을 취소했다. 체포돼 수감 중인 랑거를 아무리 다그쳐도 그렇게 몰아가기 어렵다고 판단한 것이다. 결국 동독 지도자 호네커는 랑거가 원한다면 서베를린으로 돌려보내라고 명령했고, 그해 8월30일 랑거는 서베를린에 인도됐다.

브릿츠 운하 장벽길은 텔토우 운하와 만나 급격하게 동남쪽으로 꺾인다. 자전거 타기에 안성맞춤이다. 텔토우 운하 옆으로 비교적 넓은 아스팔트 포장길이 계속된다. 걷는 사람은 거의 없다. 햇볕 피할 데도 별로 없다. 오른쪽은 물길, 왼쪽 위로는 113번 고속도로다. 자전거들이 쌩쌩 지나간다. 별도의 보도가 없어 운하 쪽으로 바짝 붙어 조심스레 걷는다. 물길을 바라보면 시원해지다가도 곧게 뻗은 아스팔트 길을 하염없이 걷자니 힘이 부친다. 이 길을 걸을 때 처음으로 자전거로 장벽길을 다녀볼까 하는 생각이 들었다. 자전거로 다니면 훨씬 수월할 수 있겠다 싶었다. 장벽길은 도보 여행자뿐만 아니라 자전거 이용자들을 위해 설계됐다. 모든 길이 시멘트 또는 아스팔트 포장이 돼 있다. 하지만 베를린이 처음인데다 걸으며 여기저기 살펴야 하는 만큼 자전거 여행은 무리였다. 또 외곽의 숲속 길은 자전거 타기에는 상태가 좋지 않은 곳도 제법 많았다. 자전거 타기에 적합한 몇몇 구간은 시도해 봄직 하다. 운하를 따라 이어지는 이 코스 장벽길은 마산테 다리에서 끝난다. 다리를 건너 지하철 S반 쇠네바이데 역에서 힘겨운 여정을 마쳤다.

오버바움브뤼케 https://www.oberbaumbruecke.de/
키프홀츠슈트라세 추모비 https://www.chronik-der-mauer.de/todesopfer/171380/schleusener-lothar

4
죽음의 도시를 극복하려는 몸짓들
: 쇠네바이데~쇠네펠트

 베를린 전철 쇠네바이데 역은 예전 동베를린 지역에 속한다. 베를린 지하철은 1800년대 후반, 1900년대 초반에 지어진 곳이 많다. 시내 지상 구간의 역사들은 대부분 고색창연하다. 쇠네바이데 역도 세월의 흔적이 역력하다. 빛바랜 적갈색 3층 벽돌 건물이다. 서울 지하철과 달리 베를린 지하철의 지상 역사는 모두 제각각이다.
 베를린에서 가장 특이한 지하철 역사는 내가 다니던 베를린자유대 근처 U반 달렘도르프 역이었다. 독일 전통의 나무집 모양 역사가 이채로웠다. 나무로 외벽 프레임을 짜서 흰 회반죽으로 채웠다. 도시 외곽이나 교외 지역에서 흔히 볼 수 있는 독일 전통 양식 나무

집이다. 지붕을 짚으로 엮어 목가적 풍경을 연출한 것이 아주 특이하다. 아침, 저녁 등하굣길에 이 역사를 드나들면 왠지 푸근해졌다.

쇠네바이데 역 근처는 조금 낙후된 느낌이었다. 예전 동베를린 지역이어서일 것이다. 대로변에 제법 오래된 고층 아파트들이 눈에 띤다. 동독 시절 지었을 것이다. 동독 공산 정권은 주택을 대량 공급하기 위해 무색무취한 아파트를 많이 지었다. 베를린은 서쪽과 남쪽이 잘 살고, 동쪽과 북쪽이 상대적으로 가난하다. 장벽길을 걷다 보면 이런 차이가 확연히 드러난다. 서쪽과 남쪽은 서베를린, 예전의 미·영·프 연합군이 점령했던 지역이고 동쪽과 북쪽은 동베를린, 소련군이 점령했던 지역이 많다. 베를린에서 동, 서베를린간의 차이가 뚜렷한 것처럼 전체 독일에서도, 예전 동독과 서독 지역의 차이는 확연하다. 몇몇 지역을 제외한 동독 지역 전반의 낙후성은 통일 이후 30년이 넘어서도 여전히 극복되지 못하고 있다.

쇠네바이데 역에서 버스로 5분 정도 가면 나치 강제노동수용소가 있다. 베를린장벽길 사이트는 장벽길을 걷기 전에 이곳을 먼저 둘러보기를 권했다. 브리처슈트라세에 자리한 이곳은 베를린에 현존하는 마지막 나치 강제노동수용소다. 전쟁 막바지인 1943년에 건설됐다. 막사 13개를 지어 2천 명 이상을 수용하도록 했다. 이탈리아 군인 포로, 폴란드와 체코 등 동유럽 출신 노동자 등을 수용해 건설 현장, 무기공장 등에서 강제 노동을 시켰다. 이탈리아는 애초 나치 독일과 동맹국이었다. 하지만 무쏠리니가 패망한 뒤 이탈리아 군인들은 억류자 신분으로 바뀌었다. 이 수용소는 1945년 종전 뒤에는 소련군 막사, 백신연구소 등으로 이용되다 1995년 역

쇠네바이데 나치 강제노동수용소 모습

사 기념물로 분류돼 나치 강제노동 기록관으로 바뀌었다.

평일 오후 수용소는 두어 무리의 노년층 방문객들이 있을 뿐 비교적 한산했다. 단체관광을 온 듯했다. 고색창연한 막사 건물엔 동마다 번호가 매겨져 있다. 10여 동은 된다. 덧칠한 흔적이 있는 회반죽 벽은 노랗게 변색돼 세월의 흔적이 묻어난다. 막사들 사이를 천천히 걸었다. 나치 시절의 삭막했을 풍경을 제대로 알 길은 없다. 어렴풋이 짐작할 뿐이다. 막사 안에는 당시 기록과 사진, 물건들이 전시돼 있다. 수용됐던 노동자들 얼굴 사진과 신분증 같은 자료들도 보인다. 수용소 최초의 건물 중 하나였던 13번 막사에는 이탈리아군 포로와 민간인 노동자들이 수용됐다. 그 막사 지하에는 이름과 날짜를 휘갈겨 쓴 낙서들이 새겨져 있다. 그중 하나는 '21-3-45, PASATO'라고 적혀 있다. 이탈리아인으로 추정되는 이가 종전을 앞둔 1945년 3월21일에 적어 놓은 것이다.

이곳에는 1944년 6월 폴란드와 체코 노동자들이 처음으로 입소해 막사 경비병과 노동자로 일했다. 같은 해 11월 이탈리아군 포로 435명이 들어왔고 이중 99명은 건설 현장에서 일해야 했다. 1945년 1월 서유럽과 동유럽에서 온 250명이 수용돼 주변 무기공장에서 일했다. 같은 해 2월 다른 수용소에서 약 200명을 이송해 받았고 이중 폴란드 출신 여성들은 배터리 제조업체에서 일했다.

쇠네바이네 강제노동수용소는 단순히 이곳에 그치지 않고 나치가 자행한 강제노동 전반을 조명한다. 오프라인 수용소 이외에도 홈페이지를 통해 각종 자료를 정리해 놓았다. 나치 시절 약 2600만 명이 독일과 그 점령지에서 비자발적 강제노동을 해야 했다. 전쟁 포로, 강제수용소 수감자, 유대인, 신티와 로마(집시) 등이 포함됐다. 이중 가장 큰 집단은 유럽 점령지에서 독일 제국으로 추방된 약 840만 명의 민간인 노동자들이다. 이들은 3만여 개의 수용소에 수감돼 가혹한 조건에서 일해야 했다. 그들의 일상은 인종차별로 점철됐다. 프랑스·벨기에·네덜란드 등 서유럽인은 동유럽인보다는 나은 대우를 받았다. 체코·세르비아인은 더 큰 고통을 받았고 폴란드인은 그보다 더 낮은 위치에 있었다. 최하위 계층은 이른바 '동구권 노동자'로 불렸던 소련 출신이었다. 이들 강제노동자들은 대기업과 중소기업은 물론 지방자치단체, 교회, 개인 가정까지 배치돼 독일의 전쟁경제를 지탱했다. 근무조건 역시 철저히 계층, 인종에 기반했다. 서유럽과 체코인은 독일인과 동일한 주당 44마르크를 받은 반면 소련에서 온 '동구권 노동자'는 주당 5마르크를 받았다.

　강제노동 기록관 홈페이지는 외국인 노동자들의 파란만장한 일대기도 조명하고 있다. 대표적인 9명의 고난사가 사진과 함께 소개돼 있다. 이탈리아 군인이었던 우고 브릴리는 독일 포로수용소에 수감됐다가 베를린 강제수용소로 보내져 전범 기업으로 분류되는 지멘스에서 잔해를 치우는 일을 했다. 그 사이 브릴리의 몸무게는 71kg에서 48kg로 줄었다. 폴란드 출신 마리아 카웨카는 1942년 독일군에 체포돼 베를린 라이니켄도르프 수용소로 보내져 전쟁이 끝날 때까지 무기공장, 섬유공장 등에서 일했다. 1944년 도망쳤다 붙잡혀 게슈타포 노동수용소에 갇히기도 했다. 3개월 뒤 석방돼 일터로 돌아왔을 때 그의 몸무게는 28kg로, 주위 동료들이 그녀를 알아보지 못했다. 의대생이었던 갈리나 로마보바는 우크라이나에서 독일군에 붙잡혀 다른 졸업생들과 함께 독일로 추방된 강제노동 의사였다. 베를린 인근 오라니엔부르크 등의 수용소에서 강제노동자들을 돌보는 일을 맡았다. 그녀는 강제노동자들을 조직해 나치에 저항하는 활동을 벌이다 체포돼 1943년 11월 베를린 한 감옥의 단두대에서 처형됐다.

　나치 시절 강제노동수용소에 수용된 8백만 명이 넘는 피점령국 민간인과 포로 등은 일제 시대 강제징용된 조선 징용공들과 비슷했을 것이다. 그런데 일본이 식민지에서 끌려온 징용공들의 실상을 알리고 그들을 기리는 장소를 독일처럼 공공 영역에 만들어 놓았다는 이야기를 듣지 못했다. 독일과 일본의 차이일 것이다.

　쇠네바이데 강제노동 기록관 홈페이지 특별코너 중에는 '베를린 지멘스의 강제노동'이란 항목이 있다. 1847년 베를린에서 설립된 지멘스는 2차대전 중 독일계 유대인, 유럽 점령지에서 추방된 민간인, 전쟁포로, 강제수용소 노동자 등 최소 8만 명, 최대 10만 명 이상의 강제노동자를 고용했다. 이들은 거의 400개에 달하는 베를린과 다른 지역 작업장에서 비인간적인 전쟁 생산 조건에서 일해야 했다. 지멘스는 다른 독일 기업들과 마찬가지로 1945년 이후 수십 년 동안 강제노동에 대한 책임을 인정하지 않았다. 1990년대 들어 나치의 강제노동에 대한 광범위한 논쟁이 진행되면서 지멘스는 기금을 설립하고 재단을 운영하는 형태로 대응하고 있다. 하지만 지멘스의 강제노동 역사는 아직 종합적으로 조사되지 않았다. 기록관 홈페이지는 지멘스에서 강제노동을 했던 이들도 사진과 일대기를 곁들여 소개하고 있다.

장벽길을 걷다 보면 베를린은 죽음의 도시다. 나치 흔적들, 분단의 상흔, 유대인 추모비, 소련군 위령비 등등이 곳곳에 놓여 있다. 어디를 가도 죽음의 그림자가 짙게 배 있다. 베를린은 전체주의 독재, 인종 말살, 대규모 전쟁, 공산 독재 등 현대사에서 인류가 겪은 온갖 악행과 참상으로 도시 전체가 뒤덮여 있다고 해도 과언이 아니다. 지금의 베를린이 힘 있고 생동하는 건 역설적으로 그런 어두운 과거를 드러내고 극복하기 위해 노력하고 있기 때문이다. 역사 기록관으로 자리매김된 쇠네바이데 나치 강제노동수용소도 그 한 예다.

작센하우센 수용소는 한국에서 지인으로부터 가보라는 권유를 받았다. 폴란드 아우슈비츠 수용소가 유대인 수용소로 대표적이지만 베를린에도 그에 못지않은 강제수용소가 있다고 귀띔해 줬다. 베를린 체류 막바지 더위가 한창일 무렵 작센하우젠 수용소를 찾았다. 베를린 집에서 차로 50분 정도 걸렸다.

베를린 시내에서 북쪽으로 올라가는 길은 극심한 교통체증을 빚었다. 곳곳에서 도로 공사를 하고 있었다. 한낮인데도 왕복 차선 중 한쪽을 다 틀어막고 편도로만 차들이 다니도록 하고 있다. 우리처럼 자동차 이용객 불편을 덜기 위해 심야에 도로 공사를 하는 일을 독일에서는 보지 못했다. 공사를 하는 노동자의 권리도 이용객 못지않게 존중받아야 하기 때문일 것이다. 베를린 시내의 공사가 막무가내로 오랫동안 지속되는 건 악명 높다. 내가 머무는 동안 베를린자유대 출입로 쪽 도로가 공사 중이었는데 내가 떠날 때도 여전히 공사 중이었다. 우리 같으면 주민들 민원이 빗발쳤을 테지만 독일인들은 가만히 있는 것 같았다. 개인 권리 못지않게 공동체도 중시하기 때문일 것이다.

평일인데도 수용소는 제법 붐볐다. 유료 오디오가이드가 친절히 돼 있어 도움이 많이 됐다. 수용소 초입은 독일군 장교 200명이 근무했다는 사령부 건물이 버티고 서 있다. 그 안쪽 연병장에 막사들이 있었다. 수용소 막사는 두 동이 보존돼 있다. 나머지는 터만 남아 있다. 막사 안으로 들어가니 당시 사용된 침대들, 식당, 화장실, 욕실 등이 그대로 있다. 수용소 중앙에는 이곳에서 희생된 이들을 추모하는 거대한 추모탑이 있다. 탑 상단에 16개의 삼각형이 새겨져 있다. 2차대전에 참전한 연합군 16개국을 상징한다.

작센하우젠 수용소는 나치가 최초로 만든 강제수용소였다.

1936년 제국 친위대 총수인 하인리히 힘러가 경찰 총수가 돼서 표본 삼아 만들었다. 이곳은 애초 나치 정권이 정치범을 수용하던 시설이었다. 히틀러에 저항했던 당시 베를린 시장이 이곳에 갇혀 희생됐다. 1936년부터 1945년까지 20만 명 이상의 사람들이 수감됐다. 정치적 반대자에서부터 유대인, 신티와 로마, 동성애자 등이 포함됐다. 처음에는 주로 독일인이 수용되다 2차 대전 발발 후 점령지역 사람들이 끌려왔다. 1944년 당시 수감자의 약 90%가 외국인이었고 소련과 폴란드 출신이 가장 많았다. 여성도 2만여 명이나 됐다.

추모탑 왼편으로 울타리 쳐진 곳을 넘어 들어가니 왠지 을씨년스럽다. 이른바 '스테이션 Z'라는 곳이다. 비스듬히 만들어진 길을 따라 내려가면 어두컴컴한 공간이 나오는데 교수형을 시키던 곳이다. 나치 친위대는 이른바 '목에 총을 쏘는 시설'도 운영했다. 검진을 가장해 교묘히 뒤에서 목에 총을 쏴 살해하는 방식이다. 이렇게 1만 3천여 명의 소련군 포로를 살해했고 이 중 상당수가 유대인이었다.

전쟁 말기 나치는 가스실도 만들었다. 가스실 건물은 벽 아랫부분 터만 조금씩 남긴 채 보존돼 있다. 입구에서부터 욕실 등 몇 개의 방이 이어지는 구조다. 욕실의 샤워기 몇 대에는 가스 대신 물이 나오도록 했다고 한다. 가스가 잘 용해되도록 하기 위해서였다. 나치 전범 재판 때 이 가스실의 존재가 알려졌는데 실제로 얼마나 희생됐는지는 구체적으로 밝혀지지 않았다. 가스실 앞마당에는 나치에게 희생된 소련군 포로들 사진이 진열돼 있다. 병사 7명의 얼굴 사진이다. 먼 이국땅에서 희생된 병사들의 얼굴을 보고 있자니 처연한 느낌이 든다. 징벌방으로 사용된 1인 독방도 보존돼 있다. 독방 안쪽 중앙에 희생된 이의 얼굴 사진이 있다. 수용소 한쪽에는 생체실험실도 있었다. 실험실 중앙에는 하얀 타일로 된 실험대가 있다. 일본군 생체실험 부대인 731부대에서 봤던 그런 모양이다.

베를린 북부 작센하우젠 수용소의 가스실 터

　쇠네바이데 강제수용소, 작센하우젠 강제수용소가 현재 보존되고 있지만 이외에도 베를린에는 수용소가 여럿 더 있었다. 이들 수용소 터에는 어김없이 희생된 이들을 기리는 추모비가 서 있다. 대개 지역 시민단체들이 자발적으로 꾸린 곳이 많다. 공적 기관은 물론 지역 시민사회까지 모두 과거 어두운 역사의 상흔을 보존하고 희생자들을 기리면서 이를 통해 과거를 극복하려는 결연한 의지를 다지고 있다.

　어두운 역사를 되풀이하지 않으려는 독일의 시민 정치교육 노력은 잘 알려져 있다. 나치와 공산 독재의 전체주의 망령에 시달려온 역사를 되풀이하지 않기 위해 연방 차원은 물론 자치단체, 시민사회가 다양한 노력을 기울이고 있다. 연방독재청산재단이 대표적이다. 국내외에서 동독 공산독재의 실상을 꾸준히 알리고 민주주의 가치를 전파하는 노력을 기울이는 재단이다. 독재청산재단은 독일 통일 이후 8년 만인 1998년 설립됐다. 재단 로고는 상징적으로 과거 동독 깃발에서 중앙의 낫과 망치를 뺀 형태로 만들었다. 재단의 종잣돈 역시 동독 공산당의 자산을 압수해 설립했다. 한국어를 포함해 세계 각국 언어로 된 소책자 등 자료를 준비해 국제적으로 활동하는 것도 눈에 띠었다. 베를린자유대 한국학연구소 프로그램의 하나로 이 재단의 카타리나 호크무트 교육국장을 인터뷰했다. 그는 "동독 공산독재가 끝난 지 10년도 안 돼 재단이 만들어진 데는 과거 나치 독재 청산이 20년 이상 터부시되고 지지부진했던 걸 반면교사 삼았다"고 했다. 그는 "역사적 사건에 대한 객관적 신뢰성 제고가 중요하다"며 "옛 동독 사람들이 말은 안 해도 마음 깊은 곳에 뿌리 깊은 열등감이 있다. 역사 청산 작업은 같은 눈높이로 해야 한다. 한쪽이 우월하다거나 정당성이 있다고만 하면 어그러질 수 있다"고 말했다.

어디를 가든 크고 작은 과거사 공간이 있고 그곳에는 항상 견학 온 학생과 시민들로 북적거리곤 했다. 그런 모습을 볼 때마다 이것이 바로 독일의 진정한 힘이 아닌가 싶었다.

베를린에서 가까운 체코 프라하에 갔을 때 일이다. 체코는 이웃 오스트리아에 3백년 간 통치를 받았다. 프라하성에 가이드투어를 갔는데 그 식민 통치 흔적을 지우지 않고 오히려 복원했다는 이야기를 들었다. 프라하성 입구의 동상 꼭대기에 애초 오스트리아를 상징하는 독수리 문양 철판이 있었는데 이것을 뗐다가 다시 붙였다는 것이다. 프라하성 안 '황제의 방'에도 식민 통치 시절 오스트리아에 적극 협력한 왕들은 물론 당시 통치한 오스트리아 왕들의 초상까지 버젓이 걸어놓았다. 어두운 과거를 잊지 않겠다는 결의를 다지기 위한 것이다. 우리가 식민지 역사, 그리고 아직도 진행 중인 분단의 역사를 정면으로 바라보며 슬기롭게 극복하고 있는지, 그렇게 할 준비를 하고 있는지 돌아볼 일이다.

다시 장벽길이다. 쇠네바이데 강제노동수용소에서 이번 코스 시작점인 마산테 다리까지는 버스로 20분 정도 걸렸다. 쇠네바이데~쇠네펠트 구간은 6km의 짧은 코스다. 베를린의 동남부, 정확히는 과거 서베를린의 동남쪽 끝을 걷는 길이다. 베를린 동남쪽 루도우 지역을 감아 돌아 남쪽의 브란덴부르크주 접경에 닿는다. 베를린의 관문인 브란덴부르크 공항 초입이 종착점이다.

제법 무더운 날씨에 자전거들이 시원스레 내달린다. 간혹 조깅하는 이들이 있지만 걷는 이는 거의 없다. 텔토우 운하를 따라 이어지는 이 코스는 자전거 타기에 적합하다. 딱 한 명 맞은편에서 걸어오는 이를 만났다. 반가운 마음에 가볍게 인사를 나누고 지나쳤다.

마산테 다리 근처 장벽길 초입에는 희생자 추모비가 있다. 일반인이 아닌 동독 병사들 추모비다. 장벽 경비병이었던 지그프리트 비데라는 1963년 서베를린 쪽으로 탈출한 두 명에게 공격받아 부상 끝에 사망했다. 당시 서베를린 당국은 탈출해 온 두 명을 조사했지만 이들은 고의성을 부인했다. 결국 서베를린 당국은 이들의 혐의를 특정하기 어렵다며 기소하지 않았다. 국경 경비병이었던

텔토우 운하 장벽길   텔토우운하장벽길 초입의 희생자 추모비

  게오르크 펠트한은 1961년 스스로 운하를 건너 탈출하려다 익사한 채로 발견됐다. 장벽은 그곳을 지키는 동독 병사들에게도 비극이었다.

  운하 길을 벗어나 루도우 공원 쪽으로 들어가면 아름다운 숲길이 시작된다. 숲 사이로 옛 장벽이 제법 길게 보존돼 있다. 훼손하지 못하도록 철 구조물로 둘러쳐져 있다. 남아 있는 장벽 안으로 호젓한 길이 이어진다. 벤치도 하나 놓여 있다. 시원한 바람을 맞으며 고즈넉한 벤치에 홀로 앉으니 무척 상쾌하다. 옛 장벽 터 오솔길에 놓인 벤치는 분단과 통일의 역사를 생각하기에 안성맞춤이었다. 나무와 풀숲, 쉼터가 예쁘게 가꾸어진 장벽길이 무척 평화로웠다. 반려견을 산책시키러 나온 인근 주택가 주민들이 간간이 지나갔다.

루도우 공원 장벽길 중간쯤에 유명한 스파이 터널 안내판이 있었다. 전쟁 직후 미국 중앙정보국(CIA)과 영국 비밀정보국(SIS)은 이 자리에서 장벽 밑으로 동베를린 쪽까지 터널을 뚫고 들어갔다. 터널 안에 감청장비를 설치해 소련군의 통신을 도청했다. 루도우 미군 레이더 기지에서 장벽 넘어 소련 구역인 알트글리니케까지 약 430m 길이의 터널이었다. 터널 안 감청장비로 소련군 통화를 도청해 미국과 영국 정보당국이 분석했다. 1955년 5월부터 1956년 4월 발각될 때까지 11개월 동안 운영됐다. 5만 개의 테이프에 44만 통의 통화가 녹음됐다. 감청장비는 진공관을 길게 연결한 것으로 당시로서는 획기적이었다. 영국 이중간첩이 소련 KGB에 이 터널의 존재를 알리면서 발각됐다. 발각 직후 소련군은 동베를린 영토에 있던 약 300미터의 터널 구간을 즉각 철거했다. 냉전 초기 희대의 사건이었던 셈이다.

이 터널이 있던 자리에는 안내판만 덩그러니 있을 뿐 지금은 아무런 흔적도 없다. 안내판을 지나치면 여기에 무엇이 있었는지 알 길이 없다. 터널 발각 이후 쓸모없게 된 서베를린 쪽 나머지 구간은 오랜 세월 방치된 채 잊혔다. 그러다가 1997년 베를린 젤렌도르프에 있는 연합군 박물관이 약 7미터 길이 구간을 발굴해 박물관으로 옮겨 복원해 놓았다.

젤렌도르프 연합군 박물관은 내가 다니던 베를린자유대에서 아주 가까운 거리에 있었다. 내 연구실에서 도보로 15분 정도면 갈 수 있다. 너무 가까워서였는지 차일피일 미루다 귀국 직전에야 잠시 틈을 내 찾았다. 독일 분단 직후 베를린에 주둔했던 연합군의 이런저런 자취를 살필 수 있었다. 복원해서 옮겨놓은 스파이 터널을 보러 갔지만 다른 흥미로운 전시물도 많았다.

박물관 초입에는 놀랍게도 한글로 된 사진전 안내판이 있었다. 'DMZ-비무장지대, 냉전의 마지막 전선'이란 한글 글귀가 선명하다. 한국군과 북한군 병사 사진도 걸려 있다. 마치 영화 '공동경비구역 JSA'에 나오는 병사들 같다. 한국 사진작가가 찍은 비무장지대 사진을 다양하게 전시해 놓고 있다. 판문점 정전협정 체결 70돌인 2023년을 맞아 한국국제교류재단 후원으로 전시회를 열고 있다고 설명돼 있다. 유럽에서 30년도 전에 사라진 철의 장막이 한국에 여전히 남아 있는 쓰라린 현실을 보여준다는 설명도 덧붙였다. 장벽길 걷는 내내 머릿속으로만 떠올렸던 DMZ 모습을 사진으로 보니 우리의 답답한 현실이 더욱 명료해지는 듯했다.

스파이 터널은 박물관 내부 강당에 복원돼 있었다. 커다란 철제 원통이 길게 놓여 있다. 원통 표면은 녹이 슬어 적갈색으로 변해 있다. 사람이 서서 드나들 수 있을 정도로 큰 규모다. 내부에는 모래주머니를 죽 쌓아 놓았고 그 위로 동그란 관이 지나간다. 전선을 여러 갈래 연결해 백열등을 환히 밝히고 있다. 함께 전시된 자료사진을 보니 예전 터널 내부에는 진공관 묶음들이 빼곡히 들어차 있었다. 당시 기술로는 획기적이었다는 진공관 감청장비다.

박물관 마당에는 대형 수송기가 한 대 전시돼 있다. 영국 공군의 헤이스팅스 수송기다. 1948년 6월부터 1949년 5월까지 11개월 동안 지속된 소련의 베를린 봉쇄 때 서방이 베를린으로 생필품을 실어 나르던 비행기다. 베를린은 동독 한가운데에 섬처럼 고립돼

연합군 박물관에 전시중인 스파이터널

있었다. 소련은 당시 미·영·프 연합군의 베를린 통제권을 빼앗기 위해 베를린을 봉쇄했다. 연합군은 이에 맞서 수송기 1000여 대를 투입해 베를린 시민들에게 생필품을 공수함으로써 베를린 사수 의지를 과시했다. 당시는 베를린장벽이 건설되기 전의 일이다. 독일 분단과 통일 과정에서 베를린, 즉 서베를린이 갖는 독특한 위상과 역할이 이미 이때부터 시작된 것이다.

베를린장벽 설치 직후 미군이 만든 체크포인트찰리 검문소의 원래 건물도 이곳에 전시돼 있었다. 건물 자체는 좀 왜소해 보였다. 독일 통일 이후 나중에 새로 지은 현재의 체크포인트찰리 검문소 건물이 훨씬 그럴듯해 보였다. 프랑스군이 사용한 기차도 전시돼 있다. 이 기차는 일주일에 세 번 베를린의 프랑스 점령지역과 프랑스 국경 도시인 스트라스부르를 왕복 운행했다. 베를린장벽을 건다 보면 매번 느끼는 일이지만 독일 분단과 통일의 여러 현장이 역사의 유물로 남겨진 현실이 부럽기 짝이 없었다. 우리의 분단은 역사의 유물이 아니기 때문이다. 한반도에서 분단과 대결은 너무도 강고한 현재 진행형이다.

코스 막바지 루도우-알트글리니케 공원은 탁 트인 풍광이 좋았다. 넓찍한 풀밭과 맑은 호수가 잘 어우러져 있다. 호수가 오후의 햇살을 받아 반짝인다. 보는 것만으로도 힐링 되는 느낌이다. 공원 끝자락에는 어김없이 장벽 희생자 추모비가 있다. 장벽길엔 빛나는 풍광과 슬픈 사연이 매번 함께 있다. 비행기로 서방 탈출을 시도하다 희생된 젊은 연인 이야기다.

에크하르트 베하게는 1970년 3월 그의 아내 크리스텔 징케와 함께 동베를린 쇠네펠트 공항에서 라이프치히행 비행기를 탔다. 비행기를 공중 납치해 서독 땅으로 가려고 했다. 이륙 뒤 베하게는 몰래 가져갔던 권총을 꺼내 승무원을 위협했다. 비행기를 서독의 하노버 공항에 착륙시킬 것을 요구했다. 조종실 문을 열라고 했지만 승무원이 이미 비상 버튼으로 알려 조종실 문은 안에서 잠긴 뒤였다. 조종실 문은 권총으로 쏴도 열리지 않았다. 비행기는 다시 쇠네펠트 공항으로 돌아와 착륙했다. 창밖으로 이를 확인한 부부는 좌석에 앉아 각자 가지고 있던 권총으로 스스로 목숨을 끊었다.

베하게 부부는 신혼이었다. 베하게는 군 하사관으로 근무 중이었고 징케는 지역 병원에서 일했다. 둘은 함께 살 아파트를 구하려 백방으로 노력했지만 여의치 못했다. 나라에서 살 집을 정해주는 공산주의 시스템에서 자식이 없으면 집을 배정받기 어려웠다.

둘은 아이를 낳을 형편이 아니었다. 두 사람은 비행기를 타기 전날 부모에게 보낸 이별 편지에 이런 사연을 적었다. 당시 베하게 나이는 22살, 징케는 24살이었다. 사건 직후 동독 슈타지는 가족들에게 이들이 자동차를 몰다 나무에 부딪혀 숨졌다고 주변에 말하도록 강요했다.

발터슈도르퍼쇼쎄는 이번 코스의 종착점이다. 제법 큰 왕복 4차선 도로다. 예전엔 이 길을 가로막아 장벽이 설치돼 있었다. 예전 흔적은 어디서도 찾아볼 수 없다. 쇠네펠트까지 2km 남았다는 노란색 교통표지판만 눈에 띈다. 이 검문소는 분단 시절 동베를린의 쇠네펠트 공항으로 가는 통과 지점이었다. 1963년부터 서베를린에서 여기를 통과해 쇠네펠트 공항으로 갈 수 있었다. 서베를린이나 서독 주민, 외국인들이 이곳에서 티켓을 제시하면 환승 비자를 발급받고 셔틀버스로 검문소를 통과해 쇠네펠트 공항으로 갔다. 당시 티켓은 서독 마르크화로 사도록 했는데, 동독 당국은 외화벌이 차원에서 이 여행을 장려했다.

발터슈도르퍼 검문소는 동베를린과 서베를린이 비록 장벽으로 막혔지만 한데 묶여 돌아가고 있었다는 걸 보여준다. 베를린은 동, 서로 나뉘기 전 유럽에서 손꼽히는 대도시였다. 그런 도시를 4개 승전국이 네 쪽으로 나눠 점령하더니 나중에는 장벽으로 두 동강 냈다. 인위적 장벽이 만들어졌더라도 오래전부터 함께 살아온 도시를 완전히 가를 수는 없었다. 장벽 사이사이로 틈새가 있었고 그 틈을 통해서 어찌어찌 동, 서베를린은 함께 살아갔다. 서베를린이야말로 독일 분단의 비극이자 축복이었던 셈이다.

동베를린의 쇠네펠트 공항은 지금은 브란덴부르크 공항으로 확장돼 베를린의 관문 공항이 됐다. 서베를린 도심에 있던 템플호프 공항과 테겔 공항은 폐쇄됐다. 템플호프 공항은 한때 개인 비행기 전용 공항으로 사용되다 지금은 다목적 용도로 이용되고 있다. 히틀러가 과시용으로 지어서 군대 사열 행사가 치러지기도 했다. 공항 청사 내부에 여러 유럽 도시 이름이 새겨진 것도 이 때문이다.

쇠네바이데 강제수용소	https://www.ns-zwangsarbeit.de/home/
작센하우젠 강제수용소	https://www.sachsenhausen-sbg.de/
연방독재청산재단	https://www.bundesstiftung-aufarbeitung.de/de/foundation
연방정치교육센터	https://www.bpb.de/
연합군박물관	https://www.alliiertenmuseum.de/

5
말이 뛰노는 전원마을
: 헤르스도르프~볼란크슈트라세

베를린 북쪽 외곽 주거지역에 있는 헤르스도르프 역은 도심 지하철역들과는 풍경이 좀 달랐다. 눈에 띄게 흑인들이 많았다. 베를린은 세계 각국 이주민들이 몰리는 곳이어서 어디를 가나 유색인종이 있다. 그런데 이 역 주변은 유독 흑인들이 많이 보였다. 6월 하순의 일요일이었는데 거리 여기저기에 흑인들이 한가로이 시간을 보내고 있었다. 베를린은 남서쪽이 잘 살고 북동쪽은 상대적으로 가난하다. 이 지역도 서민 주거지역인 것 같았다.

이날은 지하철이 말썽이었다. 통상 S1 전철을 타고 50분 정도면 도착하는 거리다. 그런데 이날은 S1 전철이 정상 운행하지 않았다.

지하철 정비 공사를 하면서 몇몇 역을 폐쇄한 것 같았다. 돌발상황이 아니라 예고된 운행 변경이었다. 구글맵을 검색해 보니 S1 노선을 타고 가다 U8 노선으로 갈아탄 뒤 다시 S1 노선을 타라고 나온다. 독일에서는 우리나라와 달리 공사를 벌이는 쪽이 갑이고 시민들은 을이라는 걸 전부터 알고 있었다. 바리케이드를 치고 길거리 공사를 하는데 하세월이기 일쑤다. 휴가철 대낮에 베를린 외곽으로 나가는 주요 도로의 편도 한쪽을 아예 막아놓고 극심한 교통체증을 유발하며 도로공사를 하는 것도 경험했다. 그런데 지하철이 정비 공사 탓에 제멋대로 운행하는 경우는 처음이었다. 도저히 상상할 수 없는 일이었다. 우리나라라면 지하철 운행이 끊기는 심야시간이나 새벽 시간을 이용해 공사를 재빨리 끝낼 것이다. 하지만 독일은 달랐다. 대중교통 등 공익성 있는 공사는 시민이 다소 불편하더라도 공사 진행을 더 우선시하는 것 같았다.

지하철이 제멋대로 운행하는 건 베를린에 머무는 동안 여러 차례 경험했다. 가만히 보니 시민들은 그냥 일상으로 받아들이는 분위기였다. 지하철역 플랫폼 공사로 인해 지하철이 역에서 서지 않고 지나치는 경우도 있었다. 늦은 밤 집으로 가는 지하철을 탔는데 지하철이 갑자기 서너 정거장을 남기고 멈춰 섰다. 지하철에서 내려 버스로 갈아타라는 안내문까지 붙여 놓았다. 시민들은 으레 그러려니 하고 묵묵히 버스로 갈아탔다.

헤르스도르프~볼란크슈트라세 장벽길을 걷는 이날은 대대적인 지하철 보수 공사를 하는 날이었던 것 같다. 베를린 집에서 헤르스도르프 역까지 가는 데도 평소와 달리 지하철을 두 번이나 갈아타야 했다. 볼란크슈트라세 역에서 집으로 돌아오는 것도 쉽지 않았다. 볼란크슈트라세 역은 지하철이 아예 다니지 않았다. 역사 앞에는 여러 방향으로 가는 대체버스를 타도록 안내문이 붙어 있었다. 버스를 투입해 다른 지하철역까지 승객들을 실어 나르는 것이다. 그런데 어느 방향으로 가는 버스를 탈지 도무지 알 수 없었다. 구글맵이 아무리 똑똑해도 이런 상황까지 해결해 주지는 못했다. 결국 고민 끝에 눈대중으로 적당한 방향의 버스를 탔다. 아무 역에서나 내려도 지하철은 연결될 것이기 때문이다.

장벽길 출발점인 헤르스도르프 역까지 가기 위해 S1 노선에서 U8 노선으로 갈아탈 때였다. 눈치껏 헤아려서 기차를 탄 뒤 옆 좌석의 현지인에게 맞게 탄 것인지 영어로 물었다. 허름한 차림의 중년 남성은 내 질문을 듣고는 알아들을 수 없는 독일어를 마구 내뱉기 시작했다. 내게 답하는 것 같지는 않다. 무언가 신경질적으로 불평을 늘어놓는 것 같았다. 서툰 영어를 하는 아시아 이방인에 대한 불만인지, 지하철 공사에 따른 불평인지 알 수 없었다.

우여곡절 끝에 헤르스도르프 역에 도착했다. 이곳에서 볼란크슈트라세 역까지 15km를 걷는다. 베를린장벽길 시내 구간의 최북단 코스다. 시내 구간이라고 하지만 전원마을과 평원, 한적한 주택가가 이어진다. 베를린 북쪽 끝에서 도심을 향해 내려가는 코스다.

지하철역에서 1km 남짓 걸으면 장벽길과 만날 수 있다. 벨트하임슈트라세 네거리에 이르니 장벽길 이정표가 반갑게 맞아준다. 이정표를 따라 조금 걸으면 아이히베르더무어 초원 입구와 만난다. 장벽길은 하이킹 코스로 잘 다듬어져 있다. 나무와 풀들이 길

뤼바르스 마을의 말 농장

뤼바르스 마을 벌판에서 말을 타는 두 남녀

가로 어우러져 있고 드문드문 깔끔한 전원주택들이 자리하고 있다. 장벽길 안내판의 항공사진을 보니 이곳은 예전 국경선과 실제 장벽이 상당히 떨어져 있었다. 분단 시절 서베를린과 동독의 국경선은 초원 남쪽 끝인 테겔러플리스 계곡을 따라 그어졌지만 동독 당국은 초원의 북쪽 끝을 따라 장벽을 쌓았다. 실제 국경선과 베를린장벽이 들판을 사이에 두고 제법 떨어져 있었던 것이다. 아마도 경비 상의 편의를 위해서였을 것이다. 베를린장벽길은 예전 장벽이 있던 곳을 따라 이어진다.

 장벽길가로 말들이 여럿 뛰노는 말 농장이 있다. 제법 큰 규모다. 갈색, 흰색 말들이 울타리 안에 한데 무리 지어있다. 뤼바르스 마을의 전형적인 풍경이다. 뤼바르스는 초원과 들판으로 둘러싸인 테겔러플리스 계곡 한 가운데 위치한 마을이다. 베를린시 경계 내에 남아 있는 유일한 농촌 마을이다. 여전히 말을 중심으로 한 전원적인 모습을 간직하고 있다. 분단 시절 서베를린 학생들이나 관광객들은 농촌 풍경을 보기 위해 이곳을 찾곤 했다. 인구밀도가 높은 대도시인 서베를린에서 유일하게 이곳에서 밭을 경작하는 농부들을 볼 수 있었기 때문이다.

들판 건너편 끝자락으로 남녀 한 쌍이 각각 흰색 말을 타고 지나간다. 백마를 타고 평원을 달리는 남녀 모습이 마치 영화의 한 장면 같다. 둘 다 승마 모자를 쓰고 승마복장을 하고 있다. 흰색 머리카락을 휘날리는 여성의 자태가 매끄럽다. 두 마리의 백마는 위풍당당하다. 하얀 색깔의 튼실한 몸통에 꼬리 부분만 옅은 갈색이 감돈다. 베를린 도심에서는 볼 수 없는 목가적 풍경이다.

쾨프첸제 호수 바로 앞에서 장벽길은 남동쪽으로 급격히 꺾여 블랑켄 들판과 뤼바르스 들판 사이를 가로지른다. 장벽길 옆으로 펼쳐진 너른 들판에는 형형색색의 들꽃들이 제각각 자태를 뽐내고 있다. 6월 하순인데도 아직 꽃들이 많다. 주황, 보라, 하얀 색깔의 들꽃들이 여기저기 피어 있다. 4~5월쯤 꽃들이 만개했을 때는 이 들판이 꽃들로 뒤덮였을 듯하다. 저 멀리 들판 한 가운데 키 큰 나무 한 그루가 외로이 서 있다. 제법 따가운 6월의 햇살을 피해 넉넉한 나무 그늘로 들어가고 싶었지만 갈 길이 멀다. 멀리 서 있는 나무의 푸르른 자태를 보는 걸로 만족해야 했다.

블랑켄펠더쇼쎄에 있는 체크포인트 퀼리츠는 장벽길을 걷다가 무심코 지나쳤다. 1990년 6월8일 뤼바르스 마을의 농부 헬무트 퀼리츠가 트랙터로 그때까지 막혀 있던 이곳의 베를린장벽을 무너뜨린 걸 기념한 것이다. 1989년 11월9일 베를린장벽이 붕괴했지

블랑켄펠데 들판의 들꽃들

만 농촌 지역인 이곳의 장벽은 7개월이 지나도록 남아 있었다. 퀄리츠가 단호히 나서 트랙터로 장벽을 부수면서 그동안 막혀 있던 블랑켄펠데와 뤼바르스 사이를 잇는 길이 다시 뚫렸다. 그의 이름을 따서 이곳을 체크포인트 퀄리츠로 명명한 것이다. 이곳 장벽길을 걷는 동안엔 체크포인트 퀄리츠를 알리는 안내판을 발견할 수 없었다. 나중에 사이트 설명을 보니 그 명판은 장벽길에서 두 블록 떨어진 곳에 세워져 있다고 돼 있다. 사진으로 보니 2011년 6월 조그만 청동 동판을 세워 퀄리츠의 거사를 기념하고 있었다.

체크포인트 퀄리츠 동쪽 반호프슈트라세에는 2차대전 때 이곳에 있던 블랑켄펠데 수용소에 대한 안내판이 있다. 1941년부터 1945년까지 나치가 운영한 수용소다. 이곳에는 나치가 소련에서 끌고 온 노동자 중 병들어 더 이상 강제노동을 할 수 없는 이들이 수용됐다. 억류된 남녀 노동자들은 불결한 위생, 식량 및 물품 부족, 의료 서비스 부족 등으로 고통을 겪었다. 지금까지 최소 700명이 사망했다는 증거가 발견됐다고 안내판에 적혀 있다.

독일제국에 끌려온 동유럽 노동자들은 열악한 환경으로 인해 폐결핵에 걸리곤 했다. 그중에는 25살밖에 안 된 청년들도 있었다. 애초 이들은 고국으로 돌려보내질 예정이었지만 송환은 갑자기 중단됐다. 1943년 수용소 상황을 적은 한 보고서를 보면 처참하다. 욕실은 물론 세탁시설이 없고 변변한 약조차 없었다. 빵 300그램과 순무 국이 1인분 식량이었다. 장티푸스가 돌자 나치 군인들은 막사를 폐쇄했고, 명령에 불응해 밖으로 나오는 이들에게는 총을 쏘았다. 여성들은 출산시설이 제대로 갖춰지지 않아 맨바닥에서 아이를 낳았다. 신생아들에게는 5일 동안 고작 우유 4분의 1리터가 공급됐다.

전쟁이 끝난 후 막사는 한때 피난민 숙소로 사용됐다. 독일 분단 시절엔 이곳에 베를린장벽이 생기면서 동독의 국경 요새가 들어섰다. 몇 년 전까지만 해도 이 수용소의 비참한 상황은 덮이거나 잊혔다. 수용소의 불편한 기억을 되살리기 위해 나선 이들은 이 지역의 시민들이었다. 인근 판코우와 라이니켄도르프 지구 시민들이 원탁회의를 꾸려 수용소의 아픈 역사를 상기시키기 위해 나섰다. 지금의 간이 안내판도 이들이 만들어 세웠다. 원탁회의는 현재 공식 추모비 건립을 준비 중이라고 적어놓았다.

예전 블랑켄펠데 수용소가 있던 자리는 이젠 텅 빈 들판이다. 이름 모를 들꽃과 풀들이 바람에 흔들리고 있을 뿐이다. 당시 참상을 알릴만한 아무런 흔적도 남아 있지 않다. 사람의 기억만이 그 비참한 역사를 오늘의 역사로 만들고 있다. 시민원탁회의가 세운 간이 추모비를 보면서 아픈 과거를 극복하기 위해 몸부림치는 독일 사회의 저력을 새삼 느낄 수 있었다. 정부와 자치단체는 물론이고 지역 차원에서 시민들이 나서 아픈 과거를 드러내고 치유하기 위해 노력하고 있었다.

들판이 끝나가는 곳인 빌헬름스루어담 장벽길은 몇 안 되는 여성 희생자 중 한 명이 희생된 곳이다. 이곳에는 별도의 안내판은 없었지만 '더베를린월' 앱에는 도리트 슈미엘의 슬픈 스토리가 소개돼 있다. 1962년 2월 슈미엘은 연인 남자 친구와 함께 베를린장벽 탈출을 시도했다. 이들은 남자 친구의 두 형제와 그중 한 명의 여자 친구까지 모두 5명이 탈출을 시도했다. 슈미엘의 나이는 당시 21살이었다. 슈미엘은 장벽이 생기기 전 서베를린 친척 집을 자주 오가며 서방 세계를 경험했다. 서방 세계의 자유를 동경하던 이들 5명은 갑자기 베를린장벽이 생기고 점차 굳어져 가는 상황을 견디기 어려웠다. 서베를린으로의 탈출을 결심한 이들은 한밤중 장벽 근처 묘지를 통해 장벽 쪽으로 접근했다. 하지만 동독 국경수비대 경비병들에게 발각됐다. 슈미엘은 복부에 총을 맞고 쓰러진 뒤 "살려달라"고 소리쳤고 다른 네 명의 남녀는 경비병의 명령에 따라 체포됐다. 슈미엘은 사고 직후 의식이 뚜렷했지만 앰뷸런스가 30분이 넘어 도착하는 바람에 병원으로 옮기는 도중 과다 출혈로 숨졌다.

들판을 벗어나 주택가로 이어지는 도로 바닥에는 장벽길을 알리는 두 줄 벽돌 표식이 새겨져 있다. 도심을 벗어난 외곽 장벽길에서 이 표식을 보니 무척 반가웠다. 이곳부터는 장벽길이 철길을 따라 이어진다. 주택가 초입의 철길 옆으로 예전 장벽 조각이 하나 세워져 있고 바로 옆에 제법 큰 새 모양의 철제 조각이 있다. 그 새는 장벽 조각보다 키가 더 크다. 아마도 자유를 상징하는 새일 것이다. 그 새는 막힌 장벽을 훌쩍 뛰어넘어 자유롭게 넘나들 수 있을 것 같았다.

빌헬름스루 역은 베를린 북쪽의 허름한 역이다. 역 앞 조그만 광장에는 동네 주민들인듯한 젊은이들이 모여 앉아 한가로이 맥주를 마시고 있다. 아시아의 이방인을 보고 조금 의아해하는 것 같다. 반기는 표정은 아닌 듯하다. 가게에서 음료수를 사 먹을까 하다 그냥 지나쳤다. 장벽길은 역 광장을 지나 도로 뒤편으로 난 숲길로 이어진다. 이 숲길은 예전 장벽의 내벽과 외벽 사이 보안구역이 그대로 남은 듯하다. 장벽길을 따라 좁은 숲길이 길게 이어진다. 상당히 외져 있어 으슥하다. 시내인데도 지나가는 이들이 아예 없다. 동네가 허름하고 역광장에서 본 젊은이들 느낌까지 겹쳐 왠지 좀 서늘하다.

철길을 따라 쇤홀츠 역까지 가는 도중 클렘케슈트라세에는 장벽길 희생자를 추모하는 안내판이 있었다. 이곳의 안내판은 외곽 구간과는 달리 투명한 아크릴판에 희생자들의 이름을 빨간 글씨로 써놓았다. 그들의 사연을 간단히 소개한 뒤 희생된 날짜를 기록해 놓았다. 아크릴 추모판에는 검은색 그래피티가 휘갈겨져 있다. 그림인지 문자인지 알 수 없는 기호들이 그려져 있고 무어라 글씨까지 써놓았다. 외곽 구간에선 추모비가 훼손된 경우가 별로 없는데 시내 구간에선 가끔 낙서가 된 것을 볼 수 있다.

추모판에는 네 명의 희생자 이름이 적혀 있다. 호스트 프랑크, 베른하르트 미스펠혼, 호스트 아인지델, 실비오 프로크스. 네 명 모두 꽃다운 나이에 장벽에서 스러졌다. 빌헬름스루 역에서 쉰홀츠 역 사이 베를린장벽을 탈출하려다 희생됐다. 이곳은 장벽이 공원과 묘지에 붙어 있어 접근과 탈출이 쉬웠다. 상당수가 이곳에서 탈출에 성공했지만 안타깝게 희생된 이들도 많았다.

19살의 호스트 프랑크는 1962년 4월 한밤중에 친구 데틀레프 W와 함께 장벽 탈출을 시도했다. 빌헬름스루 역 근처 장벽에서 탈출 성공 사례가 많았던 때다. 하지만 한밤중에 장벽을 넘으려다 마지막 벽을 남겨놓고 프랑크가 발각됐다. 프랑크는 동독 군인들이 쏜 총을 맞아 숨졌지만 함께 나섰던 데틀레프 W는 발각되지 않고 장벽을 무사히 넘었다. 프랑크의 탈출 동기는 명확히 알려져 있지 않지만 그가 곧 입대를 앞둔 것과 관련이 있을 것으로 추측한다.

1964년 8월 장벽 탈출을 시도할 당시 베른하르트 미스펠혼의 나이는 18살이었다. 장벽이 생기기 전 서베를린 할머니 집을 오가며 서방 세계를 접했던 미스펠혼은 장벽이 막히자 서방의 자유와 문화를 더욱 동경했다. 미스펠혼이 장벽 탈출을 감행한 직접적 이유는 여자 친구가 서베를린으로 이주했기 때문으로 추정된다. 여자 친구 가족은 드물게 동독 당국의 허가를 받아 서베를린 가족과 결합했다. 탈출은 충동적이었다. 친구 두 명과 바에서 어울리다 장벽에 접근해 살피던 중 미스펠혼이 순간적으로 뛰어나갔다. 얼마

가지 않아 발각됐음에도 계속 뛰던 미스펠혼은 동독 병사의 총을 끝내 피하지 못했다.

33살의 호스트 아인지델은 1973년 3월 판코우 시립묘지의 베를린장벽을 넘으려다 동독 병사의 총에 맞아 숨졌다. 아인지델은 드레스덴 공대를 졸업한 엔지니어였지만 공산당에 가입하지 않았다는 이유로 여러 직장에서 승진 기회를 박탈당했다. 그는 어머니와 여동생이 살고 있던 서베를린으로의 탈출을 오랫동안 준비했다. 부인과 함께 가는 건 너무 위험하다고 생각해 혼자서 탈출한 뒤 가족을 데려가기로 했다. 아인지델은 그날 밤 장벽의 마지막에 도달해 외벽을 넘기까지 불과 몇 초를 남겨두고서 발각돼 희생됐다.

21살의 목공 기술자 실비오 프로크스는 1983년 12월 판코우 묘지를 통해 장벽 탈출을 시도했다. 평소 동독 체제의 모든 것이 싫다고 염증을 드러내곤 했지만 탈출은 급작스레 이뤄졌다. 그날 밤 프로크스는 남동생과 함께 장벽에 접근한 뒤 혼자서 내벽을 뛰어넘어 탈출을 시도했다. 이를 발견한 동독 병사가 경고사격을 했지만 그대로 뛰었고 끝내 총탄에 쓰러졌다.

쉰홀츠 역은 외곽의 허름한 역이다. 역 앞 공원 입구에서 동네 주민 여럿이 맥주를 마시며 떠들고 있다. 한눈에 봐도 서민층 지역이다. 동네 길거리에서 나이 든 장년층들이 왁자지껄 맥주파티를 하는 모습은 드문 풍경이다. 베를린 도심에선 길거리 카페에 앉아 점잖게 맥주나 와인을 마시는 이들이 많다. 독일인들은 대체로 외롭다고 하는데, 도심 길거리 카페에는 유독 혼자서 와인이나 커피를 마시는 이들이 많다. 물론 야외 맥줏집인 비어가르텐에 가면 친구나 연인, 가족들이 함께 와 즐겁게 맥주를 마신다. 쇤홀츠 역 공원에서처럼 동네 아저씨들이 왁자지껄하게 길거리 맥주파티를 하는 모습은 왠지 독일답지 않다는 생각이 들었다.

쇤홀츠 역을 돌아 나오면 판코우 시립 공원묘지다. 분단 시절 이곳에서 많은 이들이 장벽 탈출을 시도했다. 장벽이 공원묘지와 붙어 있었기 때문이다. 탈출에 성공한 이도 있지만 비극으로 끝난 이들도 많다. 장벽에서 사람이 여럿 죽어 나간 곳이지만 언제 그랬냐는 듯 공원묘지는 그저 아름답기만 하다. 풀밭 사이로 나무들이 빼곡히 심어져 있고 그 사이사이 묘비들이 촘촘히 자리하고 있다. 베를린의 공원묘지는 언제나 아름답다. 도심의 여느 공원보다 더 산뜻하다. 죽은 이들의 묘지가 다른 어느 곳보다 아름답다는 건 죽음에 대한 예의를 갖추고 있기 때문 아닐까 생각했다.

장벽길 사이트는 쇤홀저하이데 공원에 있는 소련군 기념관을 들러볼 것을 권했다. 공원 쪽으로 들어가 찾아보았지만 찾지 못했다. 이 기념관에는 2차대전 당시 베를린 전투에서 사망한 소련군 1만3천 명이 묻혀 있다고 사이트는 설명했다. 나중에 보니 이 기념관은 쇤홀츠 역이 아니라 빌헬름스루 역 근처에 있었다. 위치를 잘못 알고 한참 지나친 곳에서 찾은 것이다.

쇤홀저하이데 공원 소련군 기념관은 나중에 다시 찾았다. 소련이 베를린에 남긴 흔적을 둘러보고 싶었다. 이곳 소련군 기념관은 2차대전 직후 소련군이 베를린에 만든 3개의 전몰장병 묘역 중 하나다. 2차대전 당시 독-소 전쟁의 막바지였던 1945년 4~5월 베를린 전투에서는 약 8만 명의 적군 병사가 사망했다. 이중 2만2천여

쇤홀저하이데공원 소련군 기념관의 전몰용사 묘지

트렙토워파크 소련군 기념관 전경

명이 세 곳 기념관에 묻혀 있다. 쇤홀저하이데 공원 이외에도 트렙토워파크, 티어가르텐에도 비슷한 시기에 소련군 전몰장병 묘역이 조성됐다. 트렙토워파크 소련군 기념관은 베를린장벽길 바르샤우어슈트라세~쇠네바이데 코스에 접해 있다. 규모로는 트렙토워파크 기념관이 가장 크다. 도심 대형 공원인 티어가르텐에 있는 소련군 기념관은 가장 먼저 만들어졌다. 티어가르텐 기념관은 서베를린 쪽에, 나머지 두 기념관은 동베를린에 속했다.

쇤홀저하이데 공원 소련군 기념관은 빌헬름스루 역에서 그다지 멀지 않았다. 기념관이 벽으로 둘러싸여 있어서 입구까지는 제법 돌아가야 했다. 평일 오후여서인지 아무도 없다. 기념관은 아주 깔끔하게 관리되고 있었다. 입구에 적군을 상징하는 붉은 횃불이 걸린 기둥 두 개가 있다. 멀리 중앙으로는 오벨리스크 모양의 높은 탑이 있다. 중앙과 양옆으로 검은 동판에 이름을 새긴 묘역이 조성돼 있다. 동판에는 러시아어로 여러 명의 이름이 새겨져 있다. 동판 묘비는 모두 100개로, 쓰러진 소련 군인 2647명의 이름, 계급, 생년월일을 적고 있다. 매장된 병사 중 4분의 1 정도만 신원이 확인됐고 나머지는 이름을 확인하지 못한 무명용사다. 2차대전에서 히틀러를 패퇴시키는 데 결정적 역할을 한 소비에트 적군의 헌신에 적합한 기념관이라는 생각이 들었다.

트렙토워파크 소련군 기념관은 앞서 찾은 적이 있었다. 이곳에는 베를린 전투에서 사망한 7000명의 적군 병사들이 묻혀 있다. 세 곳 기념관 중 규모가 가장 크고, 조형미도 빼어났다. 정중앙의 커다란 하얀색 추모탑 위에는 소련군 병사의 청동 입상이 세워져 있었다. 한 손에는 칼을 내리 들고 한 손에는 독일 아이를 안고 있는 모습이다. 베를린 시가전 와중에 어머니를 잃은 세 살 짜리 독일 소녀를 구출한 병사의 이야기를 담고 있다고 한다. 높이 12m의 병사 입상은 제법 웅장하다. 추모탑 아래 중앙구역에는 러시아어와 독일어로 적군 병사들을 기리는 문구가 새겨져 있다. 추모탑 양옆으로는 커다란 플라타너스 나무들이 줄지어 세워져 있다. 베를린 전투에서 숨진 적군 병사들이 나무 아래 잔디밭에 묻혀 있다. 트렙토워파크 기념관은 종전 후 반파시스트 집회가 자주 열리는 상징성 있는 장소로 자리 잡았다고 한다. 독-소 전쟁 종전 일인 5월9일에는 매년 종전 기념행사가 이곳에서 열린다.

티어가르텐 소련군 기념관은 베를린 도심 대형 공원인 티어가르텐에 있다. 세 기념관 중 규모는 가장 작지만 제일 먼저 만들어졌다. 종전 직후인 1945년 11월 개관했다. 브란덴부르크문에서 도보로 5분 정도 거리다. 브란덴부르크문에서 전승기념탑까지 곧게 뻗은 분데스슈트라세를 따라 조금 걷다 보면 도로 변에 위치해 있다. 탱크와 곡사포가 설치돼 있어 바로 눈에 띤다. 2차 대전 당시 소련

티어가르텐 소련군 기념관 앞에 있는 2차대전 당시 소련군의 탱크와 곡사포

군이 사용했던 무기들이다. T-34 탱크는 1945년 베를린 진격 당시 최초로 시내로 진입한 두 대의 소련 탱크 중 한 대라고 한다. 탱크 뒤편에 설치된 ML-20 152mm 곡사포는 베를린 전투 종료를 알리는 일제사격에 쓰였다고 한다. 오래된 무기들이지만 채색이 되어 있어 깔끔하다.

 기념관 중앙에는 소총을 어깨에 맨 적군 병사의 청동상이 있다. 방사형으로 펼쳐진 아래 기둥 벽에는 전사한 소련군 병사들의 이름이 적혀 있다. 기념비 주변에 설치된 안내판을 보니 이곳에 2천 명 이상의 적군 병사가 묻혀 있다고 돼 있다. 이 기념관은 유일하게 소련군 점령 지역이 아닌 영국군 점령 지역에 만들어졌다. 종전 직후여서 가능한 일이다. 다른 연합국들 지원 아래 지어졌고 개관식에도 미·영·프·소 4개국 연합국 대표들이 모두 참석했다.

 이 때문에 이 기념관은 냉전의 소용돌이에 휘말릴 수밖에 없었다. 1961년 베를린장벽이 설치된 뒤에는 이곳이 공산주의 도발의 상징으로 여겨지면서 영국군 병사들이 출입을 통제했다. 냉전 시기에도 동베를린의 소련군 의장대가 이곳에 파견돼 경비 업무를 했다고 한다. 1990년 독일 통일 과정에서 헬무트 콜 서독 총리와 미하일 고르바초프 소련 서기장이 동독에서의 소련군 철수에 합의하면서 이 기념관은 베를린 상원 관할로 넘겨졌다.

1990년 독일 통일을 승인한 국제협정인 2+4 조약과 뒤이은 독일-소련 간 조약에 따라 독일 정부는 세 곳 소련군 기념관을 비롯한 독일 내 소련 관련 전쟁 기념물을 유지, 보수할 책임을 진다. 이에 따라 독일 연방 정부는 이들 시설에 필요한 재정을 지원하고 있고 2000년대 초반 세 곳 기념관은 대대적인 보수공사가 이뤄졌다. 러시아의 크림반도 점령 이후 독일 연방 의회에 티어가르텐 기념관의 소련 탱크가 "무력 전쟁의 상징"이라며 철거를 요구하는 청원이 있었지만 독일 연방정부는 1990년 조약을 근거로 거부했다. 러시아의 우크라이나 침공 이후 이들 기념물 철거 논란이 다시 고개를 들고 있다고 한다.

오랜 세월이 흐른 지금까지도 단정하면서도 웅장하게 잘 유지되고 있는 소련군 전몰장병 기념관들을 보면서 여러 갈래 생각이 들었다. 2차 대전 당시 히틀러에게 결정적 패퇴를 안긴 적군의 엄청난 고난과 희생을 기리기에 합당하다는 생각이 우선 들었다. 당시 소련은 적군 1000만 명, 민간인까지 포함하면 모두 2700만 명이 희생돼 연합국 중 가장 많은 인명피해를 입었다. 하지만 한편으론 소련군 기념관의 그 화려함과 웅장함이 이젠 빛바랜 과거의 일이 아닌가 싶었다. 소비에트 적군과 시민들의 헌신적 희생으로 나치

파시스트를 무찌를 수 있었지만 이후 독일은 분단됐고 동유럽은 점령국 소련에 유린 됐다. 동유럽 인민들은 공산당 일당 독재라는 비민주적, 비효율적 억압 체제 아래 오랜 세월 신음해야 했다. 이런 형편은 북한 역시 크게 다르지 않다. 더욱이 우크라이나 전쟁의 참상은 어떤 이유로도 합리화될 수 없다. 러시아가 비록 나토의 동진에 대항해 자위권 차원에서 우크라이나를 침공했다고 주장하지만 대명천지의 현대 사회에서 대규모 전쟁으로 수많은 인명이 살상되고 있는 현실은 어떤 이유나 변명으로도 합리화할 수 없다. 과거 역사의 아픔은 존중되고 위로받아야 마땅하지만 그렇다고 현재 역사의 몰염치까지 보호받을 수는 없다.

소련군 전몰장병 기념관을 찾을 즈음 독일 사회주의운동의 상징처럼 남은 로자 룩셈부르크의 묘지가 궁금해졌다. 로자는 독일 제정이 붕괴한 11월 혁명 와중에 우익 세력들에게 살해당했다. 베를린 도심 대형 공원 티어가르텐을 걷다 보면 당시 로자가 죽임을 당한 뒤 운하로 던져진 다리가 있다. 그 다리를 건너며 로자의 발자취가 궁금해졌다. 사회주의가 이제는 빛바랜 과거의 이념으로 치부되지만 로자만큼 사회주의 혁명의 순수한 이상에 충실했던 혁명가를 찾기 어렵다. 로자의 묘역은 베를린 동쪽 프리드리히스펠데 공원묘지에 있었다. 로자의 시신을 두고는 아직까지 여러 논란이 있어서 그가 묻혀 있다기보다 추모 묘역이 있다고 하는 게 정확할 것이다.

프리드리히스펠데 중앙묘지는 1881년 조성된 유서 깊은 묘지다. 독일 공산당을 함께 만든 칼 리브크네히트와 로자 룩셈부르크가 1919년 1월 우익에 살해당한 뒤 이곳에 묻혔다. 이후 많은 사회주의자들이 이곳에 안장됐다. 1935년 나치는 이 묘역을 철거하고 무덤을 파헤쳤는데 이 와중에 로자의 시신이 훼손된 것으로 알려졌다. 2차대전 이후 동베를린에 속한 이 묘역에는 사회주의자 기념관이 조성돼 많은 사회주의자들이 묻혔다.

프리드리히스펠데 공원묘지는 베를린 동쪽 외곽에 있었다. 예전 동베를린 지역이어서인지 아파트와 공장들이 많다. 구글맵은 무슨 일인지 사회주의기념관이 자리한 공원묘지의 남쪽 정문이 아니라 북쪽 작은 입구로 안내했다. 공원묘지에 접한 주택가를 빙 돌아 북쪽 입구로 들어섰다. 꽤 크고 복잡한 공원묘지다. 각양각색의 묘비가 나무와 풀들 사이로 촘촘히 자리하고 있다. 당연히 로자의 묘지가 눈에 띨 거라 생각하고 둘러보았지만 아니었다. 묘비가 너무 많아 일일이 확인하기 어려웠다. 로자 묘비일 것 같아 다가가 보면 아니었다. 북쪽 입구에서 시작해 중앙의 추모 건물을 지나도록 로자 묘지는 찾을 수 없었다.

한 중년 여성이 묘비들을 꼼꼼히 살피며 지나길래 그에게 "로자 묘지가 어디 있는지 아느냐"고 물었다. 그는 "로자는 묘지가 없지 않나요?"라고 반문하며 남쪽으로 가보라고 가리켰다. 남쪽 끝의 예전 동독 집권 사회주의통일당 고위 인사들 묘역까지 왔는데도 로자 묘지는 찾을 수 없었다. 허탈한 심정으로 남쪽 출구를 나서는데 바로 앞에 '사회주의자 기념관'이라 적힌 붉은 벽돌벽이 보인다. 그 뒤 중앙 묘비석 주변으로 직사각형 묘지 동판들이 빙 둘러 자리하고 있다. 묘비석에는 '죽은 자들은 우리에게 경고한다'라는 말이 적

프리드리히스펠데 공원묘지 사회주의자 기념관에 있는 로자 룩셈부르크 묘지

혀 있다. 묘비석 바로 앞 정면에 로자의 묘지가 있다. 직사각형 검은색 동판에는 '로자 룩셈부르크, 살해되다, 1919년 5월'이라고 적혀 있다. 로자 묘비에는 붉은색 장미 한 송이가 놓여 있다.

1919년 로자와 리브크네히트가 이곳에 묻힌 뒤 동료 사회주의자들은 매년 1월 이곳을 찾아 추모행사를 했다. 1926년 붉은 벽돌로 혁명 기념비가 세워졌지만 1935년 나치에 의해 파괴됐다. 종전 이후 1951년 현재 위치에 사회주의자 기념관이 만들어졌다. 이 벽 한쪽에는 나치에 맞서다 희생된 327명의 이름이 적혀 있다.

묘비석을 바라보고 오른쪽 중앙에 로자가, 바로 옆 왼쪽 중앙에 리브크네히트가 묻혀 있다. 두 사람이 차지하는 독일 사회주의운동사에서의 위상을 알 수 있다. 애초 이 두 사람이 여기에 묻히면서 이곳 묘역이 생겨났다. 묘비석 주변의 다른 묘지를 살펴봤다. 옛 동독 지도자 발터 울브리히트의 묘가 눈에 띠었다. 묘비석을 바라보고 오른쪽 중간 정도에 자리하고 있다. 울브리히트는 1950년부터 1971년까지 동독 최고 지도자였다. 전후 동독 정권 수립에 중요한 역할을 했고 냉전 시기 동독의 대외 강경 노선을 이끌었다. 1973년 사망한 뒤 국장으로 장례식을 치르고 이곳에 묻혔다. 울브리히트 묘비에는 변색된 노란 장미꽃 한 송이가 놓여 있다.

프리드리히스펠데 공원묘지 중간쯤에 있는 예술가 묘역에는 화가이자 조각가인 케테 콜비츠가 묻혀 있다. 공원묘지를 찾았을 때 그의 묘지를 보지 못했지만 나중에 공원묘지 홈페이지에서 그가 묻혀 있다는 걸 알았다. 콜비츠는 독일 참여미술의 선구자에 해당한다. 우리나라에도 1980년대 민중미술 등에 많은 영향을 끼쳤다고 한다. 1890년대 후반부터 이미 노동자와 농민의 비참한 현실을 형상화했다. 1차 대전 때 아들이 전사한 뒤로는 전쟁과 가난에 고통받는 이들의 모습을 조각과 판화에 담았다. 1930년대 나치가 들어서면서 그의 작품이 철거되는 등 탄압을 받았지만 굴하지 않았다. 나치 패망을 보지 못하고 1945년 2차대전이 끝나기 직전 사망했다.

케테 콜비츠 작품은 우연한 기회에 베를린에서 볼 수 있었다. 베를린 서쪽 샤를로텐부르크성을 갔다가 성 입구 근처에 있는 콜비츠 미술관을 찾았다. 미술관은 리모델링 중으로 외벽 공사를 하고 있었다. 문을 닫았다고 생각했지만 다가가서 보니 운영 중이었다. 1층에만 콜비츠 작품을 압축해서 전시하고 있었다. 미술에 문외한이지만 콜비츠 작품은 남달랐다. 단순한 선전선동 차원의 참여미술과는 차원이 다르다는 걸 곧바로 알 수 있었다. 작품 하나하나에 인간에 대한 고뇌와 연민이 짙게 배어 있고, 그를 토대로 무언가 묵직한 메시지를 발하고 있었다. 콜비츠가 그린 자화상 중 하나에는 전쟁에서 아들을 잃은 어머니의 슬픔과 고뇌, 전쟁에 반대하고 평화를 외치는 전투적 여성의 결연함이 함께 뒤섞여 있었다. 베를린 도심 훔볼트대학 옆의 전쟁 희생자 추모관 노이에바헤에는 콜비츠의 작품 〈죽은 아들을 안은 어머니〉가 단독으로 전시돼 있다. 넓은 내부 공간에 홀로 자리한 그의 조각품은 강렬한 인상을 준다.

다시 장벽길이다. 쉰홀저하이데 공원의 소련군 기념관을 나오니 구글맵은 쉰홀츠 역으로 안내한다. 직선 거리로는 빌헴름스루 역이 가깝지만 기념관 입구에서 걷기에는 쉰홀츠 역이 더 편한 듯했다. 쉰홀츠 역 앞 공원 입구에는 지난번과 마찬가지로 동네 주민들의 맥주 파티가 한창이다. 다른 점이라면 이번에는 아저씨들뿐만 아니라 아줌마들까지 가세한 것이다. 길가에서 왁자지껄하게 떠들며 맥주를 마시고 있다. 쉰홀츠 역을 지나면 다시 아름다운 판코우 공원묘지다. 이번 코스의 종착점 볼란크슈트라세 역에 이르니 이제까지의 한산한 분위기와 달리 조금 번잡한 도심 분위기가 난다. 이곳부터 장벽길 도심 구간이 본격적으로 시작된다.

소련군 전몰장병 기념관	https://www.berlin.de/sen/uvk/natur-und-gruen/stadt-gruen/friedhoefe-und-begraebnisstaetten/sowjetische-ehrenmale/
독일 사회주의기념관	https://sozialistenfriedhof.de/
케테 콜비츠 미술관	https://www.kaethe-kollwitz.berlin/

6
장벽 공원, 장벽 기념관
: 볼란크슈트라세~노르트반호프

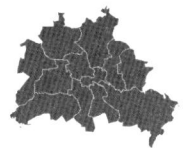

　베를린장벽길 시내 구간 볼란크슈트라세~노르트반호프는 5km의 짧은 거리다. 이 코스는 베를린장벽길의 대표 코스 중 하나다. 장벽이 남겨놓은 여러 역사적 흔적과 아픔을 고스란히 간직하고 있다. 분단 시절 건물이 바로 장벽이었던 베르나우어슈트라세에서는 절망에 빠진 동베를린 시민들이 주택에서 서베를린 쪽 보도로 뛰어내리는 모습이 자주 포착되면서 세계의 이목을 끌었다. 베를린장벽 기념관 거리는 이 길을 따라 1.4km 길이로 조성돼 있다.

　베를린에 머물면서 이 코스를 세 번 정도 찾았다. 처음에는 노르트반호프 역 바로 옆에 있는 베를린장벽기념관 문서센터를 방문하기 위해서였다. 그리고 장벽길을 걷기 시작한 지 얼마 되지 않아 이 코스를 한번 걸었다. 나중에 보니 너무 설렁설렁 걸어서 상당 부분을 놓치고 지나쳤다. 도심에서 가까운 코스여서 별생각 없이 나서 가볍게 걸은 탓이다. 결국 나중에 같은 코스를 다시 한번 걸었다.

볼란크슈트라세 역은 베를린장벽이 있던 시절 서베를린 도심 인근의 게순트브루넨 지역과 북쪽 끝인 프로나우 지역을 연결하는 북부 노선의 유인한 정차역이었다. 역 자체는 동베를린 영역에 있었지만 장벽은 역사 뒤쪽으로 이어지는 철길 건너편에 세워져 있었다. 이 때문에 서베를린 주민들은 검문 없이 이 역에 들어갈 수 있었다. 반면 동베를린 주민들은 장벽에 막혀 이 역에 들어올 수 없었다.

장벽길은 주택가인 슈티거슈트라세로 꺾어 들어간다. 이곳은 예전 장벽의 동쪽이 아니라 서베를린 쪽을 걷는다. 장벽길 양쪽으로 오래된 빌라들이 자리한 한적한 주택가다. 조그만 공원길 양쪽으로 벚나무들이 즐비하다. 7월 하순 한여름이어서 잎들이 무성하다. 이곳도 일본이 독일 통일을 축하하기 위해 1996년 보내온 벚나무를 심어 조성한 '아사히 벚꽃길'이다. 베를린에서 벚꽃길은 장벽길을 따라 여러 군데 만들어져 있다. 제법 길게 이어지는 벚꽃길도 있고 짧게 간헐적으로 이어지는 곳도 있다. 얼추 잡아 너덧 군데는 됐던 것 같다. 그중 장벽길 남쪽 구간인 리히텐라데~리히테펠데쥐트 코스의 벚꽃길이 가장 유명했다. 1.5km 정도로 가장 길고, 벚나무도 이중삼중으로 심어져 있었다.

시내 구간인 볼란크슈트라세~노르트반호프 코스의 벚꽃길은 중간중간 끊기기는 하지만 제법 길게 이어졌다. 철도 옆 소공원과 주택가를 따라 띄엄띄엄 이어지다가 철도를 만나 끊긴 뒤 다시 이어졌다. 복잡한 철길 위 고가도로를 건너면 제법 길고 울창한 벚꽃길이 이어진다. 도중에 벚꽃길임을 알리는 둥그런 돌로 된 표지석도 있다. 다른 곳과 마찬가지로 표지석 한 가운데에는 벚나무, 즉 사쿠라를 뜻하는 일본 한자가 새겨져 있다.

벚꽃길이 끝나는 지점에 뵈제브뤼케가 있다. 장벽길은 이 다리 옆을 지나 남쪽으로 죽 이어진다. 처음 이 길을 걸을 때는 무심코 이 다리를 지나쳤다. 두 번째 걸으며 유심히 보니 왼편으로 계단이 나 있다. 계단을 오르니 제법 큰 철제다리가 나온다. 뵈제브뤼케다. 다리 위는 왕복 4차선 도로가 있고 그 옆에 별도로 인도와 자전거도로가 있다. 분단 시절 이 다리를 가로질러 국경선이 그어졌다. 다리의 동쪽 끝에 동독 국경수비대의 검문소가 자리 잡았다. 길거리 이정표는 다리 동쪽 입구로 이어지는 곳을 '1989년 11월 9일 광장'으로 표시해 놓고 있다. 분단 시절 세워졌던 장벽이 50m가량 남아 있고 그 앞으로 당시 사진과 설명이 담긴 큰 패널들이 세워져 있다.

'11월 9일 광장'은 1989년 11월 9일 밤 베를린장벽이 붕괴하면서 동베를린 시민들이 처음으로 이곳에서 장벽을 뚫고 서베를린으로 쏟아져 들어온 걸 기념한다. 당시 동독 정부 관리가 새 여행 규정을 발표하면서 우발적으로 이 규정이 즉시 시행된다고 하자 동베를린 시민들이 장벽으로 쏟아졌다. 당황한 동독 당국은 베를린 시내 7곳의 국경 통과 검문소 중 이곳 본홀머슈트라세 검문소를 제한적으로 개방해 시민들을 서베를린으로 내보내려고 했다. 처음에는 평상시 통과 절차대로 동베를린 시민의 신원을 일일이 확인하고 카드에 도장을 찍어주었다. 이 소식이 서베를린 방송을 타고 알려지자 동베를린 시민들이 이곳으로 구름처럼 몰려들었다. 검문소 관리들은 자신들의 안전을 걱정해야 할 처지가 됐다. 결국 이날 밤 검문소 관리들은 모든 국경 통과 절차를 중단하고 검문소를 개방했다. 이 검문소를 통해 수많은 동베를린 시민이 다리를 건너 서베를린으로 향했다.

'11월9일 광장'에는 당시 상황을 담은 사진들이 여럿 전시돼 있다. 다리 인도를 가득 메우며 서베를린으로 향하는 시민들 모습, 검문소 동독 관리가 시민들이 통과하는 걸 차분히 지켜보는 모습 등이 담겼다. 광장 바닥에는 청동 동판을 세워 그날을 기념하고 있다. 동판에는 '베를린 사람들이 다시 모였다'라고 적었다. 또 빌리 브란트가 분단 시절 했던 말, "베를린은 살아날 것이고 장벽은 무너질 것이다"가 새겨져 있다. 당시 동베를린 시민들이 쏟아져 나갔던 다리의 인도는 지금은 텅 비어 있다. '11월9일 광장'도 한산하다. 텅 빈 인도 위로 그날 밤 자유를 향해 나아갔던 동베를린 시민들의 함성이 들리는 듯하다.

앙겔라 메르켈 전 독일 총리도 그날 밤 뵈제브뤼케를 건넜던 동베를린 주민 중 한 명이었다. 그는 자서전에 그날 상황을 자세히 기록해 놓았다. 11월9일 퇴근하고 집에 온 메르켈은 라디오를 통해 여행 자유화를 선포하는 동독 관리의 말을 듣고 어머니에게 전

뵈제브뤼케의 보도 입구. 1989년 11월 베를린장벽이 붕괴한 직후 동베를린 시민들이 최초로 이 다리를 통해 서베를린으로 넘어갔다.

화해 이 소식을 알렸다. 그리고 여느 목요일처럼 친구와 함께 수영장 사우나를 갔다가 근처 술집에서 맥주를 한 잔 했다. 아이들이 있는 친구는 집에 가고 메르켈은 "사우나 가방을 든 채" 뵈제브뤼케 방향으로 가는 인파에 자연스레 합류했다.

　다리를 건너자 서베를린 시민들이 곳곳에서 자기들 집으로 올라와 함께 맥주를 마시며 건배하자고 소리쳤다. 메르켈은 얼굴도 모르는 몇 사람을 따라 다리 건너편 왼쪽 첫 번째 골목길로 접어들었고, 한 서베를린 주민이 집으로 그들을 초대하자 "별 생각 없이" 따라 올라가 맥주를 함께 마셨다. 일행은 전화를 사용해도 되는지 허락을 구했고, 메르켈은 함부르크에 사는 이모에게 전화했지만 연결되지는 않았다. 30분쯤 뒤 일행은 그 집을 나왔고 대부분은 서베를린 번화가 쪽으로 향했지만 메르켈은 인파를 거슬러 11시 반쯤

집으로 향했다. 다음날 일찍 출근해야 한다는 생각이 떠올랐고 며칠 뒤 폴란드에서 예정된 강연도 준비해야 했기 때문이다. 메르켈은 그날 밤 겪은 일로 가슴이 벅차올라 밤잠을 설쳤다.[1]

뵘슈트라세브뤼케를 건너면 장벽길은 마우어파크로 이어진다. 보행자 전용인 이 다리 아래로는 도심 전철과 장거리 열차가 지나는 철로들이 엿가락처럼 늘어서 있다. 멀리 자동차들이 빼곡한 도심 도로들도 시야에 들어온다. 베를린 도심의 공중을 떠서 건너는 듯한 느낌이다. 조깅하거나 산책 나온 이들도 제법 많다.

'마우어파크', 즉 말 그대로 '장벽 공원'은 베를린장벽이었던 곳이 통일 뒤 공원으로 변신했다. 장벽이 무너진 뒤 장벽 공터를 보전해 녹지로 가꾸어 시민들의 휴식 공간으로 만들었다. 장벽이 대략 공원의 3분의 1 지점에서 동서를 갈랐다. 공원 안 여기저기로 두 줄 벽돌 장벽길 표시가 이어진다. 1990년대 초 개발 대신 녹지 공간으로 보전하기로 하고 민간기업 환경재단의 기금 지원을 받아 공원을 꾸몄다. 2000년대 초 서쪽 구간 일부를 기업에 임대해 개발하는 계획이 세워졌지만 큰 저항에 부딪혀 유보됐다.

마우어파크를 처음 걸었던 때는 6월 중순 일요일이었다. 그야말로 북새통이었다. 따뜻한 휴일을 맞아 공원이 사람들로 가득 찼다. 야외무대에서는 뮤지션들의 거리 공연이 이어졌고 길 중간중간에도 즉석 공연을 하는 이들이 더러 눈에 띄었다. 젊은이들이 삼삼오오 모여 제각각 6월의 봄날을 만끽하고 있었다. 공원 서쪽 초입의

---

[1] 앙겔라 메르켈, 박종대 옮김 『자유』(한길사 2024) 43면

베를린장벽길 마우어파크. 땡볕에서 고기 구워먹는 사람들로 붐볐다.

 넓은 풀밭에서는 여기저기 고기 굽는 연기가 피어올랐다. 야외 바비큐 파티를 벌이는 이들이 풀밭에 가득하다. 가만히 보니 대부분 튀르키예 계열 사람들이다. 고기 굽는 데 일가견이 있는 튀르키예 사람들이 따뜻한 봄날을 맞아 일제히 바비큐 파티를 벌이러 나온 듯했다. 공원 서쪽 끝 광장은 더 북새통이다. 일요일마다 열리는 플리마켓이 한창이다. 각종 의류, 액세서리, 집기 등 온갖 물품을 파는 가게들과 음식과 음료, 주류를 파는 가게들이 광장을 가득 메우고 있다. 가게들 사이로 인파가 빼곡히 들어차 있다. 음식 가게 중에는 태극기를 내걸고 김밥, 파전 등 한식을 파는 가게도 있다.

 두 번째로 이곳을 찾은 때는 7월 하순의 평일이었다. 이번에는 사람이 없어 무척 한산했다. 공원 서쪽 풀밭에는 나무 그늘 밑으로 주부 너덧 명이 둘러앉아 있을 뿐이다. 아이들과 함께 유모차를 끌고 나와 피크닉을 즐기고 있는 것 같다. 한가롭고 정겨운 풍경이다. 마우어파크를 두 번에 걸쳐 찾을 때마다 각각 풍경은 달랐지만 부럽기는 마찬가지였다. 분단 시절 동, 서베를린을 갈랐던 엄혹한 장벽이 이제는 시민들의 쾌적한 휴식 공간으로 변모한 현실이 부러울 따름이었다. 우리나라 DMZ 한복판에 시민공원이나 관광지가 들어서 남북한 국민이 평화롭게 휴식과 관광을 할 수 있는 날이 언제쯤 올까 하는 생각을 떨칠 수 없었다.

장벽길은 마우어파크 끝에서 베르나우어슈트라세와 만나 서쪽으로 급격히 꺾인다. 이곳 네거리에서부터 노르트반호프 역까지 1.4km가 베를린장벽 기념관 거리다. 마우어파크 쪽에서 건너편 보도까지 두 줄 벽돌 표시가 도로를 가로지르고 있다. 건너편 보도 위로는 붉은 쇠기둥들이 세워져 있다. 예전 장벽 표시다.

장벽 쇠기둥이 시작하는 지점에 붉은 직사각형 쇠막대가 하나 서 있다. 베를린장벽을 탈출하려다 최초로 희생된 이다 지크만의 추모비다. 이다 지크만은 1961년 8월22일 희생됐다. 8월13일 장벽이 세워졌으니 9일 만의 일이다. 58살의 이다 지크만은 장벽에 면한 그녀의 3층 아파트 창문에서 서베를린 쪽으로 뛰어내리다 숨졌다. 하루 전인 8월21일 동베를린 경찰이 서베를린 쪽으로 접한 그녀의 아파트 건물 정문을 폐쇄했다. 그녀의 여동생이 서베를린에 살고 있는 상황에서 급작스런 국경 폐쇄에 큰 충격을 받고 탈출을 결심한 것이다. 앞서 그녀의 이웃이 아파트 건물 창문에서 뛰어 내려 서베를린 소방관이 깔아준 구조 매트리스로 구조된 것을 그는 알고 있었다. 그런데 지크만은 웬일인지 그날 3층 창문에서 자신의 침구를 서베를린 쪽 땅바닥으로 던진 뒤 서베를린 소방관이 도착하기도 전에 무턱대고 창밖으로 뛰어내렸다. 아마도 동베를린 경찰에 발각될까 두려워서였을 것이다. 그녀는 맨바닥에 떨어졌고 병원으로 옮

베를린장벽을 탈출하려다 최초로 희생된 이다 지크만의 추모비

기던 중 숨졌다. 그녀의 죽음은 서베를린 시민들을 충격에 빠트렸다. 그녀가 숨진 곳에는 꽃들이 놓이고 추모비가 세워졌다.

건물이 바로 장벽이었던 이 거리에서는 이다 지크만과 같은 식으로 희생된 이들이 여럿 나왔다. 80살의 올가 세글러는 장벽에 막혀 서베를린에 사는 딸과 헤어져야 했다. 1961년 8월13일 장벽이 세워지면서 그의 집은 무장한 국가 경찰이 점거하다시피 했다. 9월 24일부터 장벽에 면한 주택들을 비우는 작업이 진행됐다. 이웃 주민들 상당수가 집이 소거되기 전 서베를린으로 탈출하는 것을 보고 따르기로 결심했다. 9월 25일 밤 올가 세글러는 그녀의 2층 아파트 창문에서 서베를린 쪽으로 뛰어내리기로 했다. 그녀의 딸이 서베를린 쪽 도로에서 그녀를 격려하고 있었고, 서베를린 소방관들이 구조 매트리스를 깔고 그녀를 받을 준비를 하고 있었다. 하지만 그녀는 뛰어내리는 과정에서 심하게 다쳤고 하루 뒤 병원에서 숨졌다.

1961년 10월 4일에는 베른트 뢴저가 베르나우어슈트라세 44번지 건물 지붕에서 탈출하다 숨졌다. 서베를린 공대에서 엔지니어

6. 장벽 공원, 장벽 기념관

링을 공부하던 뢴저는 동, 서베를린이 막히자 공부를 계속하기 위해 탈출을 결심했다. 그의 아버지도 서베를린에 살았다. 22살의 뢴저는 건물 지붕들을 타고 넘어와 국경사무소 지붕에 도착했다. 밧줄을 타고 서베를린 쪽으로 내려서려고 했지만 동베를린 경찰에 발각되고 말았다. 지붕에서 동베를린 경찰 한 명과 난투극이 벌어졌고, 그 와중에 동, 서베를린 경찰들이 총격전까지 벌였다. 그 사이 뢴저는 동베를린 경찰의 제지를 피해 급히 서베를린 쪽으로 뛰어내렸지만 소방관들이 깔아놓은 구조 매트리스를 벗어나고 말았다. 양쪽이 총격전을 벌이는 통에 구조 매트리스를 정확히 배치하는 게 불가능했다. 뢴저는 불과 몇 미터 차이로 맨바닥에 떨어져 현장에서 숨졌다. 동료 학생들은 현장에 뢴저를 위한 추모 십자가를 세워 그의 희생을 기렸다.

이 거리의 탈출이 모두 실패한 건 아니다. 이곳 거리를 지나다 보면 장벽과 면했던 건물 앞 땅바닥에 둥그런 청동 알림판이 여기저기 박혀 있는 걸 볼 수 있다. 탈출 성공을 알리는 표식이다. 'B371, 61.9.20. 탈출, 두 남자' 'B348, 61.8.26. 탈출, 한 여자' 'D448, 61.8.28. 탈출, 디터 R과 브루노 P' 'D423,

장벽기념관 거리 바닥의 탈출자 표시. 1961년 9월 두 사람이 탈출한 장소라고 적혀 있다.

61.8.17. 탈출, 세 남자' 등이다. 일련번호와 함께 탈출에 성공한 이들의 이름을 적은 경우도 있고 그냥 한 여자, 두 남자 이런 식으로 적은 것도 있다. 탈출을 알리는 청동판은 베르나우어슈트라세를 걷다 보면 제법 많다. 희생된 이들을 알리는 땅바닥 표지석이나 추모비보다 더 많은 것 같다. 노르트반호프에 가까운 장벽 일대에는 한 지점에 여러 개의 탈출 알림 동판이 어지럽게 널려 있는 경우도 있다. 이곳에서 집중적으로 탈출이 이뤄졌단 얘기다.

　루피너슈트라세 네거리에는 이른바 '자유를 향한 도약'으로 알려진 동독 병사의 탈출 현장을 알리는 아크릴 안내판이 세워져 있다. 당시 상황을 담은 사진도 곁들여져 있다. 아주 유명한 사진이다. 동독 국경수비대원 한 명이 국경을 따라 설치된 장벽 철조망을 뛰어넘는 장면이 렌즈에 고스란히 담겨 있다. 19살의 동독 국경수비대원 콘라드 슈만이 철조망을 넘어 서베를린 쪽으로 탈출한 때는 1961년 8월 15일이었다. 장벽이 설치된 지 사흘 뒤의 일이다. 당시만 해도 장벽은 시멘트벽이 아니라 국경을 따라 얼기설기 철조망을 쳐놓은 것이었다. 동독 당국은 이를 차츰 시멘트 장벽으로 대체해 나갔다. 이곳 네거리 경비 업무를 맡았던 콘라드 슈만은 경비를 서면서 철조망 한 곳을 조금씩 눌러 높이를 낮췄다고 한다. 이윽고 감시가 소홀한 틈을 타 자신의 경기관총을 어깨에 맨 채 철조망을 건너 뛰었다. 당시 베르나우어슈트라세는 장벽 설치에 따른 극적인 상황이 잘 드러나는 곳이어서 사진작가들이 상주하다시피 했다. 이곳에 있던 한 사진작가가 찍은 콘라드 슈만의 탈출 현장 사진은 전 세계로 타전되면서 자유에 대한 열망의 상징으로 퍼져나갔다. 철조망이 쳐져 있던 그 자리에 지금은 예전 장벽이었음을 알리는 두 줄 벽돌 표시가 남아 있다.

베르나우어슈트라세 역을 지나면 넓은 베를린장벽 기념관 공원이 펼쳐진다. 도로 옆 넓은 풀밭에 이런저런 장벽 관련 기념물들이 있다. 이곳부터는 베를린장벽 관광지라고 할만 하다. 독일의 예전 분단 상황을 살피기 위해 온 관광객들로 넘쳐난다. 실제 장벽도 상당 부분 남아 있고 장벽이 있던 곳을 따라 붉은 쇠기둥이 세워져 있다. 건물 외벽에는 분단 당시 상황을 알리는 대형 사진들이 걸려 있다.

1980년대 동독 국경수비대가 세운 이른바 'BT 9' 감시탑이 있던 자리에는 붉은색 강철 막대 네 개를 맞세운 조각품이 세워져 있다. 동독 국경수비대는 국경 지대를 따라 일정 간격으로 임시 경비실을 세우더니 나중에는 망루로 대체했고 1980년대 들어서는 이를 더욱 견고한 감시탑으로 바꾸었다. 조각품 'BT 9'는 당시 감시탑의 위용을 보여주기라도 하듯 위압적으로 버티고 서 있다.

장벽 옆으로 조성된 풀밭 여기저기에는 장벽이 있던 시절 지하로 뚫린 탈출 터널 위치를 가리키는 동판들이 여럿 이어진다. 당시 탈출 터널들의 위치를 그린 지도도 비치돼 있다. 57명의 동베를린 시민이 탈출한 데서 이름 붙여진 57번 터널은 이곳 터널 중 가장 성공적이었다. 서독 정부의 지원 아래 서베를린 학생 34명이 6개월 동안 서베를린 쪽에서 장벽 너머 동베를린의 빈집 지하로 145m를 파고 들어간 뒤 이틀에 걸쳐 57명을 구출했다. 이곳에서만 12개의 터널이 뚫렸지만 3곳 터널에서 실제 탈출이 이뤄졌고

장벽기념관 거리에 남은 예전 장벽과 쇠막대

베르나우어슈트라세 장벽기념관 거리에 있는 57번 터널 위치 표시

나머지는 동독 보안당국에 발각되거나 중도 포기됐다.

누런 호밀밭 사이로 화해의 예배당이 모습을 드러낸다. 베를린 장벽이 세워진 뒤 접근이 금지됐다가 1985년 동독 당국이 폭파했던 교회는 독일 통일 뒤 2000년에 다시 그 자리에 세워졌다. 이곳에서는 베를린장벽 희생자들을 기리기 위한 추모 영상이 매일 상영된다.

베를린장벽 희생자들의 영정이 담벼락에 빼곡히 진열돼 있다. 베를린장벽 공원의 중심 장소 중 하나인 '추모의 창'이다. 장벽에서 사망한 132명을 기리기 위해 그들의 이름과 사진을 전시하고 있다. 이곳은 항상 추모 발길이 끊이지 않는다. 희생된 이들 상당수는 앳된 이들이다. 총에 맞은 이도 있고 사고로 사망한 이도 있다. 탈출을 시도한 이도 있고 그렇지 않은 이도 있다. 사연은 다 제각각이지만 분단의 억울한 희생자이긴 매한가지다. 베를린장벽에서

장벽기념관 거리에 있는 '추모의 창'. 장벽을 넘다 희생된 이들의 사진을 전시하고 있다.

근무 중 사망한 동독 병사 8명의 이름은 별도의 추모판에 적어 추모하고 있다.

 장벽 표시 쇠막대 바로 앞 땅바닥에 큼지막한 추모석이 새겨져 있다. 루돌프 우르반 추모비다. 이 거리의 다른 희생자들과 마찬가지로 자신의 집 창문에서 서베를린 쪽으로 뛰어내리다 크게 다쳐 숨졌다. 1961년 8월19일 우르반은 자신의 부인과 함께 아파트 창문에서 로프를 이용해 서베를린 쪽으로 탈출을 시도했다. 하지만 둘 다 로프를 놓쳤고 우르반은 크게 다쳐 병원으로 옮겨졌지만 폐렴이 겹쳐 회복하지 못했다. 47살의 나이였다. 40살의 에른스트 문트는 1962년 9월 베르나우어슈트라세에 접한 공원묘지에서 탈출하려다 동벽 국경수비대의 총격으로 숨졌다. 하인츠 사이러스는 1965년 11월 노르브반호프 역 근처 철길 장벽을 건너려다 발각돼 건물로 피신한 뒤 4층에서 뛰어내리다 크게 다쳐 숨졌다.

베르나우어슈트라세 전체가 자유를 향한 처절한 몸짓으로 점철됐다 해도 지나친 말이 아니다. 그중에는 안타깝게 희생된 이들도 있었고 천만다행으로 자유를 찾은 이들도 있었다. 이 거리는 죽음의 거리, 비극의 거리인 동시에 희망의 거리, 자유의 거리이기도 했다.

이번 코스의 종착점인 노르트반호프 역이다. 장벽길을 처음 걷기 시작할 때 찾았던 곳이다. 이곳 네거리에서 베를린장벽기념관 야외 전시장이 끝난다. 길 건너는 두 줄 벽돌길이 아련히 이어지는 노르트반호프 공원이다.

베를린장벽 기념관 　　https://www.stiftung-berliner-mauer.de/en/node/119
마우어파크　　　　　　https://www.mauerpark.info/

2부
베를린장벽길 남쪽 루트

7
쓰레기 트럭을 위해 뚫린 구멍

: 쇠네펠트~리히텐라데

　베를린장벽길 남쪽 루트는 3개 코스, 45km다. 쇠네펠트에서 시작해 리히터펠데를 거쳐 그리브니츠제까지 이어진다. 베를린장벽은 옛 서베를린을 빙 둘러쌌던 것인데, 마치 이등변삼각형 모양과 비슷하다. 남쪽 루트는 그 삼각형의 밑변에 해당한다. 도심을 동, 서로 가르는 시내 루트는 50km, 서쪽 교외를 지나는 서쪽 루트는 65km다. 남쪽 루트까지 합쳐 모두 160km다. 남쪽과 서쪽 루트는 베를린을 둘러싸고 있는 브란덴부르크주 접경을 따라 걷는 길이다. 교외 지역의 평원과 숲, 호수가 군데군데 펼쳐진다. 지역마다 장벽길에 얽힌 사연도 제각각이다.

남쪽 루트의 첫 코스인 쇠네펠트~리히텐라데는 모두 16km다. 장벽길 사이트는 코스 출발점인 쇠네펠트 대신 립치찰리 역에서 출발할 것을 권했다. 쇠네펠트에서 클라인지테네르까지 약 5km 구간이 아직 장벽길 정비작업이 마무리되지 않은 탓이다. 원래의 장벽길을 크게 벗어나 우회로를 걸어야 하는 만큼 그 구간을 건너뛰어도 좋다는 얘기였다.

6월 말의 베를린 날씨는 생각보다 더웠다. 베를린 여름이 평균적으로 더운 편은 아니다. 이즈음 약간의 이상 고온이었던 것 같다. 한낮에 내리쬐는 햇볕을 받으며 장벽길을 걷기가 무척 힘들었다. 사계절을 겪어보지 않았으니 여름 날씨를 가늠하기 어려웠다. 6월 말에 이 정도면 7월, 8월은 어떨까 싶었다. 겁이 덜컥 났다. 그래서 이즈음부터 더 더워지기 전에 바짝 걷기로 했다. 그런데 실제 그해 여름은 외려 이상 저온이긴 했다.

이날도 한낮의 땡볕을 피해서 일찍 집을 나섰다. 장벽길은 아침부터 걷다 보면 점심을 해결하는 게 난제였다. 시내 코스는 괜찮지만 외곽 코스는 식당 자체가 없는 경우도 많다. 베를린엔 우리 같은 편의점은 물론 없다. 결국 점심을 미리 마련해 챙겨 가는 수밖에 없다. 이날은 집 근처 지하철역 빵집에서 치킨버거를 하나 샀다. 계산을 마치고 보니 종업원이 빵들 앞에 놓인 가격표를 바꾸고 있다. 베를린 빵집 가격은 아침 7시 이전과 이후가 달랐다. 7시 이전은 일종의 모닝세일인 셈이다. 뿌듯한 마음으로 빵과 음료수를 배낭에 챙겨 가게를 나섰다.

립치찰리 역은 교외의 소박한 지하철역이다. 역사 앞 노점상 옷

가게가 왠지 정겹다. 역 앞에는 20층은 족히 돼 보이는 높은 아파트가 한 채 덩그러니 서 있다. 베를린에서 처음 보는 고층 아파트다. 역에서 장벽길 시작점까지 따라잡는 데 좀 애를 먹었다. 구글맵을 따라가는데 길이 구불구불하고 좁은 길들이 이어진다. 20분쯤 헤매다 어렵사리 장벽길을 찾았다.

한적한 교외 길이다. 장벽길은 동독 국경 수비대가 사용하던 옛 국경 순찰로를 따라 이어진다. 장벽길 초입인 쾰너댐 길가에 장벽길 안내판이 있다. 쾰너댐은 예전 동, 서 베를린 국경이었던 길이다. 안내판은 이곳이 분단 시절 쓰레기 트럭을 통과시키기 위해 뚫린 베를린장벽의 구멍이었다고 설명한다. 1973년부터 1977년까지 4년간 서베를린 쓰레기를 실은 트럭들이 이곳을 통과해 동베를린 지역으로 넘어가 쓰레기를 버렸다. 안내판에는 당시 트럭들이 쾰너댐 국경검문소를 통과하는 사진도 곁들여져 있다.

서베를린은 동독 한가운데 섬처럼 존재하는 도시였다. 장벽은 시내 한가운데를 동, 서로 갈랐고, 교외 쪽의 경우 동독 브란덴부르크주 접경을 따라 서베를린을 빙 둘러쌌다. 서베를린은 도시만 덜렁 있을 뿐 배후 지역이 거의 없었다. 쓰레기 버릴 곳도 없었다. 서베를린 당국이 동독 당국과 협상해 비용을 지불하고 장벽 너머 동독 땅에 쓰레기를 버릴 수 있도록 했다. 서베를린은 분단 기간 동독과 장기 폐기물 처리계약을 맺었다.

쾰너댐 국경을 통과한 서베를린 청소 회사 차량은 울타리가 처진 도로를 따라 그로스지텐 쓰레기 처리장까지 들어가 쓰레기를 버렸다. 1973년부터 4년 동안 약 440만 톤의 쓰레기가 매립됐다.

멀리 보이는 그로스지텐 산. 분단 시절 서베를린 쓰레기를 국경 너머 동베를린 땅에 쌓아 만들어졌다.

1977년 이후엔 인근 키르히하이너담의 마흘로우 국경 검문소를 이용했다. 서베를린의 가정용 쓰레기와 도시 폐기물, 건물 잔해가 이곳을 통과해 동독 땅으로 들어갔다.

　서베를린 시절 동독으로 실어 날랐던 쓰레기 더미는 지금은 커다란 둔덕이 돼 있었다. 퀼너담 표지판을 조금 지나니 왼편으로 들어가는 길이 하나 있다. 그 길 끝으로 저 멀리 풀이 무성한 평평한 산 같은 게 보였다. 그로스지텐 산이다. 90m 높이의 이 그로스지텐 산은 분단 시절 옛 쓰레기 처리장이라고 장벽길 사이트는 설명하고 있다. 구글맵은 이곳을 지텐 산 또는 그로스지텐 전망대라고 표시하고 있다. 마치 우리의 옛 난지도 쓰레기처리장과 비슷하다. 둔덕이 꽤 넓고 평평하다. 난지도는 지금은 공원으로 개발됐지만 그로스지텐은 풀로 덮인 둔덕에 사람들이 오르내릴 수 있는 길을 중간중간 만들어 놓았다. 산이 없는 베를린에선 비록 인공산이긴 하지만 그로스지텐이 꽤 높은 축에 든다. 멀리 둔탁하게 자리한 그로스지텐의 위용은 베를린에서는 보기 드문 풍경이다. 그로스지텐으로 가는 길을 따라 산책하고 달리는 이들이 제법 많다.

베를린장벽에도 불구하고 동, 서베를린이 유기적으로 연결돼 어쩔 수 없이 협력한 흔적들은 아주 많다. 그로스지텐이 대표적이다. 볼품없는 쓰레기 매립지이지만 가로막힌 장벽에 구멍을 뚫어 동, 서독 간 화해와 협력, 평화와 통일의 기반이 됐다.

쇠네바이데~쇠네펠트 코스의 종착점인 쇠네펠트 공항 국경 검문소 역시 동, 서베를린이 협력한 표시다. 서베를린은 외부 세계로 통하는 공항이 필요했던 만큼 동베를린과 협력해야 했다. 동베를린은 외화 획득 차원에서 쇠네펠트 공항을 이용하도록 했다. 서로의 이해를 바탕으로 윈윈하는 협력관계를 구축한 것이다.

동, 서베를린의 이런 교류, 협력은 분단 전 베를린이 이미 제국의 수도로서 하나의 도시로 기능하고 있던 데서 비롯됐다. 광역도시 베를린은 비록 동, 서로 나뉘었어도 유기적으로 연결돼 있었다. 우여곡절이 있었지만 동, 서베를린은 협력할 수밖에 없었다.

베를린은 도시 전체에 걸쳐 지하터널로 하수 배출관이 연결돼 있었다. 상수도는 분단 후 동, 서베를린이 별도의 공급 체계를 갖췄지만 하수도는 그렇지 못했다. 하수 처리의 마지막 지점인 경작지가 대부분 동독 지역에 있었다. 서베를린에서 나온 하수는 대부분 동베를린 하수처리시설에서 정화돼 주변 경작지에 뿌려졌다. 1950년에 이미 동, 서베를린은 하수 처리 비용에 합의했다. 1961년 장벽 설치 직후 빌리 브란트 서베를린 시장은 항의 표시로 하수 처리 비용 지급을 중단했다. 동베를린은 그럼에도 하수 처리를 중단하지는 않았다. 이후 동, 서베를린이 1967년 통행증에 관한 협정을 체결한 이후 1968년 하수 처리비용에 관한 합의도 이뤄졌다. 당시 서베를린은 장벽 설치 이후 지급하지 않았던 하수 처리비용을 소급해 지급했다.[1]

지하철도 마찬가지다. 장벽 설치로 베를린 대중교통 노선이 분리됐지만 현재의 U6, U8 노선과 도시철도 S1 노선은 동베를린 지역을 통과해야만 운행할 수 있었다. 동독은 이들 지하철이 지나는 역사 출입구와 플랫폼을 봉쇄했지만 통과 자체를 막지는 않았다. 대신 동베를린은 서베를린 교통공사로부터 지하철 노선 이용 명목으로 매년 22만 마르크를 받았다.

베를린은 보면 볼수록 동서독 분단의 비극적 희생양이면서도 그 분단을 극복할 수 있는 발판이 된 축복의 도시다. 베를린이 있어서 동서독은 대화하고 협력할 수밖에 없었다. 양쪽이 함께 살아가야 했기 때문이다. 특히 서베를린은 시민들 하루하루 삶을 위해, 생존하기 위해 협력하지 않을 수 없었다. 어떤 이데올로기 대립도 엄중한 삶의 현실 앞에서는 의미가 없었다.

빌리 브란트가 독일 역사에서 우뚝 선 건 그가 서베를린 시장이었기 때문에 가능했다. 동, 서독이 서로의 생존과 삶을 위해 대화하고 의지해야 한다는 걸 그는 서베를린 시장 시절 절실히 깨달았다. 장벽 설치 직후 서베를린의 꽉 막힌 상황은 당시 시장이던 브란트로 하여금 기존과는 다르게 행동할 수밖에 없도록 만들었다.

---

1 이은정 『베를린, 베를린』(창비 2019) 90~93면

이른바 '작은 걸음 정책'이다. 한 걸음도 나아가지 않는 것보다는 작은 걸음이라도 떼는 게 낫다는 브란트의 철학이었다. 브란트는 독일 문제를 해결하기 위해서는 소련과 문제를 풀어야 하고, 장벽을 제거할 수 없다면 장벽을 쉽게 넘나들도록 해야 한다고 생각했다. 그의 노력은 1963년 1월 서베를린 당국과 동독 정부 사이의 1차 통행증 협상의 타결로 첫 결실을 보았다. 사람들이 막힌 장벽을 쉽게 넘나들도록 동독 정부와 타협을 이끌어 낸 것이다. 이즈음 '접근을 통한 변화'라는 브란트 동방정책의 핵심 개념도 그의 참모 에곤 바에 의해 가시화됐다.

우리는 어떤가. 왕정과 식민 통치 이후 남북한은 외세에 의해 갈라졌고 한국전쟁으로 인해 서로 원수가 됐다. 동, 서독에 비하면 그 분단은 너무도 강고해서 비교하기조차 어렵다. 그나마 그런 분단의 벽을 넘어 실핏줄처럼 남북을 연결한 게 개성공단이었고, 금강산 관광이었다. 휴전선 DMZ를 제거할 수는 없지만 그래도 그 장벽을 넘나들 수 있도록 한 게 개성공단, 금강산 관광이었다.

개성공단은 우리에게는 서베를린과 같은 고통이자 축복이었다. 개성공단은 북한 속의 섬과 같은 존재였지만 남북을 잇는 모세혈관이었다. 북한은 남쪽 기업에 질 좋은 노동력을, 남쪽은 북쪽에게 괜찮은 일자리를 제공함으로써 서로 원윈하는 거래였다. 남북이 미래를 개척하는 데 있어 공통의 이해관계를 갖는 출발점 같은 것이었다. 북한 내의 외로운 섬과 같은 개성공단을 성과 있게 유지하기 위해서는 서로가 절제하고 협력해야 했다.

그런데 우리는 그걸 우리 손으로 부숴 버렸다. 2016년 박근혜 정부가 북한의 핵 실험에 대한 보복으로 개성공단을 폐쇄한 건 정말 무지막지한 처사였다. 굴러온 복을 스스로 차버린 것과 같다. 북한의 핵 실험은 엄중한 일이다. 우리로서는 어떤 형태로든 경고와 제재를 할 수밖에 없는 일이었다. 그렇다고 꼭 개성공단을 폐쇄할 일은 아니었다. 다른 여러 조처를 강구하면 되는 일이었다. 아직도 박근혜 정부 사람들은 개성공단 폐쇄를 마치 무슨 업적처럼 얘기하는데 참으로 한심한 일이다. 개성공단처럼 남북이 서로 윈윈하고 이해관계를 함께 하는 기반이 많으면 많을수록 남북의 공존은 더 가까워지기 마련이다. 동독 땅에 서베를린 쓰레기를 쌓아 만든 그로스지텐을 보면서 문득 개성공단을 떠올렸다. 그로스지텐은 꽉 막힌 지금의 우리 현실을 더욱 절감하게 만들었다.

이번 코스는 이 거대한 쓰레기 언덕을 ㄷ자로 돌며 베를린 남부의 개발되지 않은 벌판을 따라 걷는 길이었다. 넓고 평평한 그로스지텐을 보며 걸으니 왠지 마음이 넉넉해졌다. 풀 덮인 쓰레기 산이 왠지 정겹다. 들판 옆으로 아늑한 숲길이 나오고 탁 트인 벌판을 횡단하기도 했다. 길 한쪽은 주택가로 이어지고 다른 쪽으로는 벌판이 펼쳐졌다. 자전거 타는 한 무리가 지나는가 하면 인근 주택가에서 반려견을 산책시키러 나온 이들도 있다. 베를린장벽길은 걷다 보면 무척 외진 것 같다가도 금새 사람들과 마주친다. 아무도 없을 것 같은 길이지만 어디선가 사람이 나타난다. 외져 보이지만 대체로 사람들이 항상 찾는 곳이고, 그들은 대부분 친근하고 편안해 보였다.

날이 흐려지더니 빗방울이 조금씩 떨어졌다. 둥그런 돌로 만든 기념비가 서 있고 그 앞 바닥에는 1990이란 숫자가 새겨져 있다. 1990년 독일 통일을 기념해 만든 표지석이다. 독일 통일 10년이 지난 2000년 그로스지텐 지역과 북코우 지역 주민들이 함께 만든 기념비다. 베를린 남쪽 끝에 바로 붙어있는 두 지역은 장벽으로 인해 갈라졌다. 북쪽 북코우에 연결된 그로스지텐 지역은 장벽으로 허리가 잘렸다. 이 기념비는 독일 통일로 두 지역이 하나로 연결된 것을 축하하기 위해 세워졌다.

기념비 뒤쪽 벤치에 앉았다. 비가 더 오기 전에 서둘러 점심을 먹어야 할 것 같았다. 아침에 산 치킨버거는 맛이 괜찮았다. 빗방울은 그다지 굵지 않다. 그래도 서둘러 먹다 보니 좀 팍팍하다. 갑자기 쓸쓸한 느낌이 들었다. 머나먼 이국땅 외진 곳에서 혼자 먹는 점심의 맛이랄까. 벌판 길은 호젓한 오솔길이다. 비는 그치고 잔뜩 흐리다. 볕이 없으니 외려 걷기는 좋다. 이어폰에 흐르는 오래된 노래를 들으며 터벅터벅 장벽길을 걸었다.

벌판 길을 따라 남쪽으로 죽 내려가니 제법 큰 도로가 나온다. 베를린을 북에서 남으로 관통하는 96번 고속도로다. 분단 시절 장벽은 이곳 키르히하이너댐에서 96번 고속도로를 남, 북으로 갈랐다. 그로스지텐 쓰레기처리장 매립이 1977년 종료된 뒤 서베를린 쓰레기 트럭이 이곳을 통과해 동독 땅으로 들어갔다. 도시 쓰레기와 건설 잔해 등을 실은 트럭은 동독의 쇠나이헤 쓰레기 처리장에 쓰레기를 버렸다. 동독에서 서베를린으로 건축자재를 운반하는 트럭도 이곳을 통해 서베를린으로 들어갔다. 쓰레기 처리장 업무과 관련된 사람들을 실어 나르는 여객 차량도 이곳을 드나들었다. 96

96번 고속도로 변에 있는 B96 베를린장벽 기념비

번 고속도로 아래로는 동독 국경수비대의 순찰로를 잇기 위해 터널을 만들었다. 그 터널길은 이제 장벽길이 됐다.

차다 다니는 도로 옆으로 제법 넓은 잔디밭이 있다. 잔디밭 가운데에는 빨간색 철제 기념비가 서 있다. B96 베를린장벽 기념비다. 장벽을 상징하는 5개의 붉은 쇳조각으로 만든 벽이 높게 서 있고 그 벽 안에 사람 모양의 구멍이 뚫려 있다. 장벽에서 희생된 이들을 기리고, 장벽을 뚫고 넘으려는 희망과 염원을 담은 것이리라. 장벽 앞에 서서 벽을 넘기 위해 손을 위로 뻗은 이도 있고, 이미 장벽 위로 올라와 너머를 바라보는 이도 있다. 장벽을 아직 오르는 이도 있다. 장벽에 사람 모양의 형상이 뚫려 있는 건 아마 희생자를 기리는 것 같다. 사람 형상의 구멍 사이로 푸른 하늘이 가득 담겨 있다. 철의 장막, 시멘트 장벽이라 하더라도 휴머니즘, 사람의 길을 막아설 수 없다는 뜻을 담았을 것이다. 바다 표지판에는 베를린장벽 붕괴 20년을 맞아 2009년 이 기념비를 세웠다고 적혀 있다.

96번 고속도로 밑으로 뚫린 터널길은 소박하다. 차 한 대가 겨우 지나갈 정도다. 터널 양쪽 벽에는 어김없이 무슨 뜻인지 알 수 없는 그래피티가 그려져 있다. 이 길을 따라 옛 동독 국경 수비대원들이 순찰을 했다. 동독 당국은 베를린장벽 바로 뒤로 순찰로를 만들어 장벽을 항상 감시했다. 터널을 지나니 항공사진 안내판이 있다. 항공사진은 예전 장벽과 지금의 장벽길을 각각 빨간색과 노란색으로 표시한다. 빨강, 노랑 두 길이 거의 붙어서 나란히 이어진다. 터널을 지나 서쪽으로 뻗은 길을 마저 걸으면 이 구간 종착점인 리히텐라데 역으로 갈 수 있다.

길옆으로 큰 나무들이 늘어서 있는 전형적인 장벽길이다. 나무는 푸르고 공기는 상쾌하다. 자전거 타는 이들을 위해 아스팔트 포장이 잘 돼 있다. 베를린 숲길은 언제 걸어도 청량하기 짝이 없다. 나무들은 조금 어수선해 보이지만 가꾼 듯 가꾸지 않은 듯 묘한 자연미가 있다. 이런 숲길을 걷다 보면 헝클어진 상념들이 한 가닥씩 제 자리를 잡는다. 숲길을 나오니 누런 평원이다. 외곽 구간 길에 작물 경작지는 그다지 많지 않다. 바람에 출렁이는 누런 물결이 풍요롭다.

종착점이 얼마 남지 않았다. 마지막 속도를 내려는데 나무가 우거진 숲길이 나온다. 하늘 보기가 어려울 정도로 으슥한 길이다. 시멘트 포장 흔적조차 찾을 수 없는 흙길이다. 길 한가운데로 나무 한 그루가 쓰러져 길을 막고 있다. 마치 사람이 다니지 않는 길처럼 보인다. 인근에 주택가가 있는데도 이런 길이 있다는 게 새삼스럽다. 베를린장벽길에는 이런 길이 제법 많다. 혼자 걸으면 때로 공포감이 생긴다. 그런데 조금 걷다 보면 편안한 길이 나오고, 곧 사람들과 마주친다.

숲속 장벽길에는 두 명의 장벽 탈출 희생자를 기리는 추모비가 각각 세워져 있다. 숲길 초입에는 허버트 키블러 추모비가 있다. 23살의 프레스 노동자였던 키블러는 1975년 6월27일 한밤중 숲속에서 장벽으로 접근해 탈출하려다 자동경보기를 건드리면서 총격을 받아 사망했다. 우거진 숲길의 끝자락에는 에드워드 로플레프스키의 추모비가 있다. 1966년 7월26일 저녁 33살의 로플레프스키는 마흘로우에서 리히텐라데로 가는 S반 철로를 건너 탈출을 시도했다. 장벽까지 100m 남짓 남겨놓고 발각됐다. 무려 274발의 총알이 쏟아졌다. 로플레프스키는 이 중 12발을 맞고 현장에서 즉사했다. 장벽 건너편 서쪽 리히텐라데 마을의 서베를린 사람들은 이 총소리를 모두 들었다. 그날 밤은 월드컵 준결승전 영국과 포르투갈의 경기가 있던 날이다. 텔레비전으로 축구 경기를 보던 리히텐라데 사람들은 모두 깜짝 놀랐다. 독일 통일 뒤 그날 밤 총을 쏜 동독 병사들에 대한 재판이 열렸다. 18~22살 나이의 병사 5명이 법정에 섰고, 이 중 2명에게 1년6개월의 집행유예형이 선고됐다.

로플레프스키의 추모비 바로 옆에는 의자가 하나 놓여 있다. 추모비 옆에 의자가 있는 건 처음이다. 깔끔하게 만들어진 갈색 나무 의자다. 팔걸이도 있다. 잠시 의자에 앉아 휴식을 취했다. 추모비 옆에 앉아 있자니 묘한 느낌이 들었다. 로플레프스키의 억울한 죽음이 떠올랐다. 길 가는 나그네가 잠시나마 희생자를 생각하고 안

숲속 흙길을 따라 가는 장벽길. 비바람에 나무가 쓰러져 있다.

희생자 추모비 옆에 팔걸이 의자가 놓여 있다.

식을 기원하는 자연스러운 추모인 셈이다. 의자에 앉아 저 멀리 숲속에서부터 이어져 온 장벽길을 바라보며 한동안 상념에 잠겼다.

리히텐라데 역까지는 10분 정도 거리였다. 모짜르트슈트라세 네거리에서 장벽길을 벗어나 우회전하면 된다. 여기가 이 구간의 종착점이다. 2층짜리 전통주택 꼭대기에 '1904'란 숫자가 적힌 집이 눈에 띄었다. 1904년에 지은 집이란 뜻일 것이다. 딱 100년 된 건물이다. 흰색 외벽만 좀 빛바랬을 뿐 갈색 지붕이며 건물은 멀쩡하다. 모짜르트슈트라세의 100년 된 건물을 뒤로 하고 리히텐라데 역으로 향했다.

그로스지텐 전망대   https://skypoint-schoenefeld.jimdosite.com/

8
마리엔펠데 수용소의 난민들
: 리히텐라데~리히터펠데쥐트

도시철도 S반 리히텐라데 역에서 내려 장벽길을 향했다. 남쪽으로 10분 정도 걸으니 이전 코스의 종착점이던 모짜르트슈트라세 네거리가 나온다. 남쪽 구간 두 번째 코스 리히텐라데~리히터펠데쥐트의 시작점이다. 이 코스는 모두 12km다.

코스 초입은 잘 가꿔진 교외 주택가다. 한적한 도로를 따라 독일 전통 나무집들이 늘어서 있다. 제각각 색다른 자태를 뽐내고 있다. 흰색, 상아색 등으로 정갈하게 단장한 2층, 3층 전통 주택들이다. 길을 따라 띄엄띄엄 있는 집들 사이로 멋진 나무와 풀들을 심어 놓았다. 6월 중순 베를린 남쪽 외곽의 싱그런 풍경이다.

조용한 주택가 길을 걷다가 구글맵을 확인해 보니 어느새 장벽길에서 벗어나 있다. 장벽길을 지나쳤거나 다른 길로 접어든 것이다. 지도를 보며 오던 길을 되돌아갔다. 지도에는 장벽길이 조그마한 샛길로 돼 있다. 그 샛길 앞에 가보니 'berliner mauerweg'(베를린장벽길)이란 표지판이 세워져 있다. 잎이 우거진 나무들 사이에 표지판이 가려져 있어 언뜻 눈에 띠지 않는다. 표지판은 분명 샛길 방향을 가리키고 있다. 장벽길 표지판은 화살표가 따로 있지 않고 표지판 자체가 길 방향을 가리킨다. 자전거 유모차에 두 아이를 태운 독일인 부부가 나처럼 장벽길을 지나쳤다 다시 돌아오고 있다. 표지판을 확인하고 나서야 샛길로 들어선다. 내가 표지판을 가리키며 "마우어베그"라고 말하자 여성이 웃으며 "맞다"고 한다.

좁은 샛길은 조금 들어가니 비교적 넓은 숲길이 된다. 길은 포장이 잘 돼 있다. 자전거 타기 안성맞춤이다. 커다란 나무들 사이로 시원스레 뻗은 길이다. 전형적인 숲속 장벽길이다. 주택가와 벌판 사이로 곧게 이어진다. 벌판에는 옥수수로 보이는 작물이 빼곡히 심어져 있다. 사이트 설명을 보니 이곳은 예전 미군 주둔지였다. "유령 마을"로 불린 이곳에는 독일 통일 즈음인 1990년대 초까지 미군이 주둔했다. 110ha에 달하는 이 제한 구역에서 미군은 여러 건물을 지어놓고 군사훈련을 했다. 미군이 떠난 뒤 건물은 모두 철거됐다. 지금은 아무런 흔적도 남아 있지 않다. 덜 자란 옥수수들만 빼곡할 뿐이다. 이 부지에 공동주택을 짓는 계획이 추진되고 있다고 한다. 하지만 시민단체들은 이곳을 자연공원으로 유지하기

주택가 장벽길에 있는 독일 전통 주택 　장벽길 옆 주택 마당에 만들어놓은 조각. 강아지 두마리와 아이들을 조각해 놓았다.

위한 캠페인을 벌이고 있다.

　유령 마을을 벗어날 즈음 길모퉁이를 도니 커다란 안내판이 길을 막는다. 장벽길 보수공사를 알리는 입간판이다. 우회 구간을 표시하고 있다. 장벽길을 정성스레 가꾸려고 노력하는 모습이 보인다. 우회 구간은 숲길에서 벗어나 숲과 주택가 사잇길을 걷는다.

　우회 구간 길인 틸케로더베그는 생각지도 않게 만난 보석 같은 길이었다. 길 양쪽으로 잘 꾸민 주택들이 늘어서 있다. 아름다운 전원주택 동네다. 집마다 제각각 마당에 심어놓은 꽃들이 자태를 뽐내고 있다. 빨강, 분홍, 하얀색 장미꽃들이 이 집 저 집 마당에 흐드러지게 피어 있다. 꽃들을 보며 길을 걸으니 황홀할 지경이다. 장벽길 걷는 동안 접했던 가장 아름다운 동네였다.

　한 집의 앞마당 정원에 예쁜 조각물이 놓여 있다. 남녀 아이 두 명이 다정히 앉아 있고 그 뒤로 반려견 두 마리가 앉아 있다. 남매로 보이는 아이들은 아직 앳된 얼굴이다. 반려견 한 마리는 제법 덩치가 큰 검은색 롯트와일러, 다른 하나는 아담한 크기의 불독이다. 아마도 이 집에 사는 아이들과 반려견들 실제 모습을 조각해 놓은 것 같다. 아이들이나 반려견은 이제 훌쩍 컸을 수도 있고, 조각처럼 아직 고만고만할 수도 있다. 어떻든 매일매일 이 집을 드나들며 그 조각상을 볼 때면 무척 정겹고 따뜻할 것이다. 부모는 부모대로, 아이들은 아이들대로, 반려견들까지도 소중한 사랑의 징표가 아닐까 싶다. 집 앞에 아이들과 반려견 조각상을 만들어 놓은 발상 자체가 참으로 아름답다.

틸케로더베그 주택가 끝은 101번 도로와 맞닿아 있다. 왕복 4차선 도로다. 건널목을 건너면 다시 들판 길이다. 들판 길 초입에 장벽길 안내판이 있다. 안내판에는 인근 '마리엔펠데 난민센터 기념관'에 대한 설명이 적혀 있다. 마리엔펠데 난민센터는 동, 서독 분단 이후 동독으로부터 유입된 탈출자, 난민을 수용하기 위해 만들어졌다. 1990년 독일 통일 때까지 모두 135만 명이 이곳을 거쳐 갔다. 1949년 동, 서독 땅에 각각 두 개의 정부가 들어선 이래 독일이 통일된 1990년까지 동독에서 서독으로 넘어온 사람은 모두 4백만 명에 달한다. 이는 전체 동독 인구의 6분의 1에 달하는 숫자다. 그 4백만 명의 4분의 1 이상이 마리엔펠데 난민센터를 거쳐 서독으로 들어왔다.

1990년 독일 통일 이후 마리엔펠데 난민센터는 기념관으로 조성됐다. 장벽길 사이트는 이곳에서 장벽길 걷기를 잠시 멈추고

2km 정도 떨어진 마리엔펠데 기념관을 방문할 것을 권했다. 장벽길을 빠져나와 인근 주택가에서 버스를 탔다. 4~5 정거장 지나서 내리니 마리엔펠데 난민센터 기념관이다. 제법 큰 흰색 4층 건물이다. 기념관 외벽에는 한 남자가 손을 들어 멀리 가리키며 어디론가 향하는 모습이 그려져 있다. 앞마당 잔디밭에는 동독 난민이 들고 왔을 법한 오래된 여행 가방이 하나 놓여 있다. 지금의 기념관 건물은 난민들을 맞는 리셉션센터였다. 기념관 뒤로 이어지는 여러 부속 건물에 난민이 수용됐다.

평일 오후여서인지 기념관은 제법 붐볐다. 학생들이 단체관람을 와 있다. 건물 1, 2층이 기념관이다. 1층은 여러 개 방으로 나누어 동독 탈출자들의 행적을 담은 자료들을 전시하고 있다. 탈출 때 가져온 빛바랜 배낭, 모자, 인형, 관련 서류 같은 것들이 잘 정리돼 있다. 시기별로 나눠 탈출 행렬의 규모와 방식 등을 짐작할 수 있는 사진과 자료들이 전시돼 있다. 난민을 최초로 면접하던 조그만 방들도 그대로 남아 있다. 2층은 당시 센터의 임시 거처를 재현해 놓았다. 방 하나에 이층침대 두 개와 테이블이 놓여 있다. 서랍장 위에는 여행 가방들이 있다. 취사도구가 있는 주방도 따로 있다. 강을 건너 탈출할 때 사용한 것으로 보이는 2인용 보트도 눈에 띤다. 비교적 소박한 전시관이다. 탈출자들이 겪었을 고난을 있는 그대로 차분하게 보여주고 있다.

마리엔펠데 난민센터는 1953년 임시 수용소로 출발했다. 1952년 분단된 독일을 동, 서로 갈랐던 국경이 닫혔다. 이어 동독 한 가운데에 섬처럼 존재했던 서베를린을 둘러싼 국경도 1954년 막혔

마리엔펠데 난민센터 내부 숙소 모습   마리엔펠데 난민센터 전경

다. 서베를린을 둘러싼 남쪽과 서쪽 국경이 닫힌 것이다. 이때 서베를린의 남쪽 경계를 이루던 마리엔펠데알레 건널목 국경도 폐쇄됐다. 하지만 그때까지만 해도 베를린 시내의 동, 서 경계선은 열려 있었다. 서독으로 넘어가는 국경이 모두 닫히고 서베를린 시내 경계만 열려 있는 상태에서 이곳으로 동독 난민들이 쏟아져 들어왔다. 1953년 한해에만 베를린 시내 루트를 통해 서독으로 넘어온 동독 탈출자는 30만 명에 달했다. 서베를린 당국은 이들을 수용하기 위해 급히 마리엔펠데에 임시 수용소를 지었다.

초기엔 15개 동에 1,200명을 수용할 수 있는 정도였지만 2년 만에 11개 동이 추가되어 수용 능력이 2,800명으로 늘었다. 이곳에선 대체로 1~2주간 서독 당국의 간단한 의료검진부터 신원 조사, 주민 등록 등 11개 절차를 거쳐 서독 주민으로 받아들이는 승인 수속이 진행됐다. 승인된 동독 이주민들은 서독의 각 주로 분산 이동해 주거와 구직, 정착 지원금, 당장 필요한 생필품 등의 지원을

받으며 새로운 곳에서 뿌리를 내렸다.[1]

폭증하던 난민 행렬이 멈춘 건 1961년 동독이 갑작스레 베를린 장벽을 설치하고서부터다. 당시 유일하게 열려 있던 베를린 시내 국경으로 동독의 지식인, 기술자 등 전문 인력이 대거 빠져나왔다. 동독 정부는 더 이상 이를 방치할 수 없었다. 1961년 8월 13일 밤 기습적으로 장벽을 만들었다. 이후 동베를린에서 서베를린으로 넘어가는 건 목숨을 건 일생일대의 모험이 됐다.

마리엔펠데 난민쎈티는 동독 이탈 주민이 뜸해진 이후에도 1990년 독일 통일 때까지 존속했다. 숫자는 줄었지만 동독에서 출국비자를 받고 서독으로 온 은퇴자, 동독이 추방한 정치범 등이 이곳으로 왔다. 동독 정부가 정치범을 서독으로 송환한 것은 1963년부터였다. 서독 정부는 동독 감옥에 갇힌 정치범을 넘겨받는 대신 동독 정부에 막대한 양의 마르크화를 제공했다. 동독은 골치 아픈 반체제 인사들을 돈 받고 서독으로 넘기는 걸 마다하지 않았다. 그 숫자는 1980년대 규모가 제법 늘어났다. 1989년까지 이렇게 3만 3천여 명의 동독 내 정치범이 서독으로 송환됐다. 서독 정부는 그 대가로 30억 마르크를 지불했다.

1970년대에는 서독이 폴란드와 관계를 정상화하면서 폴란드에 있던 독일계 주민들이 귀국해 이곳에 임시로 머물렀다. 1975년 체결된 헬싱키조약에 인권 규약이 들어가면서 동유럽 공산권 국가들도 명목상 거주이전의 자유를 보장해야 했다. 처음에는 더뎠지

---

1 장남주 『베를린이 역사를 기억하는 법 2』(푸른역사 2023) 93면

만 1983년이 되면 동독 당국은 서독으로의 이주를 희망하는 동독인 1만 1,130명에게 출국비자를 내줬다. 1984년 그 숫자는 3만 5천 명에 달했다. 이 시기에 온 난민들은 한창 일할 젊은 나이였다. 한동안 소강상태였던 난민 행렬은 베를린장벽이 무너진 1989년~1990년 최고조에 달해 34만여 명의 난민과 24만여 명의 이주민이 쏟아져 들어왔다. 1990년 독일 통일 이후에는 40만 명의 독일계 난민들이 소련 등 동유럽으로부터 귀국했다.

동구권에서 들어온 난민은 다양한 뿌리를 두고 있었다. 1970년대 후반에는 소련에 있던 독일계와 유대인들이 이곳으로 왔다. 그보다 훨씬 이전에는 유럽 어디에서도 제대로 대접받지 못했던 신티와 로마(집시)들이 동독으로부터 흘러들어왔다. 또 마리엔펠데는 독일인이 아니라도 공산주의 국가에서 3개월 이상 거주하다 서방으로 넘어온 사람들도 받아들였다. 동유럽 공산권 국가에 유학하다 서방으로 온 아프리카, 아랍 유학생들이 여기에 포함됐다. 1975년 베트남 패망 이후 생겨난 베트남 '보트 피플'을 1978년부터 꾸준히 받아들였다. 동독에 계약 노동자로 파견됐다 동독 붕괴로 거주권을 잃은 베트남 노동자들도 이곳으로 왔다.

마리엔펠데는 장벽길을 걸으며 두 번 찾았다. 처음 방문한 뒤 이곳에서 장벽길 걷기를 일단 중단했다. 코스를 절반 정도 걸은 상태에서 다음을 기약하기로 했다. 그런데 이런저런 일로 차일피일하다 보니 나머지 구간 걷기가 마냥 늦어졌다. 베를린을 떠나기 직전인 8월 초순에야 가까스로 이 구간을 완주했다. 두 번째 걷기는 다시 마리엔펠데에서 시작했다.

다시 찾았을 때 보니 마리엔펠데 난민센터는 간단한 곳이 아니었다. 단순히 냉전 시기 동독 탈출자들을 수용한 곳에 그치지 않았다. 독일이란 나라가 외부로부터 들어온 거의 모든 형태의 이주민을 맞는 관문과 같았다. 난민 문제에 대한 독일인의 접근 방식을 보여주는 표상이었다. 마리엔펠데의 역할은 분단 시대로 끝나지 않고 지금도 계속되고 있었다. 마리엔펠데 기념관 홈페이지는 예전 난민센터 건물들에 지금도 10개국 이상의 나라에서 폭력과 압박, 전쟁과 가난을 피해 집을 떠나온 난민들이 살고 있다고 적혔다.

마리엔펠데 기념관 건립은 시민사회의 노력으로 시작됐다. 1990년 독일 통일 뒤 더 이상 동독 난민 수용이 불필요하게 되자 센터 직원들은 남겨진 물품을 보관하기로 했다. 베를린 주의회 후원 아래 1993년 예전 기숙사 동에 조그만 전시 공간을 마련했다. 같은 해 예전의 난민들, 역사학자 등이 가세해 협회를 만들었고, 자발적 후원에 기초해 양독 간 난민 운동 역사 연구가 진행됐다. 1998년 독일 연방의회가 마리엔펠데를 국가 유적지로 지정했고 2003년 새로운 전시 공간이 문을 열었다.

마리엔펠데의 역사는 독일의 분단, 더 나아가 유럽과 세계의 정치 상황과 밀접히 연결돼 있다. 마리엔펠데는 지금도 여전히 새로운 삶을 찾는 이들을 위한 임시 거처다. 한때 비어 있던 마리엔펠데는 2010년 다시 세계 각국의 난민을 받아들였다. 이라크에서 정권으로부터 박해받던 난민들이 2010년 마리엔펠데로 왔다. 국제기구가 할당한 난민이었다. 이어 아프가니스탄, 시리아, 북코카서스 등 분쟁지역에서 집을 떠나야 했던 이들이 이곳으로 왔다. 마리엔펠데는 2010년 국제기구 관리 아래 난민과 망명자들을 위한 임시 보호소가 됐다. 2015년~2016년 시리아, 북아프리카에서 내전이 격화했을 때 많은 난민이 이곳으로 왔다. 현재에도 10개국에서 온 7백여 명이 이곳에 머물고 있다고 기념관 홈페이지는 밝혔다.

두 번째로 마리엔펠데를 찾았을 때는 주말이어서 그런지 방문객이 전혀 없었다. 혼자서 기념관 1, 2층을 여유롭게 둘러봤다. 전시 공간은 그대로인데 처음 방문 때 보지 못한 것들이 보였다. 기념관 2층에서 창밖을 보니 기념관 건물 뒤로 다른 건물들이 겹겹이 이어져 있다. 동독 난민들이 거주했던 임시 거처 건물들이다. 한 건물 앞으로 소년 두 명이 자전거를 타고 지나가고 있다. 10대 중반쯤으로 보인다. 멀리 봐서 정확하지는 않지만 무슬림 소년들인 것 같다. 이곳에서 지내고 있는 난민 가족일 것이다. 기념관과 맞닿아 있는 옆 건물 입구로는 이곳 거주민들이 드나드는 출입구가 있다. 사람들이 더러 오가는 모습이 눈에 띠었다.

처음 왔을 때는 이곳이 그저 예전 동독 난민 행렬을 맞았던 난민센터 기념관으로만 알았다. 그런데 이제 와서 보니 기념관 건물 말고도 여러 채의 건물이 이어져 있고, 지금도 그곳에 각국 난민들이 살고 있었다. 무척 새삼스러웠다. 과거 역사를 기리는 단순한 기념관이 아니라 현재의 역사와 더불어 숨 쉬고 있는 곳이었다. 기념관을 나와서 인근 거리를 거닐었다. 기념관에서 조금 떨어진 허름한 아파트 건물에 무슬림이 간간이 보였다. 거리를 지나는 이들 중에서도 유독 무슬림이 많다. 동네는 뭐랄까, 비교적 잘 산다고 하는 베를린 남쪽임에도 빈촌에 가까워 보였다. 처음 이곳 장벽길을 걸을 때 지났던 화려한 부촌, 틸케로더베그 주택가와는 전연 딴판이다. 마리엔펠데는 과거 분단의 상흔을 간직하고 있는 아련한 장소에 머물지 않았다. 지금 세계의 또 다른 고통을 보듬고 있는 연대의 상징이었다.

베를린에 오래 머물지는 않았지만 베를린은 이방인의 천국 같아 보였다. 길거리에 이주민이 넘쳐났다. 튀르키예 등 아랍, 동유럽, 인도, 중국·베트남 등 아시아까지 세계 곳곳에서 온 이주민들로 넘쳐났다. 이들의 값싼 노동력으로 독일 경제가 지탱하는 측면이 분명 있다. 하지만 이주민, 난민 문제는 독일에서도 큰 논쟁거리다. 베를린에서 지하철이나 버스를 타면 적어도 3분의 1 정도는 이주민으로 보였다. 베를린 지인들과 이야기를 해보니 3분의 1이 넘지 않냐는 게 다수였다. 베를린은 독일 내에서도 이주민이 몰리는 곳이긴 하다. 하지만 현지 독일인에게 도시에 넘쳐나는 외국 이주민들이 마냥 곱게 보이지는 않을 것 같았다.

2021년 앙겔라 메르켈 전 독일 총리가 실각한 데에는 난민 문제가 상당한 원인이 됐다. 메르켈은 시리아 내전이 한창이던 2015~2016년 난민이 유럽으로 몰려오자 난민과 망명 신청자 120만 명에게 국경을 개방했다. 메르켈의 이런 인도주의 정책은 국내외에서 큰 찬사를 받았지만 독일 내에서 극우 정당이 세를 확산하는 등 반발도 컸다. 난민 문제는 이제 유럽 정치의 주요 변수 중 하나가 됐다. 마리엔펠데는 유럽 정치에서 난제 중 하나인 난민 문제의 한복판에 자리하고 있다.

마리엔펠데에서 버스로 이동해 다시 장벽길로 들어섰다. 예전에

아사히 벚꽃길. 가운데 예전 장벽터를 따라 양쪽으로 벚나무가 심어져 있다.

아사히 벚꽃길 초입의 안내 표지석

걷다 중단했던 프리데리켄호프 장벽길이다. 널찍한 들판 옆으로 포장된 길이 나 있다. 들판에는 아직 푸른빛이 도는 곡물이 심어져 있다. 숲길이 꺾이는 곳에 조그만 광장 같은 게 있다. 벤치도 몇 개 놓여 있다. 베를린 벚꽃길 시작점이다. 베를린에는 여기저기 벚꽃길이 많다. 베를린에 처음 와서 이스트사이드 갤러리를 걷다가 강변 쪽으로 활짝 핀 벚꽃길을 보고 놀란 적이 있다. 화려한 진분홍 벚꽃이었다. 그즈음 이곳 베를린 남쪽의 벚꽃길 이야기를 들었다. 벚꽃길이 매우 화려하고 길게 이어져 있어 그맘때쯤이면 인산인해라고 했다. 정작 꽃이 피었을 때는 오지 못하고 한여름이 돼서야 이곳을 찾았다. 빽빽이 들어선 벚나무들은 잎이 무성하게 자랐다.

　벚꽃길 초입 한쪽에 둥그런 돌로 된 표지석이 있다. 돌 가운데에 네모난 철제 표지판을 새겨넣었다. 표지판에는 벚나무, 즉 사쿠라를 뜻하는 일본 한자가 새겨져 있고, 하단에는 간단한 설명이 적혀 있다. 1996년에 세워진 표지석이다. 사쿠라 표지석은 장벽길을 걸으며 너덧 군데 정도 봤다. 일본에서 보내준 벚나무를 심은 길이다. 1990년 독일 통일 뒤 일본 아사히 텔레비전이 통일을 축하하는 캠페인을 벌여 시민 성금으로 벚나무를 보내줬다. 당시 100만 유로를 모금해 9천 그루 정도를 보내왔다고 한다. 독일 통일을 축하하는 것인 만큼 주로 베를린장벽 근처에 벚꽃길을 만들었다. 베를린주 홈페이지 자료를 보니 첫 번째 벚나무는 1990년 11월 포츠담 인근 다리 글리니케브뤼케에 심어졌다. 이후 많은 벚나무가 이전 국경 지대와 공원, 공공시설에 심어졌다. 홈페이지 지도에는 베를린 시내에 모두 7곳의 벚꽃길이 있다고 돼 있다.

베를린 벚꽃길 중 이곳 텔토우와 리히터펠데 사이 벚꽃길이 가장 유명하다. 1.5km 정도로 제법 길고, 나무들도 촘촘히 심어져 있다. 꽃이 피는 계절에는 벚꽃 축제가 열리는데 마을 주민은 물론 다른 지역 사람들이 많이 찾는다고 한다. 흐드러진 진분홍 벚꽃 아래 간이 테이블에서 와인 잔을 기울이는 맛이 일품일 것 같다.

벚꽃길 표지석에서부터 벚나무들이 두 줄로 길게 이어져 있다. 벚나무들 사이로 오솔길이 나 있어 걷기 안성맞춤이다. 1996년 조성됐으니 30년 가까이 됐다. 벚나무들이 생각보다 크지는 않다. 잎사귀가 무성한 벚나무길을 걷는 기분이 무척 상쾌하다. 벚나무길 옆으로는 포장된 장벽길이 별도로 나 있다. 장벽길 다른 한쪽에는 제법 큰 자작나무들이 심어져 있다.

나란히 나 있는 두 길을 유심히 바라보다 문뜩 깨달았다. 장벽길보다 벚꽃길이 먼저 조성된 것이다. 장벽길은 1989년 베를린장벽

울창한 숲속 장벽길

이 무너지고 10년이 더 지난 2002년 조성됐다. 베를린장벽은 통일 직후 흉물로 여겨져 대부분 허물어졌다. 벚꽃길은 1990년 독일이 통일되자마자 일본 아사히 텔레비전이 모금 운동을 벌였다. 이곳 벚꽃길 조성이 마무리된 연도는 1996년으로 적혀 있다. 당연히 장벽길이 먼저 생기고 그 옆에 벚꽃길이 났을 걸로 생각했다. 그런데 실제는 반대였다. 허물어진 장벽이 방치된 사이 일본에서 보내온 벚나무가 장벽이 있던 길옆에 먼저 심어졌다. 그래서인지 벚나무길이 좀 더 자리가 잡힌 느낌이고 장벽길은 왠지 그 옆에 붙어있는 것 같다.

베를린에서 벚꽃길을 접할 때마다 일본이 부러웠다. 독일 통일을 제일 먼저 축하하고 선물을 보낼 나라는 우리가 아니었나 싶었다. 분단된 나라의 동병상련일 것이다. 하지만 어쩌랴, 일본 민간외교의 민첩함과 저력을 따라가지 못하는 것을. 유럽에 와 보면 일본의 국제적 위상이 대단하다는 걸 자주 느끼게 된다. 여기저기 유럽 도시 박물관을 가보면 중국 못지않게 일본 작품이 많다. 유럽이 일본을 통해 아시아를 접했다고 하는데, 유럽 사람들은 일본을 아주 친근하게 생각하는 듯했다. 일본 역시 유럽을 항상 시야에 두고 있음은 물론이다. 독일 통일 때 우리는 생각지도 못한 오지랖을 발휘한 기민함이 이를 증명한다.

베를린 훔볼트포럼에서 접한 중국관, 일본관, 한국관(?)의 차이를 보며 유럽 나라들이 세 나라를 어떻게 보고 있는지 간접적으로 알 수 있었다. 훔볼트포럼은 예전 프로이센 왕궁이었다가 동독 정부가 이를 허물고 인민문화궁전으로 조성했던 건물이다. 독일 통일 뒤 여러 논란 끝에 인민문화궁전을 다시 허물고 옛 왕궁 모양을 재건해 박물관으로 조성한 곳이다. 이곳 훔볼트포럼의 한국관 논란은 국내에도 제법 소개된 얘기다. 2023년 봄 이곳을 찾으니 중국관과 일본관이 각각 별도의 널찍한 공간에 많은 작품을 전시하고 있는 반면 한국관은 구석에 몇 작품이 있을 뿐이다. 한국관이라고 말하기 어려운 구조였다. 지나는 길의 한 벽면에 회화 위주 작품들이 전시돼 있다. 반면 일본관은 일본 전통의 다다미방까지 그럴듯하게 만들어 놓았다. 중국관도 작품 수가 아주 많았다.

동아시아관이라고 돼 있어서 한국관도 있겠거니 했는데 출구를 나온 뒤에서야 한국관을 보지 못했다는 걸 깨달았다. 다시 돌아가서 이리저리 찾다가 겨우 한쪽 구석에 전시된 한국 작품 몇 점을 발견했다. 분노할 것도 그렇다고 좌절할 일도 아니다. 최근 한류 등으로 우리나라가 유럽에서도 제법 관심을 받지만 유럽 사람들에 겐 여전히 아시아의 변방, 중국과 일본 사이에 끼인 작은 나라인지도 모른다. 최근 흐름과 달리 과거 역사나 유물을 놓고 보면 한국 위상은 더욱 쪼그라들 수밖에 없다. 나는 이런 우리 처지를 조금은 쿨하게 받아들이자는 쪽이다. 한국관을 왜 이리 작게 해놓았느냐고 마구 따지는 게 능사는 아니다. 점잖게, 그리고 힘 있게 따질 일은 따져야 할 것이다. 하지만 더 중요한 건 실력을 기르는 일이다. 언젠가 다른 전시관에서는 한국관이 훔볼트포럼처럼 홀대받지 않도록 문화의 깊이와 폭을 키우는 게 우선이다. 볼멘 소리로 항의하면 그저 시늉으로만 대접 해줄 뿐 제대로 대접받기 어렵다.

정부 차원 외교 못지않게 민간 역할도 중요하다. 일본이 베를린에 시민 성금으로 벚꽃길을 만들 때의 접근 방식을 곰곰이 되새겨 볼 필요가 있다. 무엇보다 우리도 약소국의 처지가 아니라 이제 선진국, 문화강국의 마인드가 필요하다. 무얼 달라고 떼쓰고 요구하는 게 아니라 동병상련하고 연대하고 베풀 줄 아는 성숙함이 필요하다. 그런 연대 의식을 바탕으로 한류 특유의 상상력과 창의성을 발휘해야 한다.

텔토우와 리히터펠데 사이 벚꽃길은 장벽길 이 코스의 끝까지 이어진다. 도중에 S반 도시철도가 가로지르는데 그 밑으로 지하보도를 뚫어 놓았다. 지하보도 근처 장벽길 표지판은 사진과 함께 벚꽃길을 소개하고 있다. 일본어로 '테레비 아사히 사쿠라 평화길'이라고 적혀 있다. 장벽이 있던 시절 철조망과 바리케이드, 감시탑 사진들과 함께 맨 아래 벚꽃길 축제 사진이 있다. 흐드러지게 핀 진분홍 벚꽃 나무 아래에서 사람들이 축제를 즐기고 있다. 벚나무 밑 간이 테이블에 앉아 있는 이도 있고, 그 옆에 피크닉 양탄자를 펼쳐놓은 이도 있다. 나무 아래로 사람들이 가득 차 있다.

이 코스의 끝인 리히터펠데알레 근처에는 비교적 널찍한 풀밭과 함께 벚나무 공원이 조성돼 있다. 벚나무들 사이로 벤치가 놓여 있고 이름 모를 풀꽃들이 피어 있다. 어린이를 위한 간이 놀이터도 있다. 공원을 알리는 사진에는 1989년 베를린장벽 붕괴 때 포크레인으로 장벽을 허무는 장면, 동네 아이들이 벚나무를 심는 모습이 담겨 있다. 큰 길가 쪽으로는 다시 그 벚꽃길 표지판이 세워져 있다. 사쿠라를 뜻하는 일본 한자가 새겨진 철제 표지판이다. 표지판 뒤로는 예전 콘크리트 장벽 두 개를 가져다 세워 놓았다. 이 코스 장벽길 종점이자 벚꽃길의 종착점이다.

마리엔펠데 난민센터 기념관	https://www.stiftung-berliner-mauer.de/de/notaufnahmelager-marienfelde
베를린 벚꽃길	https://www.berlin.de/en/tourism/insider-tips/5263242-5766508-cherry-blossoms-in-berlin.en.html
훔볼트포럼	https://www.humboldtforum.org/de/

9
장벽길에 묻힌 빌리 브란트
: 리히터펠데쥐트~그리브니츠제

청명한 6월 하순의 일요일 오후다. 베를린 집에서 이른 점심을 먹고 길을 나섰다. 리히터펠데쥐트~그리브니츠제 코스는 베를린 장벽길 남쪽 구간의 마지막 코스다. 남쪽 세 개 코스 중 15km로 가장 길다. 물길을 따라가는 길이 많다. 베를린 남쪽 끝단 가운데쯤에서 서쪽 끝을 향하는 길이다. 집이 베를린 남서쪽인 만큼 오가기는 비교적 수월했다.

장벽길 걷기에 앞서 리히터펠데 강제노동수용소를 먼저 찾았다. 이 코스의 시작점과는 조금 떨어져 있다. 장벽길 사이트는 이곳을 먼저 들러볼 것을 권했다. 집에서 버스로 30분 정도 걸렸다. 버스에서 내려 조금 걸으니 제법 큰 물길이 나온다. 텔토우 운하다. 폭이 아주 넓지는 않지만 수량이 풍부하다. 텔토우 운하는 이미 예전 장벽길을 걸을 때 마주쳤다. 슈프레강에서 이어져 나온 텔토우 운하는 브릿츠 항구에서 두 갈래로 나뉜다. 한 갈래는 남동쪽으로 흘러 내려가고, 다른 갈래는 남서쪽으로 비스듬히 흐른다. 남동쪽 갈래는 바르샤우

리히터펠데 강제노동수용소 터에 세워진 '죄수의 기둥' 추모비

어슈트라세~쇠네바이데~쇠네펠트 장벽길을 따라 흐른다. 남서쪽 갈래는 베를린 남쪽으로 이어지다 이곳 리히터펠데에서 장벽길과 만난다.

 비스마러슈트라세를 따라 걷다 운하 위로 놓인 다리를 건넜다. 짙푸른 물길 양쪽으로 수풀이 빼곡하다. 다리 건너 오른쪽 공터에 조그만 추모 공간이 있다. 공터 한가운데에 길쭉한 모양의 돌 조형물이 세워져 있다. 2m 남짓한 높이다. 그 조형물 허리춤에는 녹슨 쇠사슬이 묶어져 있다. 이른바 '죄수의 기둥'이다. 강제노동수용소에 갇혀 고초를 겪은 이들을 기린다는 걸 금방 알 수 있다. 예전 강제노동수용소 건물은 찾아볼 수 없다. 수용소 건물 자리에는 공장으로 보이는 건물이 들어서 있다. '죄수의 기둥' 조형물만이 이곳에

강제노동수용소가 있었다는 걸 알려준다.

'죄수의 기둥' 옆 안내판을 보니 리히터펠데 강제노동수용소는 베를린 북쪽 작센하우젠 강제수용소의 위성 수용소로 만들어졌다. 베를린 일대에는 이런 위성 수용소가 80여 곳에 달했다고 적혀 있다. 리히터펠데 수용소는 1942년 6월부터 1945년 4월까지 존속했다. 독일은 물론 소련, 폴란드, 벨기에, 프랑스, 네덜란드, 노르웨이, 그리스, 룩셈부르크, 체코슬로바키아에서 온 1500여 명의 수감자들이 수용됐다. 이들은 40개가 넘는 나치 친위대(SS) 사무실에서 노역했다. 베를린 시내의 나치 관리들 집에서도 일해야 했다. 주로 청소나 건축 일을 했고 연합군 공습 이후 잔해를 치우는 일도 했다. 또 전시 기업에서 강제노동을 하기도 했다. 수감자들은 탈출을 시도하거나 물건을 훔쳤다는 이유만으로 교수형을 당하기도 했다. 리히터펠데 수용소는 나치 패망 이후 한때 미군이 전쟁포로 수용시설로 사용하기도 했다. 1950년 철거된 뒤 공장 용도 등으로 사용되고 있다. 해마다 5월이면 '죄수의 기둥' 앞에서 리히터펠데 수감자들의 고난을 기리는 추모 행사가 열린다. 이 행사에는 당시 수감자 중 생존자가 참여하기도 한다.

텔토우 운하를 따라 걷는 장벽길은 전형적인 자전거 길이었다. 걷는 사람이 더러 있지만 대부분 자전거를 타고 지나간다. 무리 지어 지나는 자전거들 때문에 때때로 걷기가 어려울 지경이다. 울창한 수풀 사이로 난 좁은 시멘트 길이다. 나무가 울창해 한낮인데도 선글라스가 필요 없을 정도다. 속도를 제법 내는 자전거들을 위해 가끔 비켜서야 했다. 장벽길은 자전거와 도보 이용자 모두를 위

텔토우 운하 장벽길의 벤치

텔토우 운하 장벽길. 시멘트 포장이 돼있어 자전거 타는 이들이 많았다.

해 대부분 시멘트 포장이 돼 있다. 이 중 몇몇 코스는 자전거 타기에 특화된 구간이 있는 듯했다. 이 코스도 여기에 해당한다. 반대로 숲이 우거지고 길이 비좁아 자전거 타기 어려운 구간도 제법 많다. 비좁은 길에 나무뿌리가 뻗어 나와 시멘트 포장이 갈라져 있는 길도 많다. 자전거로 장벽길을 탐방하려면 그에 적합한 코스를 찾는 게 좋다. 길 상태가 제각각이어서 자전거로 모든 장벽길 코스를 완주하기는 쉽지 않다.

물가를 따라 걷는 길이 나오면서 장벽길이 제법 넓어지고 운치 있다. 물가 쪽에 벤치 하나가 호젓하게 놓여 있다. 벤치에 앉아 유유히 흐르는 물을 바라보니 마음이 평온해진다. 이 벤치 역시 철학의 나라답게 사색하기 안성맞춤이다. 물은 잔잔하기 그지없다. 운하 위로 조그만 배가 가끔 지나간다. 남자 서넛이 탄 제법 큰 모터보트가 속도를 내며 지나가기도 한다. 길옆으로는 운하를 헤엄쳐 건너 서베를린으로 가려다 희생당한 동독 젊은이들을 기리는 추모비가 두 개 있다. 한 명은 단독으로, 다른 곳에선 두 명이 함께 운하를 건너려다 총탄에 희생됐다.

크네세베그브뤼케를 건너 물가 길을 조금 걷다 보면 젤렌도르프 쪽으로 가는 길이 나온다. 젤렌도르프 길은 처음에는 풀과 나무가 무성한 수로를 따라 걷는데 옆쪽 숲 너머로는 큰 주택들이 듬성듬성 보인다. 휴일 나들이 나온 가족이나 연인들이 제법 많다. 주택가로 들어서니 전형적인 타운하우스형 주택가다. 2층 건물로 두 집이 붙어 있거나 한 채만 있는 집들이 길을 따라 죽 늘어서 있다. 젤렌도르프 공원묘지 쪽으로 들어가는 카를마르크스슈트라세 삼거리에는 장벽 조형물이 놓여 있다. 길쭉한 입석 안내판은 이곳이 베를린장벽이 있던 자리라는 걸 알린다. 그 뒤로 세워진 갈색 철제 조형물은 이 지역에서 장벽을 넘으려다 숨진 4명의 희생자를 기리고 있다. 추모비 앞에 놓인 꽃다발들이 아름답다.

장벽길은 젤렌도르프 공원묘지 바깥 경계를 따라 직선으로 이어진다. 숲속 오솔길 양쪽으로 아담하고 깔끔한 주택들이 들어서 있다. 길가 큰 나무 밑으로 옥색 벤치가 하나 놓여 있다. 언뜻 보아도 앉고 싶어지는 벤치다. 거기 앉아 있으면 머리가 맑아지고 마음이 평화로워질 것 같다. 독일 사람들은 숲속 벤치 만드는 기술이 정말 탁월하다.

젤렌도르프 공원묘지를 들르기 위해 장벽길을 벗어나 정문 쪽으로 향했다. 공원묘지 남쪽 경계가 장벽길이니 사실상 묘지와 장벽길이 붙어 있는 셈이다. 베를린 남서쪽 끝자락의 이 공원묘지에는 빌리 브란트가 묻혀 있다. 5년 동안 서독 총리로 재임한 빌리 브란트는 동방정책으로 동, 서독 화해를 이뤄냄으로써 독일 통일의 초석을 다진 이다. 브란트 묘지를 수소문하다 내가 걷고 있는 베를린장벽길 바로 옆 공원묘지에 그가 묻혀 있다는 걸 알고 신기했다. 동, 서독 분단 극복을 위해 평생을 바친 브란트가 사후 베를린장벽길에 묻힌 건 어쩌면 당연한 일인지도 모른다.

일요일인 탓에 공원묘지 정문은 닫혀 있었다. 낭패라고 생각하고 돌아서려는데 한쪽으로 난 쪽문으로 노인 한 분이 들어산다. 휴일을 맞아 산책 나온 것 같았다. 그러고 보니 동네 주민이나 가족 단위 참배객 같은 이들이 쪽문으로 간혹 드나든다. 공원묘지 안으로 들어가니 무척 광활하고 수려하다. 묘지라기보다는 잘 가꾼 공원 같았다. 정문에서 양쪽으로 빙 둘러 큰길이 나 있고 그 사이사이로 오솔길들이 여럿 이어진다. 그 오솔길 사이로 제각각 모양의 비석들이 망자를 기리고 있다. 나무와 꽃들이 비석과 오솔길 사이로 촘촘히 들어차 있다. 처음에는 브란트 묘지를 찾는 게 그다지 어렵지 않을 거라 생각했다. 일국의 총리였고 이곳 서베를린 시장이기도 했다. 공원묘지의 정중앙 어딘가 눈에 띄는 곳에 그의 묘지가 있을 것으로 생각했다. 큰길을 따라 죽 올라가 보았다. 공원묘지가 워낙 크다 보니 한번 둘러보기도 쉽지 않다. 길 사이사이로 이런저런 형태의 묘비석을 보는 재미도 쏠쏠하다. 공원묘지 중앙의 끝 정도에 도착한 것 같은데 브란트 묘지는 행방이 묘연하다. 이런 식으론 도무지 찾을 수 없을 것 같았다.

저쪽에서 할머니 한 분이 다가왔다. 누군가의 묘지를 다듬고 돌

젤렌도르프 공원묘지에 있는 빌리 브란트 묘

베를린 브란트하우스에 있는 빌리 브란트 조각상

아가는 길인 것 같다. 손에 든 그릇에 풀잎 조각들이 담겨 있다. 그분에게 영어로 빌리 브란트 묘지가 어디냐고 물었지만 알아듣지 못한다. 빌리 브란트라고 몇 번을 되풀이했는데도 알아듣는 기색이 없다. 그러던 중 할머니가 한동안 생각하더니 저만치 길가에 세워진 조그만 흰색 표지판을 가리킨다. 다가가서 보니 작은 표지판에는 빌리 브란트라고만 쓰인 화살표가 있다. 가리키는 쪽으로 길을 가다 큰길의 왼쪽, 삼거리 비슷한 곳에 브란트 묘지가 단출하게 놓여 있다. 공원묘지의 정중앙이나 눈에 띠는 곳이라고 하기는 어렵다. 그렇다고 아주 외진 곳도 아니다. 다른 사람들보다는 좀 더 넓은 공간이다. 또 주변에 작은 관목들이 둘러쳐져 있고 단독으로 묘비석이 서 있기는 하지만 눈에 띠거나 웅장하지는 않다. 묘비석에는 그냥 'WILLY BRANDT'라고만 새겨져 있다. 흔히 적는 출생과 사망 일시도 없다. 공원묘지의 조금 어슷한 곳, 그렇다고 아주 외진 곳은 아니지만 큰길과 오솔길 사이 적당한 곳에 묘비석이 자리하고 있다. 큰길 쪽에서 묘비를 바라보는 방향으로 빨간 벤치가 하나 있다. 그 벤치에서 바라보면 촘촘한 관목 틈새로 브란트의 묘비석이 살짝 보인다. 한동안 그 벤치에 앉아 브란트를 생각했다.

관목으로 둘러싸인 브란트 묘지 바로 뒤쪽으로 돌아가 보니 뜻밖에도 묘비석이 하나 서 있다. 직사각형 비석에는 'ERNST REUTER'라고 적혀 있다. 바로 밑에 좀 작은 글씨로 'HANNA REUTER'라 적혀 있다. 에른스트 로이터 부부의 묘지다. 에른스트 로이터는 독일 분단 뒤인 1948년부터 서베를린 시장이었고, 그 시절 빌리 브란트는 그의 보좌관이었다. 로이터는 브란트의 정치적 대부이자 후견인이었다.[1] 둘은 공통점이 많았다. 사민당원이었던 로이터는 1차대전 때 러시아에 포로로 끌려가 러시아 내 독일인 볼셰비키 조직의 지도부에 올랐고 독일 제국의회 의원이던 1932년에는 나치를 피해 튀르키예로 망명했다 돌아왔다. 브란트가 히틀러 패전 후 노르웨이 국적으로 귀국해 이런저런 어려움을 겪을 때 그를 이끌어준 이가 로이터였다.

로이터는 서베를린 시장 시절 뛰어난 리더십을 발휘했다. 특히 소련이 미국·영국·프랑스 3국의 서베를린 분할점령 통치를 끝장내려고 서베를린을 봉쇄했던 1948년부터 1949년까지 1년 동안 '자유 베를린'의 대표주자로서 서방 세계에 이름을 알렸다. 서베를린 봉쇄 직후 로이터는 소련의 조처를 규탄하고 이에 맞서 베를린 시민들의 자유와 안녕을 위해 싸울 것을 다짐했다. 그가 베를린 옛

---

1 그레고어 쇨겐, 김현성 옮김 『빌리 브란트』(빗살무늬 2003) 110면

제국의회 앞 광장에서 연설할 때는 수십만의 시민이 운집했다고 한다. 브란트는 정치 입문 초기부터 로이터와 함께 독일 분단의 가장 첨예한 현장인 베를린에서 그 고통을 온몸으로 느끼며 자신만의 비전을 키워갔다.

로이터가 이곳 젤렌도르프 공원묘지에 묻힌 건 1953년 9월이었다. 서베를린 시장으로 한창 일하던 중 심장마비로 급사했다. 그의 나이 64살 때 일이다. 베를린 시민들은 그의 죽음을 슬퍼하며 창문에 애도의 촛불을 밝혔다. 브란트가 젤렌도르프 묘지에 묻힌 건 그로부터 39년 뒤인 1992년 10월이었다. 40여년 만의 재회였던 셈이다. 젤렌도르프 공원묘지는 베를린시 당국이 1945년 기존의 소나무 숲을 이용해 조성했다. 프로이센 시절부터 있었던 시내의 다른 묘지들에 비하면 연식이 짧지만 면적은 11만4천여 평으로 가장 넓다. 베를린 시의회는 로이터가 급사하자 이곳에 명예의 묘지를 만들어 그를 묻기로 의결했다. 로이터를 비롯해 44명의 정치, 문화계 유명 인사들이 이곳에 묻혀 있다. 서베를린 시장을 지낸 브란트가 이 묘지에, 그것도 정치적 스승이었던 로이터 옆에 묻히는 건 어찌 보면 당연한 일이었다.

브란트는 1957년 서베를린 시장에 당선됐다. 그의 나이 44살 때다. 1966년 기민련과 사민당의 대연정으로 외무장관이 돼 본의 연방 청사로 옮길 때까지 9년 동안 서베를린 시장직을 유지했다. 브란트는 시장 시절 사민당의 간판으로 떠올랐다. 정치인으로서 데뷔 무대였던 1960년 사민당 전당대회에서 경선을 통해 일약 차기 총리 후보자로 선출됐다. 노쇠한 콘라드 아데나워 총리를 위협하는 젊은 대항마였다. 브란트가 보인 지도자로서의 능력과 비전, 성과는 대부분 서베를린 시장 시절로부터 비롯된 것이라 해도 과언은 아니다. 동서 냉전 와중에 강력한 자유와 인권의 수호자로서, 또 그 대립을 극복하기 위한 점진적 평화주의, 이른바 '작은 걸음 정책'의 주창자이자 실행자로서 성가를 높여 갔다.

1961년 8월 동독의 기습적인 베를린장벽 설치 당시 브란트는 특유의 기민함과 결연함을 보여줬다. 총선 선거운동을 벌이던 와중에 소식을 들은 브란트는 밤새워 베를린으로 달려왔다. 베를린의 연합국 사령부를 방문하고 존 에프 케네디 미국 대통령에게 미군 수비 병력을 강화해달라는 편지를 직접 보냈다. 쇠네베르크 시청 앞에서 즉흥 연설을 통해 격분한 20여만 명의 시민을 달랬다. 장벽 설치를 비판하고 미·영·프 연합국의 강력한 대응을 촉구하는 내용이었다. 반면 아데나워 총리는 베를린을 즉각 찾지 않은 채 선거운동을 계속해 언론으로부터 거센 질타를 받았다. 케네디 대통령은 브란트 편지에 응답해 사흘 뒤 린든 존슨 부통령과 함께 1500명의 미군 전투병을 서베를린으로 보냈다. 브란트의 참모이자 친구였던 에곤 바는 회고록 『빌리 브란트를 기억하다』에서 이때를 회상하며 "브란트는 궁지에 몰린다고 느끼면 느낄수록 단호한 용기가 솟아나는 사람이었다"고 적었다.[2]

그로부터 2년 뒤인 1963년 케네디 미국 대통령의 서베를린 방문 때 브란트는 "독일의 케네디"로서 성가를 높였다. 당시 케네디

---

2 에곤 바, 박경서·오영옥 옮김 『빌리 브란트를 기억하다』(북로그컴퍼니 2014) 39면

대통령, 아데나워 총리, 브란트 시장이 함께 카퍼레이드를 벌이는 장면은 유명하다. 노년의 아데나워는 왠지 힘이 없어 보이고 무덤덤해 보이는 반면 케네디와 브란트는 잘 어울리는 짝으로 비쳤다. 당시 케네디는 46살, 브란트는 50살이었다. 실제로 쿠바 미사일 사태 이후 케네디는 소련과 데탕트를 추진하고 있었지만 아데나워는 대소 강경 정책을 고수하고 있었다. 브란트는 서베를린 시장으로서 동독의 베를린장벽 설치를 강력히 비판했지만 베를린 시민의 안녕과 자유를 위해 동독, 소련과의 협상에 적극적이었다.

케네디가 당시 연설한 쇠네베르크 시청사에는 그를 기리는 청동 동판이 새겨져 있다. 청사 앞 광장은 존 에프 케네디 광장으로 명명됐다. "나는 베를린 시민입니다"라는 말로 유명한 케네디 연설 당시 이 광장에는 수십만 명이 운집했다고 한다. 시청 앞 도로는 물론 건너편 보도까지 인파가 꽉 찼을 것이다. 시청 정문 옆쪽 벽면에 있는 추모 동판에는 케네디 얼굴 부조와 함께 그의 죽음을 슬퍼하고 경의를 표하는 문구가 적혀 있다. 케네디는 베를린을 찾은 지 불과 5개월 뒤 미국에서 암살됐다.

베를린시장 시절 브란트의 대표 정책으로는 통행증 협정과 잘츠키터 중앙법무기록보관소를 들 수 있다. 전자가 장벽으로 인한 베를린 시민의 고통을 해소하기 위한 현실적 대응의 성격을 띤다면 후자는 베를린장벽으로 고통받은 이들의 인권침해에 대한 강경 대응책이다. 잘츠키터 기록보관소는 동독의 장벽 설치 직후 브란트의 호소에 따라 연방정부 차원에서 설립됐다. 동독 공산 정권의 폭력 행위와 인권침해 행위를 조사해 기록한 뒤 언젠가 형사소추를 하기 위한 것이었다. 베를린장벽과 동, 서독 국경지대에서 일어난 동독 군인의 사살 등 범죄행위는 물론 동독 내 정치범에 대한 인권탄압 행위도 기록했다. 나중에 동독과 일정 부분 관계 개선이 이뤄진 뒤 이 기록보관소를 두고는 냉전의 산물이란 이유 등으로 폐지 논란이 일기도 했다. 독일 통일 당시 총리였던 헬무트 콜은 회고록 『나는 조국의 통일을 원했다』에서 사민당이 이 기록보관소 예산을 중단해 사실상 활동을 불가능하게 한 것을 두고 "서독 역사에서 가장 수치스러운 부분의 하나"라고 맹비난했다.[3]

동, 서베를린 간의 통행증 협정은 1963년 12월 타결됐다. 이 협정으로 1961년 장벽 설치 이후 막혔던 동, 서베를린 간의 왕래가 제한적으로 허용됐다. 서베를린 시민들이 동독 정부가 발행한 통행증을 받아 하루 일정으로 동베를린을 방문해 일가친척들을 만나고 돌아오는 식이었다. 내용은 간단하지만 분단 이후 첫 상호 방문이란 물꼬를 떼기까지는 우여곡절이 많았다. 협상은 서베를린과 동베를린이 아닌 서베를린과 동독 정부 사이에 진행됐다. 동독의 요구에 따른 것이었다. 서독과 국제사회로부터 대표성을 인정받는 한편, 서독 정부로부터 서베를린의 위상을 떼어내려는 노림수였다. 브란트는 동독 정부와 협상을 벌이는 일방 서독 연방정부와도 의견을 조율해야 하는 험난한 과정을 거쳤다. 어쨌든 통행증 협정이 타결돼 동, 서베를린 간 왕래가 이뤄지면서 브란트의 인기는 크게 치솟았다. 통행증 협정은 브란트와 에곤 바로부터 시작된 독일의

---

3 헬무트 콜, 김주일 옮김『나는 조국의 통일을 원했다』(해냄 1998) 29면

긴장 완화 정책, 즉 동방정책의 시작이었다. 에곤 바는 회고록에서 "베를린장벽은 독일의 긴장 완화 정책을 야기시켰고, 이를 토대로 두 독일은 4개 승전국의 객체에서 주권을 가진 주체가 됐다. 긴장 완화 정책 없이 독일 통일은 이뤄지지 못했을 것"이라고 적었다.[4]

내가 베를린에 간 건 독일 통일을 공부하기 위해서였다. 우연찮게 베를린장벽길을 걸은 것도 독일 분단 현장을 직접 목격하고 느끼기 위해서였다. 베를린에 머무는 동안, 또 장벽길을 걷는 내내 내가 붙잡고 있던 화두는 독일은 30년도 전에 통일을 이뤄냈는데 우리는 왜 지난 30년 동안 철저히 실패했는지였다.

나는 그것이 우리 정치의 실패, 무능에서 비롯됐다고 생각한다. 우리에게는 역사의 고비마다 나라 운명을 개척할 리더십이 미약했다. 지난 30년도 마찬가지다. 나라의 총체적 리더십이 제각각으로 찢기고 근시안인 탓에 남북은 통일은커녕 점점 더 멀어졌다. 반대로 독일 통일은 독일 정치의 승리였다. 독일은 어느 정권이든, 어떤 지도자이건 시대의 요구에 따라 묵묵히 미래를 개척했다. 이념과 진영을 떠나 조국의 앞날을 개척하기 위해 지혜를 모으고 제각각 위치에서 이어달리기를 했다. 꼭 통일을 목표로 하진 않았지만 결과적으로 역사의 방향이 통일로 이어졌다.

독일 통일 여정에서 빌리 브란트는 중심적 위치에 있다. 그가 독일 통일의 모든 것은 아니지만 그가 없었다면 독일 통일은 훨씬 불투명해졌을 것이다. 브란트는 동방정책을 통해 통일의 발화점을

---

4 에곤 바, 앞의 책 51면

만들었다. 독일 통일 열차가 나아갈 레일을 깔았다. 그를 전후한 지도자들 역시 제 몫을 다했다. 서독의 초대 총리 콘라드 아데나워는 이른바 서방정책으로 유럽·미국과 결속을 강화하고 경제를 재건함으로써 말 그대로 통일의 초석을 다졌다. 브란트의 뒤를 이은 사민당의 헬무트 슈미트 총리는 절제된 동방정책으로 통일의 길을 다졌다. 기민련의 헬무트 콜 총리는 아데나워를 계승하면서도 브란트의 동방정책을 큰 틀에서 이어받은 뒤 역사의 창이 열렸을 때 강력하고 기민한 리더십으로 통일을 성취했다.

독일 통일과 관련해 흔히 간과되는 점은 독일 통일에서는 무슨 플랜이 없었다는 점이다. 흔히들 통일에 이르기까지 브란트나 콜 같은 지도자들이 대단한 통일 플랜을 세웠을 것으로 생각할 수 있다. 서독은 적어도 1989년 베를린장벽 붕괴 전까지만 해도 통일이라는 대명제를 잊진 않았지만 구체적인 도상 목표를 세우진 않았다. 장벽으로 인한 고통 해소와 인권 보호, 동서독 평화, 유럽 차원의 안전보장과 통합을 향해 한 걸음씩 나아갔을 뿐이다. 그렇게 뚜벅뚜벅 걷다 보니 통일이라는 역사의 선물이 주어졌다. 쉽게 말해 독일에서는 우리의 '한민족 공동체 통일방안' '비핵 개방 3000' '통일 대박'과 같은 적극적인 통일지향 정책이 없었다. 에곤 바는 독일 통일 13년 뒤인 2013년에 쓴 회고록에서 "오늘날 믿을 수 없는 일로 받아들여지는 것이 있다. 독일 통일이라는 목표를 위해 구체적인 구상을 한 적이 없었다는 점이다"라고 적었다.[5]

---

5 에곤 바, 앞의 책 71면

다만 먼 미래의 일로 치부했지만 서독이 통일을 포기한 것은 결코 아니었다. 독일 통일, 다른 말로는 독일 민족의 자결권은 어떤 형태로든 그 명맥을 유지했다. 특히 아데나워 이후 기민련을 중심으로 한 보수 정당은 기회 있을 때마다 이 문제를 제기했다. 브란트와 에곤 바는 이 문제에 대해 '현상 인정을 통한 현상 극복'이라는 특유의 방식으로 접근했다. 현상을 변경하려 들면, 다시 말해 독일 통일을 하려고 달려들면 소련, 동독, 동유럽 국가들로부터 배척당하면서 오히려 현상을 고착시키는 결과를 낳는 만큼 현실을 인정하면서 점진적으로 나아가면 언젠가 현실을 변화시킬 수 있다는 게 브란트와 에곤 바의 생각이었다. 에곤 바는 일찌감치 1963년 그 유명한 투칭 연설에서 이를 정식화했다. 에곤 바가 당시 제시한 명제는 지금 봐도 인사이트가 넘친다.

예를 들면 '미국의 평화 전략은 공산주의 통치를 제거하지 않고 변화시키는 것이다. 미국이 시도하는 동서 관계의 변화는 현상을 인정하면서 현상을 극복하는 것이다' '미국의 평화 전략을 독일에 적용하면 전부 아니면 전무 정책을 버리는 것이다' '통일은 역사적인 어느 날, 한 번의 결정으로 실현되는 일회성 행동이 아니라 많은 조치와 단계를 거치는 과정이다' 등이다.[6] 에곤 바는 회고록에서 이렇게 표현했다. "현상의 변경이라는 우리의 요구는 우리의 의도와는 반대로 현상 고정이라는 선택지를 낳고 만다. 거기서 나오는 결론은, 현상을 극복하겠다는 우리의 이해를 관철하기 위해서는 현상

---

6 김영희 『베를린장벽의 서사』(창비 2016) 54~55면

의 일부 요소를 받아들이는 것이 훨씬 효과적이라는 것이다."

브란트는 1969년 집권한 뒤 통일 문제는 일단 동결하고 동독, 소련은 물론 동유럽 국가들과 관계를 개선하는 데 집중했다. 그렇다고 통일을 명시적으로 포기하진 않았다. 브란트 동방정책의 첫 단추에 해당하는 1970년 독-소 모스크바 조약 체결 때 이 문제를 절묘하게 해결했다. 양국 간 무력 불사용, 현재 국경선 인정 등의 본 조약과 별개로 독일의 자결권이 이 조약과 모순되지 않는다는 이른바 '에곤 바 서한'을 부속 문서로 채택했다. 이후 동, 서독 기본 조약 체결 때도 동독 쪽에 '독일 통일에 대한 서한'을 건네는 형식으로 타협점을 찾았다. 물론 본 조약은 두 나라의 독립, 자치, 영토 보존, 자결권 등을 존중한다고 규정함으로써 분단 현실, 다시 말해 동독의 실체를 명확히 인정했다.

브란트의 이런 접근은 당시 야당인 기민련의 요구를 반영한 측면이 있다. 또 이렇게 함으로써 정권이 바뀌어도 동방정책의 틀이 유지될 수 있었다. 1982년 집권한 헬무트 콜은 회고록에서 동서독 정책과 관련해 "전임자의 정책과 비교할 때 연속성과 변화 두 가지를 다 지닌 것이었다"고 적었다. 연속성으로 언급한 건 브란트와 슈미트가 많은 업적을 이뤄낸 인도적 지원이었고, 변화된 것은 야당 시절 고수해 온 통일 의지에 대한 강조라고 적었다.[7] 에곤 바는 회고록에서 브란트의 승인 아래 유지됐던 자신과 소련과의 비밀 채널에 대해 언급했다. 그 채널은 슈미트에 이어 콜 총리에게도 계

---

7 헬무트 콜, 앞의 책 28면

승됐다. 에곤 바는 콜 집권 직후 크렘린 채널의 존재를 알렸고 콜은 하룻밤을 생각한 뒤 에곤 바에게 전화해 계속 일을 하라고 허가했다. 에곤 바는 모스크바에서 온 사람들을 콜의 비서실장에게 인계한 뒤 브란트에게 이렇게 말했다. "우리의 동방정책은 아무 염려 없습니다."[8]

콜은 회고록에서 브란트에 대한 깊은 신뢰를 표명했다. 애초 브란트와 정치적으로 거리가 멀었지만 베를린장벽 붕괴 이후 통일 문제에 대한 의견이 점점 근접했다고 썼다. 콜은 "인간적인 면에서 헬무트 슈미트보다 브란트와 훨씬 가까웠다"고 적었다. 브란트가 죽기 직전 웅켈의 자택에서 만날 때 브란트는 자기가 죽으면 장례식과 관련된 모든 문제를 콜이 맡아주었으면 좋겠다고 했다. 콜은 "죽음을 앞둔 이 위대한 인물이 그날 창가 등받이 의자에 어떤 모습으로 앉아 있었는지 지금도 눈에 선하다"고 적었다.[9] 브란트와 콜의 이런 관계야말로 통일을 이끈 독일 정치의 저력을 보여주는 한 단면이다.

브란트는 독일 통일 2년 뒤인 1992년 10월8일 라인 강변의 웅켈 자택에서 사망했다. 베를린 시민들은 10월16일 쇠네베르크 옛 시청 청사에 마련된 빈소에서 그와 작별했다. 브란트의 장례식은 다음날인 10월17일 베를린 제국의회 건물에서 국장으로 치러졌다. 브란트는 그의 귀감이자 선배였던 에른스트 로이터 묘지 바로

---

8 에곤 바, 앞의 책 112면
9 헬무트 콜, 앞의 책 103면

옆에서 마지막 안식을 찾았다.[10]

 독일 통일을 두고는 소련 지도자 고르바초프의 개혁개방, 동유럽 민주화 등 여러 요인을 말하지만 당사자인 동독 인민들의 봉기를 빼놓고 설명할 수 없다. 동독인들은 민주화 시위로 공산정권을 무너뜨린 뒤 자유선거를 통해 서독으로의 흡수통일을 택했다. 독일 통일의 주역은 뭐라 해도 나라의 앞길을 스스로 개척한 동독인들이다. 동독인들이 그렇게 결정하기까지는 서독이 오랜 세월 교류와 협력을 유지하며 동독인들에게 다가간 게 한몫했다. 브란트의 동방정책은 동독인들과 눈높이를 맞추는 시작점이었다. 브란트는 1970년 3월 첫 동서독 정상회담을 위해 동독의 국경 소도시 에르푸르트를 방문했다. 회담 자체는 양 정상의 첫 만남에 의미를 두는 정도였지만 당시 브란트를 환영하는 동독 주민들의 태도는 각별했다. 통제되지 않은 동독 주민 수천 명이 브란트가 머물던 중앙역 광장의 에르푸르트호프 호텔로 몰려와 "빌리"를 연호했다. 브란트의 참모들은 호텔 앞 군중을 보고서 방안에서 서로 부둥켜안고 조용히 눈물을 흘렸다고 한다. 브란트는 잠시 주저하다 창가로 나와 미소를 띤 채 한 손을 들어 보이며 고개를 끄덕였고 군중들의 환호는 하늘을 찔렀다. 그러나 브란트는 곧 두 손을 낮게 펼쳐 환호를 잠재우며 자제를 부탁했다. 브란트와 동독 주민들은 서로의 마음을 충분히 이해했고, 다시 안정과 고요가 찾아왔다.[11] 독일 통

---

10   그레고어 쵤겐, 앞의 책 338면
11   이동기, "빌리 브란트 민주사회주의와 평화의 정치가"『역사비평』통권 102호(2013년 봄) 232면

일 여정의 한 이정표로 기억되는 장면이다.

에르푸르트는 중세 모습을 간직한 아담하고 깔끔한 도시였다. 베를린에 머무는 동안 나는 장벽길을 걷는 한편 독일 내 다른 도시들도 틈틈이 둘러봤다. 브란트가 머물렀던 당시 에르푸르트호프 호텔 건물은 지금은 상가로 쓰이고 있었다. 브란트가 시민들에게 손을 흔들었던 2층 창문은 지금도 그대로 보존돼 있다. 건물 옥상에는 '빌리 브란트의 창'이라고 쓰인 커다란 글자 간판이 세워져 있다. 건물 1층 입구에는 브란트를 기리는 현판이 있다. 현판에는 "함께 속했던 것이 이제 함께 자라기 시작했다"는 브란트의 말이 적혀 있다. 이 말은 1989년 베를린장벽 붕괴 직후 베를린 시청 앞 광장 기념집회에서 브란트가 한 말이다.

브란트의 에르푸르트 방문이 독일 통일 여정의 시작이라면 콜의 드레스덴 방문은 통일의 결정적 분수령이었다. 콜은 베를린장벽 붕괴 직후인 1989년 12월 동독 총리와 회담하기 위해 드레스덴을 방문했다. 콜은 회고록에서 "트랩을 내리는 순간 나는 '동독 정권은 끝이구나, 통일은 온다'는 것을 직감하게 되었다. 공항에는 수천명의 시민들로 꽉 차 있었다. 흑, 적, 황 3색의 서독 국기가 바다를 이루고 있었다"고 적었다.

당시 드레스덴 프라우엔 교회에서 열린 집회에서 콜의 연설을 듣기 위해 모인 동독 주민들은 "독일, 독일!" "헬무트, 헬무트"를 외쳤는데, 이는 콜에게 결정적 체험이 됐다.[12]

---

12 이동기 『비밀과 역설』(아카넷 2020) 193면

그 즈음 콜이 제시한 독일 통일을 위한 10개 항 프로그램, 이후의 동서독 화폐 일대일 교환 조처 등으로 통일은 급물살을 탔다. 베를린장벽 붕괴 직후만 해도 서독이나 동독 양쪽 모두 다음 해인 1990년 통일이 곧바로 이뤄지리라고 본 사람은 많지 않았다. 심지어 콜조차 10개 항 발표 이후 "통일은 3년이나 4년 후 여하튼 유럽 공동 시장이 완성된 후에야 올 것으로 믿고 있었다"고 회고록에 적었다.[13] 하지만 1990년 동독 총선에서 서독과의 흡수통일을 지지하는 동독인들의 의사가 확인된 데 이어 콜이 고르비초프의 동의, 미국·프랑스 등의 지지를 끌어내면서 독일 통일은 급격히 성사됐다.

독일 통일은 직접적으로 기획됐다기보다 오랜 과정을 거친 끝에 여러 요인이 맞아떨어지면서 나온 결과라고 할 수 있다. 이런 과정을 도외시한 채 결과만을 보고 남북통일에 접근하는 건 오히려 큰 해악이 될 수 있다. 독일도 저렇게 했으니 우리도 교류협력이든 압박이든 무언가 해서 북한 체제를 변화시키면 곧바로 통일이 될 것이란 순진한 발상이야말로 지난 30년의 실패 요인이다. 독일 통일의 오랜 과정을 보지 못하고 결과만 보는 오류를 범하는 것이다. 독일 통일에서 가장 배우지 말아야 할 것은 북한 체제를 변화시키면 곧 통일이 올 것이라는 근거 없는 믿음이다. 또 대내외적 환경이 악화하면 북한이 동독처럼 저절로 붕괴할 것이란 것도 장밋빛 억측에 불과하다. 브란트의 동방정책은 통일을 목표로 하지 않고 동독과 공존을 추진했다. 그 과정에서 우연히 역사의 창이 열려 통일을

---

13 헬무트 콜, 앞의 책 128면

성취했다. 동서독 간 평화정치와 협력관계의 제도화에 기초한 분단 관리가 결국에는 통일 준비였다는 사실은 당시에는 아무도 몰랐다. 평화 정치의 질적 발전과 확산이 결국 통일의 비밀이었다.[14] 우리가 남북통일을 명시적 목표로 해서 남북 간 교류협력, 또는 압박을 펼치는 방식은 독일 방식과는 전혀 다른 것이다. 독일 방식과 비교하면 거꾸로 물구나무서기를 하는 꼴이다. 과정을 보지 않고 결과만을 보는 것이다. 통일은 과정이지 당장의 목표가 될 수 없다. 통일이라는 목표를 현재로선 지우고 담담히 북한과 공존의 길을 가다 보면 어느 순간 우리에게도 역사의 창이 열릴 수 있다. 이것이 내가 베를린장벽길을 걸으며 얻은 독일 통일의 교훈이다.

베를린의 사민당 중앙당사는 브란트하우스로 불린다. 6월의 어느 날 베를린 중심가에 있는 브란트하우스를 찾았다. 깔끔한 6층 건물이다. 건물 옥상에는 붉은색 깃발이 펄럭인다. 깃발 가운데 사민당 약자인 SPD가 하얀 글씨로 새겨져 있다. 입구에서 여권을 제시하고 1층만 둘러보기로 하고 들어갔다. 그것도 조금 있으니 오전에는 외부인 관람이 안 된다며 쫓겨나다시피 나와야 했다. 어쨌든 평일인데도 당사는 매우 한산하다. 1층 중앙홀은 전시관으로 꾸며져 있다. 벽면을 빙 둘러 이런저런 사진과 자료들이 전시돼 있다. 홀 입구 쪽에는 브란트 동상이 서 있다. 동상은 제법 크다. 높이 3.40m, 무게 500kg의 청동상이다. 한 손은 바지에 넣고 한 손은 앞으로 내밀어 무언가 이야기하는 듯한 포즈다. 친근해 보이면

---

14 이동기, 앞의 책 327면

서도 조금 어리숙해 보이기도 한다. 상의 재킷의 옷매무새는 약간 헝클어져 있다. 소탈한 인간미가 느껴진다. 눈매는 높은 곳이 아니라 조금 아래 누군가를 응시하는 듯하다. 커다란 손을 내밀어 진지하게 무언가를 말하고 있다. 많은 청중이 아니라 동상을 바라보고 있는 내게 무언가를 제시하고 있는 듯하다. 한 걸음 앞으로 내딛고 있는 브란트의 앞발이 유독 커 보였다. 마치 브란트가 독일 역사에서 뗀 거대한 한 걸음을 상징하는 듯했다.

장벽길 걷기는 며칠 뒤 브란트가 묻힌 젤렌도르프 공원묘지에서 다시 시작했다. 예전의 서베를린과 동독 국경, 다시 말해 지금의 베를린 남쪽과 브란덴부르크의 경계를 따라 걷는 길이다. 공원묘지를 지나 숲길을 조금 걸으면 A115 고속도로가 나온다. 왕복 6차선의 큰길이다. 고속도로 위로 다리 하나가 아담하게 놓여 있다. 쾨니히스베그브뤼케다. 이 다리는 예전의 서베를린과 동독 사이 국경선과 정확히 일치한다. 다리에서 내려다보면 도로 위로 예전의 검문소 건물이 서 있다. 체크포인트 브라보다. 건물 본체만 도로 위에 다리처럼 서 있을 뿐 차선의 톨게이트는 철거되고 없다. 체크포인트 브라보는 고속도로를 이용해 서베를린과 동독 국경을 드나들 수 있는 가장 큰 검문소였다. 다리 위 입간판에 당시 풍경을 담은 사진들이 전시돼 있다. 사진에는 도로를 따라 차량 행렬이 길게 꼬리를 물고 있다. 차량이 몰릴 때는 몇 시간씩 기다려 검문소를 통과했다고 적혀 있다.

다리 옆으로 난 샛길을 따라 도로변 공터로 내려가 보았다. 넓은 공터에 체크포인트 브라보 건물들이 이것저것 남아 있다. 체크포

A115 고속도로 국경에 세워진 체크포인트브라보의 예전 건물

인트찰리는 베를린 시내를 동, 서로 가르는 시내 중앙에 세워졌고, 체크포인트 알파와 브라보는 각각 A115 고속도로의 북쪽과 남쪽 국경 지점에 세워졌다. 공터에는 제법 커다란 톨게이트 건물이 그대로 남아 있다. 그 옆으로 세관, 검문소 건물도 보인다. 검문소 건물에는 체프포인트 브라보라고 쓰인 영어 간판이 있다. 내가 찾은 날이 일요일이어서 그런지 이곳에는 아무도 없었다. 관리인은 물론 방문객조차 찾아볼 수 없었다. 텅빈 체크포인트 브라보를 여기저기 혼자서 거닐다 보니 묘한 느낌이 들었다. 역사의 현장이 이젠 일종의 폐허처럼 느껴졌다. 나중에 장벽길 사이트를 살펴보니 체트포인트 브라보는 1969년까지는 이곳에서 남쪽으로 조금 내려간 지점에 있다가 이전해 왔다. 동독 이름으로 드레비츠 국경 건널목인 예전의 국경 통과 검문소 자리에는 동독 군인들이 사용했던 옛

호수 그리브니츠제에서 배를 타는 주민들

사령탑 건물이 남아 있다고 한다. 시민단체가 이곳에 기념관을 설립해 운영하고 있고, 옛 사령탑 내부와 앞에는 전시물들이 설치돼 있다고 한다. 장벽길 사이트를 꼼꼼히 보지 않고 걸은 탓에 남쪽의 예전 검문소에는 가보지 못하고 지나쳤다.

숲길 끝의 조그만 다리인 나탄브뤼케에서 텔토우 운하와 다시 만난다. 이번 코스 초입에서 만났던 물길이다. 이 다리를 건너면 제법 큰 호수인 그리브니츠제다. 호수 주위로 깔끔한 주택들이 들어서 있다. 주택가 사이로 난 길을 따라 호숫가로 가보니 예전의 장벽 조각이 몇 개 있고 그 앞에 나무로 된 십자가가 세워져 있다. 십자가에는 이 일대에서 베를린장벽을 넘다 희생된 17명의 명단이 적혀 있다. 사연은 하나같이 애절하다.

'더베를린월 1961-1989' 앱은 이들 희생자의 사연을 잘 정리해

놓았다. 젊은 부부가 장벽을 넘다 아이가 우는 바람에 아이 입을 틀어막고 장벽을 무사히 넘었지만 그 사이 아이는 숨이 막혀 싸늘한 주검으로 변한 슬픈 사연도 있다. 서베를린 주민이 모터보트를 타고 호수에서 뱃놀이를 하다 동독 국경 근처로 들어가는 바람에 동독 군인의 총에 사망하는 일도 벌어졌다. 동독 병사 두 명이 장벽을 넘다 한 명은 숨지고 동료만 살아서 서쪽으로 넘어온 경우도 있다. 하나하나 서글픈 사연이다. 그런 아픔을 간직한 그리브니츠제의 물결은 햇빛에 반짝일 뿐이다. 잔잔한 물결 위로는 형형색색의 보트들이 오간다. 가족, 연인, 친구들끼리 뱃놀이를 즐기는 모습이 여유롭고 아름답다. 1인용 카약을 타고 열심히 노 젓는 여성의 모습이 힘차 보였다.

리히터펠데 강제노동수용소	https://www.ikz-lichterfelde.de/
베를린 젤렌도르프 공원묘지	https://www.berlin.de/ba-steglitz-zehlendorf/politik-und-verwaltung/aemter/strassen-und-gruenflaechenamt/gruenflaechen/friedhoefe/artikel.82246.php
베를린 빌리 브란트 하우스	https://www.willy-brandt-haus.de/

3부

베를린장벽길 서쪽 루트

10
스파이 다리 위의 장벽길
: 그리브니츠제~반제

　베를린장벽길 서쪽 구간은 그리브니츠제~슈판다우~헤르스도르프로 이어지는 65km를 걷는다. 5개 코스로 나뉘어 있다. 서베를린 서쪽과 동독 사이 예전 국경을 따라 걷는다. 베를린의 서쪽 끝에서 북쪽 끝으로 비스듬히 올라가는 코스다. 대부분 숲과 호수, 들판을 따라 걷는 수려한 전원 길이다. 코스 길이가 길고 출발점과 종착점도 교외 쪽이어서 다른 구간에 비해 시간이 많이 걸렸다.

　서쪽 구간의 첫 번째 코스는 그리브니츠제 역에서 반제 역까지 12km다. 베를린 남서쪽의 큰 호수인 그리브니츠제와 반제 사이를 구불구불 걷는다. 둘 다 큰 호수지만 물길은 하펠강으로 모두 연결돼 있다. 출발점인 그리브니츠제 역까지는 집에서 전철로 30분 정도 걸렸다. S1 전철을 타고 반제 역까지 가서 S7 노선으로 갈아타고 두 정거장을 가면 그리브니츠제 역이다. 전철로 두 정거장 거리를 이리저리 구불구불 돌아 12km를 걷는 셈이다.

그리브니츠제 역에서 나오면 곧바로 큰 호수가 펼쳐진다. 이른 아침이어서 호숫가 선착장에는 사람이 그리 많지 않다. 선착장 언덕에는 다른 코스에서 보았던 것과 같은 벚꽃길 돌 기념조각이 세워져 있다. 주변을 둘러보니 잎이 무성한 벚나무들이 제법 눈에 띤다. 벚나무를 뜻하는 일본 한자가 돌에 새겨져 있다. 장벽길 여기저기에 만들어진 벚꽃길을 볼 때마다 일본 민간외교의 저력을 느끼게 된다. 부러워할 것도 시샘할 것도 없다. 이른바 K-콘텐츠로 불리는 우리 식 민간외교의 힘도 만만치 않다. 남 따라 할 것 없이 우리 것으로 승부하면 된다.

선착장에는 이 호수의 예전 베를린장벽 사진을 곁들인 안내판이 세워져 있다. 분단 시절인 1985년에 찍은 사진을 보면 그리브니츠제 역사와 철길 바로 앞으로 동독이 만든 두 개의 벽, 즉 베를린장벽의 외벽과 내벽이 세워져 있다. 통일 이후 1992년부터 이 역에서 인근 포츠담으로 가는 열차가 다시 개통됐다. 분단 시절 국경은 그리브니츠제 한가운데로 그어졌다. 동독은 호숫가 남쪽 연안에 국경을 경비하기 위한 순찰로, 장벽과 감시탑 등을 만들었다. 북쪽, 즉 서베를린 쪽 호숫가는 제한구역 없이 시민들이 자유롭게 접근할 수 있었다. 장벽길 안내판은 예전 동독군이 호숫가에 세운 감시탑 사진도 소개하고 있다. 지금은 예전 감시탑은 철거되고 그 자리

바벨스베르크 궁전 옆 증기기관 하우스

에 아담한 호텔이 들어서 있다. 분단 당시 동독군의 순찰로로 사용되던 남쪽 호숫가 길이 이제는 훌륭한 산책길이 되면서 신, 구 소유주 간에 격렬한 분쟁이 벌어지고 있다고 장벽길 사이트는 소개했다.

호수를 따라 호화로운 고급 주택가가 들어서 있다. 호수 쪽 둔덕 위로 크고 작은 2층, 3층 집들이 형형색색 자태를 뽐내고 있다. 영화에나 나올 법한 그림 같은 집들이다. 주택들 주변으로는 온갖 종류의 꽃과 나무들이 심어져 있다. 담장 너머로 활짝 핀 하얀 수국들이 7월의 아침햇살에 빛났다.

호숫가 길을 따라가다 보면 조그만 다리가 하나 나온다. 파크브뤼케다. 다리 건너기 전 왼편으로 강가 언덕을 따라 고풍스러운 2층 건물이 있다. 넓은 호숫가 언덕에 자리 잡은 상아색 건축물이다. 다리 왼편 언덕 일대에는 예전 프로이센 왕국의 바벨스베르크 궁전이 있다. 다리에서 저만치 보이는 2층 상아색 건물은 궁전과 공원 일대에 물을 공급하던 증기기관 하우스다. 거기서 더 들어가면 호숫가 언덕에 바벨스베르크 궁전이 있다. 증기기관 하우스의 굴뚝이 제법 높다. 19세기에 지은 이 건물은 신고딕 양식 벽돌 건물로 보일러 및 엔진실, 작업장이 지하에 있고 궁정 관리인 백작이 위층에 살았다. 증기기관을 이용해 정원에 물을 대는 것은 당시로는 신기술이었다고 한다. 독일 분단 이후 동, 서독 국경에 자리한 탓에 오랫동안 방치됐다가 최근 수년간 복원 작업을 거쳤다. 다리에서 바라보는 증기기관 하우스 풍경은 제법 고즈넉하다. 호수를 바라보며 언덕에 외로이 자리한 2층 건물이 사뭇 목가적이다.

다리에서 바벨스베르크 언덕 쪽으로 가는 길은 무슨 이유인지 출입을 막고 있었다. 길 초입에서 잠시 머뭇거리고 있는데 아침 조깅을 하며 지나가던 마음씨 좋아 보이는 현지인 남성이 멈춰서서 말을 건넨다. 이쪽 출입구는 닫혀 있지만 조금 위쪽의 주차장 쪽 출입구로는 들어갈 수 있다고 귀띔한다. 주차장 쪽으로 올라갈지, 다리를 건너 가던 길을 그냥 갈지 잠시 고민했다. 때는 7월 초순, 아침인데도 햇볕이 제법 따갑다. 갈 길이 멀다는 생각에 언덕 쪽으로 돌아 올라가지 않고 곧바로 다리를 건넜다. 바벨스베르크 궁전은 장벽길을 계속 걷다가 호수 건너편에서 먼발치로나마 빼어난 자태를 구경할 수 있었다.

다리를 건너면 클라인글리니케 지역이다. 다리에서부터 시작해 마치 나비가 날개를 펴고 앉아 있는 모양의 조그만 땅인데 분단 시절 유독 이곳만 동독 지역에 속했다. 국경이 하펠강 가운데로 이어지다가 이 다리에서 북쪽으로 나비 모양으로 파고 올라와서 그려졌다. 클라인글리니케 지역이 예전부터 다리 남쪽의 바벨스베르크

지역과 생활권이 이어져 있었기 때문이었던 것 같다. 남쪽 바벨스베르크에서 클라인글리니케로 들어오려면 동독 국경수비대가 지키는 파크브뤼케를 통과해야만 했다. 이곳은 특별 보안 지역이어서 거주자들은 특별 신분증을 소지해야 했고 방문객들은 허가증을 받아야 했다. 이 때문에 주민들이 점차 떠나가면서 빈 집들이 생겨 철거됐고 1979년에는 마을 예배당도 폐쇄됐다.

파크브뤼케 아래로는 조정이나 카누를 타는 이들이 간혹 지나간다. 물길은 잔잔하고 평화롭다. 다리를 건너니 다리 왼편 아래쪽 길에 장벽길 안내판이 서 있다. 이 지역에서 서베를린으로 탈출하려다 숨진 5명을 기리는 표식이다. 그들 중에는 장벽을 탈출하려다 발각되자 총격전 끝에 숨진 호르스트 쾨르너와 동독 군인 롤프 헤니거의 사진도 있다. 둘 모두 한창 때의 젊은이다.

클라인글리니케에는 예전 독일 황제의 사냥터 거처로 사용된 야크트슐로스 글리니케가 있다. 예전의 사냥용 별장은 이제는 청소년들을 위한 모임 장소로 사용하고 있다. 이 별장 인근에는 장벽길 코앞 집에서 터널 탈출에 성공한 가족 이야기를 알리는 안내판이 세워져 있다. 당시 장벽 사진, 탈출에 성공한 터널 입구 사진이 있다. 1973년 7월 두 형제 가족 9명은 집에서 지하로 뚫은 터널을 통해 장벽 너머로 탈출했다. 자루 없는 삽날과 아동용 삽만으로 지하실에 터널을 뚫었다고 한다. 동독 당국은 호수에 인접한 이 지역이 수위가 높아 터널을 파기에 부적합한 것으로 판단해 보안 점검을 제대로 하지 않았다. 동독 국가안보부 직원들은 한여름 폭염 기간 동안 수위가 낮아진다는 걸 알지 못했다. 두 가족은 폭염을 틈타 터널을 뚫었는데, 터널 출구는 장벽으로부터 불과 80㎝ 너머였다. 이들은 7월 25일 밤 터널을 통해 서베를린으로 탈출했다.

길가의 아담한 어린이놀이터가 무척 정겹다. 나무 놀이기구와 모래밭이 있는 소박한 놀이터다. 대부분 나무로 만든 평범한 놀이기구들이다. 모래밭에 흩어져 있는 빨강, 노랑, 파랑 플라스틱 장난감들이 아이들을 유혹하고 있는 듯하다. 놀이터를 지나치니 아담한 돌길이다. 길을 따라 예전 이곳의 장벽 모습을 담은 사진들이 세워져 있다. 예전 사진과 지금의 길을 유심히 비교하며 걷게 된다. 무언가 장벽길 관광 코스 비슷하게 꾸며놓은 느낌이다. 대부분 장벽길은 역사의 상흔으로 기억하는 모습이어서 무거운 느낌이지만 이곳 장벽길은 좀 가벼운 느낌으로 꾸며져 있어서 색달랐다.

쾨니히슈트라세는 베를린에서 포츠담으로 가는 큰 도로다. 클라인글리니케 마을에서 나오면 이 길과 만난다. 길 건너는 글리니케 공원이다. 이 공원에는 옛 프로이센 왕가의 궁전인 글리니케 성이 있다. 입구의 철제문 양쪽으로 날개를 단 황금빛 사자상 두 마리가 버티고 있는 모습이 예사롭지 않다. 성안으로 들어가면 잘 다듬어진 돌길 주변으로 훤칠한 나무들이 가득하다. 프로이센의 카를 왕자가 이탈리아를 여행하고 와서 1823년 고대 로마식으로 지은 성이다. 전망대의 일종인 스티바디움이 눈에 띈다. 반원형의 로마식 조경물로 이곳에서 강 건너 포츠담을 조망했다고 한다. 공원 한가운데 있는 성 건물은 그렇게 화려하지는 않지만 심플하다. 건물 여기저기에 고대 양식의 대리석 조각들이 즐비하다. 건물 앞에는 트리아이나 삼지창을 잡은 포세이돈 조각상이 큼지막하게 서 있다.

한쪽 마당은 레스토랑으로 사용되는 듯하다. 야외 테이블들이 여럿 놓여 있다.

글리니케 성 건너편은 바벨스베르크 성이다. 글리니케 호수를 사이에 두고 두 성이 마주 보고 있는 모양이다. 이들 성은 프로이센 왕의 여름 궁전들이었다. 널찍한 호수를 사이에 두고 언덕 위에서 마주 보고 있는 성들 모습이 한 폭의 그림 같다. 이 일대는 현지인들이 바람 쐬러 오는 관광지로도 제법 인기 있는 듯하다.

쾨니히슈트라세를 따라 서쪽으로 5분 정도 걸으면 글리니케브뤼케가 나온다. 일명 스파이 다리다. 냉전 시절 동, 서독이 이 다리에서 스파이를 교환해서 붙여진 이름이다. 예전 동, 서독 국경은 이 다리 한가운데로 그어져 있었다. 다리로 들어서기 전 도로 변에는 원형 전망대 같은 게 있다. '그로서 노이기르데', 즉 '큰 호기심'이란 뜻의 원형 홀이다. 훤히 트인 호수 건너 포츠담 쪽을 조망하기 위해 만들었다. 그리스식 파빌리온, 즉 우리로 따지면 정자 비슷한 것이다. 둥근 바닥 위로 그리스식 기둥들이 빙 둘러 세워져 있다. 1905년 글리니케브뤼케를 개조하면서 위치를 10미터 정도 이동했다고 한다. 옮겨 세운 탓인지 도로 한쪽으로 치우쳐져 있어 그다지 전망이 좋아 보이진 않는다. 2차 대전 때는 폭탄을 맞아 일부 손상된 것을 복원했다고 한다.

글리니케브뤼케, 즉 스파이 다리는 철제 아치로 된 제법 큰 다리다. 왕복 2차선 도로에 양쪽으로 자전거 도로와 인도가 각각 있다. 다리는 제법 길다. 다리를 건너는 데 걸어서 10분 가까이 소요된다. 다리는 베를린의 반제 지역과 브란덴부르크의 주도 포츠담을 연결한다. 1800년대 초 나무 다리로 만들었다가 여러 차례 개축됐다. 20세기 초에 현재의 철제 다리로 개조했다. 분단 시절인 1984년에는 다리 보수를 놓고 서베를린 당국과 동독 정부가 갈등을 빚었다. 서베를린 당국은 애초 다리의 서쪽 절반만을 수리했는데 이때 동독이 반발해 다리를 한동안 봉쇄하기도 했다. 결국

글리니케브뤼케, 일명 스파이 다리 모습

서베를린 당국은 동독 쪽 다리 절반에 대한 수리 비용을 지불했다.

서베를린 쪽 다리 초입에는 스파이 다리의 역사를 알리는 안내판이 세워져 있다. 포로 교환 당시의 사진들이 곁들여져 있다. 이곳에도 현지인들이 제법 눈에 띈다. 이 일대가 풍광이 좋고 궁전 등 유적이 많은 데다 예전 동, 서독 국경에 얽힌 에피소드도 풍부해 일종의 관광코스화된 장벽길 같았다.

스티븐 스필버그 감독, 톰 행크스 주연의 2015년 영화 〈스파이 다리〉는 이 다리를 소재로 한 것이다. 영화의 모티브가 된 다리 위의 스파이 교환은 모두 세 번 이뤄졌다. 첫 번째 포로 교환은 1962년 2월이었다. 미국은 1957년 소련 스파이 혐의로 유죄 판결을 받은 루돌프 아벨을 석방하는 대신 1960년 격추된 U-2 첩보기의 미국인 조종사 프랜시스 파워스를 데려왔다. 영화 〈스파이 다리〉는

첫 번째 교환을 소재로 한 것이다. 톰 행크스가 재판에서 소련 스파이를 변호하는 변호사로 나오는데 실제 인물을 바탕으로 했다. 이후 독일에서 이뤄진 포로 교환 협상 과정까지를 밀도 있게 다루고 있다. 영화는 냉전 한 가운데서 이뤄진 미-소 간의 첫 스파이 교환을 다룸으로써 이데올로기를 넘어선 휴머니즘의 문제를 조망한다. 두 번째 교환은 대규모로 이뤄졌다. 1985년 6월 동유럽에서 체포된 미국 요원 23명과 서방에서 체포된 소련 요원 3명이 교환됐다. 세 번째는 1986년 2월 소련 내 반체제 유대인 아나톨리 슈차란스키와 서방 스파이 3명을 더해 모두 4명과, 서방에서 체포된 소련 스파이 5명이 맞교환됐다. 소련의 천재 수학자 아나톨리 슈차란스키는 이스라엘로 망명을 시도하다 소련 KGB에 체포돼 감옥에 갇혔다. 12년 동안 구명운동을 한 아내의 도움으로 서방으로 넘어올 수 있었다. 그는 이후 이스라엘에 정착해 부총리까지 역임한다.

스파이 다리 위에서 바라본 글리니케 호수는 사방이 시원스레 탁 트인 장관이었다. 푸른 물결이 햇빛에 반짝이고 그 위로 크고 작은 배들이 지나간다. 멀리 물가로는 짙푸른 언덕들이 펼쳐진다. 정성스레 지은 건축물들이 띄엄띄엄 언덕 사이로 보인다. 클라인 글리니케 다리 초입에서 그냥 지나쳤던 바벨스베르크 성이 저 멀리 고풍스러운 자태를 뽐낸다. 다리에서 바라보는 풍광도 좋지만 성에서 바라보는 호수 풍경도 그만일 것 같다. 좀 전에 들르지 않고 지나쳐 온 게 살짝 후회된다. 바벨스베르크 성은 1833년 지어진 이래 프로이센 왕실의 여름 궁전으로 사용됐다. 이 성을 소유한

스파이 다리 위에서 바라본 바벨스베르크 궁전

빌헬름 왕자가 황태자로 선포되면서 1860년대부터 1880년대까지 프로이센에서 사회, 정치적으로 중요한 장소 중 하나였다. 1871년 황태자는 빌헬름 1세로 즉위했다. 2016년부터 대대적인 개조 공사를 거쳐 성의 외관과 테라스를 복원했다고 한다.

스파이 다리 가운데 어디쯤이 예전의 동, 서독 국경이었을 것이다. 하지만 알아볼 수 있는 표식을 찾을 수 없었다. 1989년 11월 9일 베를린장벽 붕괴 때 이 다리의 국경 역시 뚫렸다. 베를린을 동서로 가른 시내 장벽이 붕괴하면서 동베를린 시민들이 서베를린으로 쏟아져 들어왔다. 서베를린 외곽의 스파이 다리 국경은 다음날인 11월 10일 개방됐다. 이 다리는 장벽 붕괴 다음날 추가로 개방된 두 개의 국경 건널목 중 하나였다.

장벽 붕괴 당시 다리 상황은 리하르트 폰 바이츠제커 전 독일 대통령의 회고록에 잠깐 등장한다. 바이츠제커는 당시 서독 대통령이었고 1990년에는 통일 독일의 초대 대통령으로 취임했다. 그는 1980년대 중반 서베를린 시장도 지냈다. 보수 정당인 기민련에 속했지만 고비 때마다 빌리 브란트의 동방정책에 힘을 실어주었다. 독실한 크리스천으로 동독 민주화운동의 진앙이었던 동독 교회와 오랜 세월 교류, 협력했다. 바이츠제커는 회고록에서 장벽 붕괴 사흘째인 1989년 11월12일 일요일 상황을 적었다. 그는 당시 발터 몸퍼 서베를린 시장과 함께 차를 타고 글리니케브뤼케로 향했다. 바이츠제커는 "우리는 이 다리를 건넜다"고 썼다. 두 사람이 함께 차를 타고 동, 서독 분단 내내 막혀 있었던 다리의 국경을 넘어 동베를린 쪽으로 간 것이다. 그는 "서베를린 서남쪽 모서리에 있는 이 다리는 하펠 호수들을 건너 포츠담으로 가는 유일한 다리다. 거의 50년간 이 다리는 우리를 서베를린에 가둬두었다. 동서독 간 스파이 교환을 위해서만 이 다리는 가끔 열리곤 했다. '통일의 다리'라는 조롱처럼 들리는 이름을 이 다리는 그렇게나 오랫동안 달고 있었다"고 적었다.[1]

  글리니케브뤼케를 건너면 포츠담 쪽 다리 양쪽 끝에 고대 로마식 기둥들이 늘어서 있다. 콜로나덴으로 이름 붙여져 있다. 다리를 장식하는 액세서리라는데 철제 다리와 잘 어울리는 것 같지는 않다. 콜로나덴 조금 뒤편으로는 깔끔한 상아색 건물이 있다. 빌라 쇠닝겐이다. 이 건물 역시 프로이센 카를 왕자 시절 글리니케 성과

---

[1] 리하르트 폰 바이츠제커, 탁재택 옮김 『우리는 이렇게 통일했다』(창비 2012) 98면

바벨스베르크 성을 함께 조망할 수 있는 자리에 지은 빌라 스타일 집이다. 이후 베를린의 사업가에게 팔려 여름 거주지로 사용됐다고 한다. 유대인이었던 이 사업가 가족은 히틀러 시절 미국으로 망명했고 빌라는 동독 시절 국가 소유가 됐다가 통일 뒤 이들 가족이 되찾았다.

빌라 쇠닝겐 근처 호숫가 언덕 길에는 두 명의 장벽길 희생자를 기리는 입간판이 세워져 있다. 아름다운 호숫가에 세워진 오렌지색 희생자 안내판은 조금은 비현실적이다. 23살의 호르스트 폴리스케는 1962년 11월 이른 새벽 글리니케브뤼케 근처에서 서베를린 쪽으로 헤엄쳐 탈출하려다 숨졌다. 탈출 당시 동독 국경수비대가 발포하는 소리가 서베를린 쪽에 들렸지만 구체적인 정황은 알 수 없었다. 그의 주검은 4개월 뒤 동독 국경 쪽 물가에서 발견됐다. 군인들의 발포에도 불구하고 총상은 입지 않았고 익사한 것으로 드러났다. 이후 그의 죽음은 철저히 가려졌다. 통일 이후 1994년이 돼서야 동독 국경수비대 서류 파일에서 그의 죽음과 관련된 사실이 파악됐다. 하지만 이 자료만으로는 당시 국경수비대원들을 기소하기는 어려웠고 사건은 기소중지 됐다. 현재까지도 그가 어떤 사람이었는지, 탈출 동기가 무엇이었는지 정확히 확인되지 않고 있다. 잊힌 장벽길 희생자인 셈이다.

23살의 헤르베르트 멘데는 그야말로 억울한 희생자였다. 1962년 7월 포츠담에서 글리니케브뤼케 근처 클럽에 놀러 왔다가 늦은 밤 집으로 가는 막차를 타기 위해 뛰어가던 중 동독 국경수비대가 쏜 총을 맞고 오랜 투병 끝에 숨졌다. 헤르베르트 멘데는 사고 직전 이미 한 차례 국경수비대 병사의 검문을 받고 귀가 중이라고 밝혔다. 하지만 버스 정류장으로 가다가 다른 병사의 검문을 또 받아야 했다. 그 와중에 집으로 가는 막차가 다가오자 버스 정류장을 향해 뛰다가 병사가 쏜 총에 맞아 부상 당했다. 이후 6년을 투병하다 1968년 숨졌다. 억울하기 짝이 없는 죽음이다.

희생자 안내판 앞쪽 풀밭 사이로 황톳빛 오솔길이 나 있다. 꼬불꼬불 오솔길을 따라 호숫가로 내려가니 눈앞에 푸른 물결이 넘실댄다. 출렁이는 물결에 왠지 내 마음도 출렁이는 것 같다. 물 위로는 차양막을 세운 사각형 모터보트가 물살을 가르며 지나간다. 남녀 한 쌍이 배 뒤쪽에서 한가로이 일광욕을 즐기고 있다. 다리 아래 호숫가 길에는 어김없이 벤치가 놓여 있다. 나무 그늘이 드리운 벤치에 앉아 하염없이 호수를 바라보고 싶었다.

황제의 옛 사냥 별장이었던 야크트슐로스 글리니케부터 북쪽 클라도우 지역까지의 옛 동서독 국경은 하펠강 중앙을 따라 그어졌다. 동독 당국은 이 지역에서도 국경이 지나는 강변 쪽에 장벽 시설을 건설했다. 동독 쪽 강둑 근처에 수중 장벽을 설치하는 한편 육지에도 두 개의 벽, 즉 외벽과 내벽을 설치했다. 이 벽을 따라 동독 국경수비대의 순찰로가 이어졌다. 하펠강으로 이어진 호수들의 남서쪽, 즉 동독 쪽 연안을 따라 국경 순찰로가 매우 길게 구불구불 이어졌다. 그런데 이곳은 현재 장벽길로 정비돼 있지 않다. 대신 이 지역 장벽길은 예전 서베를린 쪽 강변을 따라 조성돼 있다. 애초대로라면 강변의 동독 쪽 국경 순찰로를 따라 여러 호수를 굽이굽이 돌아가야 한다. 대신 서베를린 쪽 강변을 따라 걸으니 장벽길이 많이 짧아졌다. 장벽길은 스파이 다리 동쪽 끝에서 반제 섬의 강변을 따라 올라가서 반제 역까지 이어진다. 하펠강 건너편 동독 쪽 국경순찰로는 베를린이 아닌 포츠담시에 속한다. 포츠담시는 예전의 동독 쪽 국경 순찰로를 따라 이어지는 길, 즉 스파이 다리부터 굽이굽이 여러 호수를 지나 사크로우까지 이어지는 장벽길을 조만간 건설할 계획이라고 한다.

크고 작은 강과 호수를 따라 이어지는 반제 섬 강변 장벽길은 베를린 시민들에게 제법 인기 있는 코스로 보였다. 강변을 따라 뱃놀이, 물놀이 시설이 많고 레스토랑, 비어가르텐 등이 잘 갖춰져 있었다. 교외 장벽길 중 레저나 관광, 휴식하러 온 시민들로 가장 붐비는 코스 중 하나였다.

장벽길 표지판은 스파이 다리에서 다시 되돌아와 서베를린 쪽 다리 초입에서 오른쪽으로 방향을 틀도록 안내한다. 예전 서베를린 쪽 국경 길을 걷는 것이다. 길 왼쪽은 시원스레 강물이 흐르고 오른편은 클리니케 공원의 울창한 숲이다. 한 쪽은 흙길, 다른 쪽은 시멘트 길로 나누어 장벽길을 만들어 놓았다. 걷거나 자전거 타기가 훨씬 수월해 보였다. 청명한 공기를 마시며 10여 분 걸으니 크루그혼이다. 육지가 뿔처럼 튀어나온 모양새로, 건너편 사크로우 지역이 한눈에 들어온다. 강변을 조망하는 벤치가 여럿 있지만 나이 지긋한 양반들이 모두 차지하고 있다. 이곳은 인근 동네 어르신들의 마실 코스 같다. 건너편 강변으로 유명한 하일란츠 교회가 제법 가까이 보인다. 이 교회는 다음번 장벽길 코스에 포함돼 있다. 장벽길 걷는 순서를 내 마음 가는 대로, 형편 되는 대로 했던 터

하펠강 건너편에서 바라본 하일란츠 교회

여서 사실 이 하일란츠 교회 장벽길은 얼마 전 이미 걸었다. 그 교회를 건너편 강변에서 다시 보니 무척 반가웠다. 때마침 건너편 하일란츠 교회에서 종소리가 울려 퍼졌다. 강 건너지만 무척 크고 또렷하게 들린다.

　장벽길가로 제법 큰 야외 레스토랑이 있다. 잘 단장된 관목 울타리 너머로 야외 테이블이 여럿 있다. 비르츠하우스 무어레이크라고 돼 있다. 무어레이크에 있는 음식점이란 뜻이다. 야외는 물론 실내에도 제법 큰 레스토랑을 갖추고 있다. 독일에서는 비어가르텐, 즉 야외 맥줏집에서 먹는 맥주 맛이 그만이다. 대개 실내 레스토랑과 비어가르텐을 겸하는 집이 많다. 이곳 야외 테이블에 앉아 맥주 한 잔 들이키고 싶지만 갈 길이 멀다. 비어가르텐 앞쪽은 그림 같은 호수다. 아마도 무어레이크라는 이름일 것 같다. 큰 강에

하펠강변 호수에서 뱃놀이 하는 주민들　　하펠강을 따라 이어지는 반제섬 장벽길

서 물길이 움푹하게 삐저 들어와 아늑한 호수처럼 돼 있다. 물결이 잔잔하고 얕아 가족끼리, 친구끼리 뱃놀이 하기 제격이다. 나무 틈 사이로 보이는 호수 위에 배들이 서넛 떠 있다. 한 명 또는 두 명이 조그만 배에 타고 노를 젓고 있다. 옆 배에 탄 이들과 무언가 얘기를 나눈다. 함께 온 가족들로 보인다. 무척 평화로운 풍경이다.

　반짝이는 푸른 강물을 보며 혼자 터벅터벅 걷다 보니 왠지 쓸쓸해진다. 풀숲 너머 강물 위로 조그만 보트 한 척이 외로이 떠 있다. 배에는 젊은 남성 한 명이 타고 있다. 강가 나무 벤치에 앉아 흐르는 강물을 한동안 바라봤다.

　레스토랑이 두서너 개 연달아 있다. 나무 드럼통으로 만든 입석 테이블이 있는 비어가르텐도 보인다. 약간 유원지 느낌이 난다. 식당 앞에는 선착장이 있다. 아이들과 함께 온 가족들이 페리를 타기 위해 대기 중이다. 페리는 바로 건너편 파우엔인젤, 즉 공작섬을 오간다. 건너편 공작섬이 무척 가깝다. 배로 2~3분이면 될 것 같다. 건너편 선착장에 페리 두 척이 정박해 있다. 하펠강의 공작섬은 예전 프로이센 왕가의 건물들, 동물원 등이 있어 가족 나들이

하기에 적합하다. 강물 위로는 온갖 종류의 배들이 떠간다. 한 명이 앉거나 서서 노 젓는 카약, 맵시 좋은 모터보트, 나무로 선실을 만든 통통배 등 이런저런 배들이 선착장 앞을 오가고 있다.

가만히 보니 식당들 앞 조그만 로터리에는 버스 정류장 표시가 있다. 버스가 오간다는 얘기다. 시내에서 버스 타고 와서 페리로 섬에 들어가 나들이 하는 식인 것 같다. 구글맵을 보니 버스 길을 따라 장벽길이 나 있다. 버스 정류장 앞에 서서 잠시 고민에 빠졌다. 날도 더운데 잠깐 버스 타고 시내로 들어갈까 싶었다. 하지만 버스가 언제 올지 모르고 반제섬의 숲속 길을 걷는 것도 괜찮겠다 싶어 다시 발걸음을 뗐다. 장벽길을 걸으면서 가끔은 버스를 타기도 했다. 너무 힘들고 지칠 때 장벽길과 버스 길이 겹치면 서너 정거장 버스를 타는 경우가 있었다. 그러면 훨씬 수월했다.

반제섬 숲길은 나무가 울창하고 공기도 상쾌했다. 하이킹하거나 자전거 타는 이들이 제법 오갔다. 다만 오르막길이어서 걷기가 좀 힘들었다. 한낮이 되니 날도 무척 더웠다. 10분 정도 걷는데 시내에서 들어오는 버스가 유원지 종점 쪽으로 들어간다. 순간 버스 정류장에서 좀 기다리다 버스 타고 올걸 하고 후회했다. 하지만 이미 때는 늦었다. 터벅터벅 숲길을 걸어 올라갔다.

길가로 벤치 하나가 있는데 그냥 지나쳤다. 좀 더 가서 점심을 먹을 생각이었다. 배는 고파오는데 한참을 가도 벤치가 없다. 벤치로 다시 돌아갈까 고민하다 그냥 주저앉았다. 길 한켠 공터에서 배낭에 담아온 점심을 먹었다. 아침에 빵 가게에서 산 샌드위치다. 꿀맛이다. 하이킹 온 남녀 한 쌍이 물끄러미 나를 보며 지나친다.

그래도 먹으니 힘이 났다. 다행히 숲길의 끝자락은 내리막길이다. 숲길을 나오니 시내다. 마지막 있는 힘을 다해 종착점인 반제 역으로 향했다.

바벨스베르크 궁전　https://www.spsg.de/schloesser-gaerten/objekt/schloss-babelsberg/
스파이 다리(글리니케브뤼케)　https://www.berlin.de/sehenswuerdigkeiten/3560243-3558930-glienicker-bruecke.html

11
장벽 위로 누운 교회

: 반제~슈타켄

반제 선착장에서 페리를 타고 큰 호수를 건너 클라도우 선착장에 내려 걷기를 시작했다. 페리를 타고 물을 건너는 베를린장벽길은 이곳이 유일하다. 아침 일찍 페리를 탔다. 강과 호수를 따라 반제에서 슈타켄까지 21km를 걷는다. 서쪽 루트 두 번째 코스다. 이 코스는 바로 전의 그리브니츠제~반제 코스와 함께 수려한 풍광을 자랑한다. 이곳 두 코스는 베를린장벽길 교외 구간의 백미에 해당한다.

반제 역은 베를린 중심을 가르는 전철 S1 노선의 종착역이다. 베를린 집에서 주로 시내 쪽으로 갈 때 S1 전철을 이용하곤 했다. 시

반제~클라도우를 오가는 페리

내에서 집으로 올 때면 매번 반제행임을 알리는 전철 안내방송이 나왔다. 그래서인지 반제역은 친숙한 느낌이다. 역에서 내려 곧장 앞으로 나가면 커다란 호수가 있다. 베를린에는 호수가 무척 많지만 반제가 가장 크다. 시원스레 펼쳐진 호수를 보니 가슴이 탁 트인다. 선착장에는 사람이 별로 없다. 반제와 건너편 클라도우를 오가는 페리는 베를린 지역 교통 시스템에 통합돼 있다. 전철과 버스 탈 때 이용하는 지역 교통 티켓으로 페리도 탄다. 선착장에는 페리는 보이지 않고 개인 소유 보트들이 몇 채 정박해 있다.

 페리는 매시 정각에 출발한다. 오전 8시 10분 전쯤 건너편에서 페리가 도착했다. 뱃전에는 베를린 지역교통공사, 즉 BVG 표시가 선명하다. 시내로 출근하는 이들이 배에서 많이 내린다. 자전거를 배에 싣고 출근하는 이들도 많다. 일종의 출퇴근용 페리인 셈이다.

클라도우로 건너가는 페리는 한산하다. 창가 좌석에 앉아 널찍한 호수를 바라보았다. 물결이 제법 크게 일렁인다. 20분 남짓 타고 가니 클라도우 선착장이다. 개인용 보트가 상당히 많이 정박해 있다. 선착장 주변으로는 예쁘게 꾸민 비어가르텐, 레스토랑이 제법 많다. 주말에는 나들이객들로 붐빌 것 같다. 선착장에서 동네 쪽으로 걸어 올라가는 길가 레스토랑 벽에는 '1893'이란 숫자가 크게 새겨져 있다. 130년 된 건물이다.

베를린장벽길 사이트는 클라도우에서 곧바로 북진하지 않고 남서쪽 사크로우 장벽길까지 남하할 것을 권한다. 예전 서베를린과 동독의 국경은 하펠강 가운데로 이어지다가 클라도우 남서쪽 루이젠베르크 언덕 북쪽 경계를 따라 다시 육지로 올라왔다. 클라도우에서 루이젠베르크 장벽길을 타려면 남서쪽으로 2km 남짓 내려가야 한다. 여기서 3km 정도를 더 내려가면 사크로우 장벽길이다. 장벽길 사이트 권유대로 하면 클라도우에서 5km 정도를 내려갔다가 다시 북동쪽으로 되짚어 올라오는 식이다. 걸어서 1시간 정도 거리다. 갈 때는 버스로, 되돌아올 때는 걷기로 했다. 사크로우까지 버스로 20분 정도 걸렸다. 버스를 타고 가는 길 양쪽은 울창한 숲이다. 숲 사이로 난 길을 버스가 간신히 지나간다.

사크로우 궁전은 깔끔하고 운치 있는 대리석 건물이다. 주변 나무들도 연륜을 뽐내고 있다. 궁 앞에는 행사 때 쓰이는 것으로 보이는 긴 테이블들이 여럿 있다. 이 건물은 1840년 프로이센 황제 프리드리히 빌헬름 4세가 개인 저택을 인수해 궁전으로 개조했다. 주변 숲도 공원으로 잘 다듬었다.

사크로우 궁전 장벽길. 밝고 부드러운 흙길이 이어진다.

궁전 뒤쪽으로는 호젓한 산책길이다. 밝은 갈색의 부드러운 흙길이다. 보기만 해도 걷고 싶어지는 길이다. 곧게 뻗은 길 주변으로 풀과 나무들이 잘 어우러져 있다. 청명한 햇살을 받아 수풀은 더욱 푸르다. 큰 나무들 덕에 응달이 적당히 이어진다. 나무들 사이 파란 하늘엔 하얀 조각구름들이 떠 있다. 한 폭의 그림이다. 최고의 베를린장벽길 숲길 중 하나다. 장벽길 숲길은 각기 다른 색깔이 있다. 이곳이 잘 꾸며진 숲길이라면 어떤 숲길은 마치 방치된 듯, 황량하면서도 청정하다.

융페른 호숫가에는 갈색 벽돌로 된 깔끔한 쉼터가 있다. 호수 건너편은 크루그혼이다. 스파이 다리 장벽길에서 반제섬 강변을 따라 올라오면서 걸었던 곳이다. 크루그혼에서 이쪽 하일란츠 교회를 바라보는 것과는 느낌이 또 다르다. 건너편 언덕과 강물이 제법 거친 느낌을 준다.

호숫가 바로 옆에 하일란츠 교회, 즉 구세주 교회가 있다. 물가에 바짝 붙어 있는 교회 본당과 종탑이 예사롭지 않다. 살색 벽돌 건물에 황청색

호숫가에 세워진 하일란츠 교회 십자가

줄무늬가 새겨져 있다. 베네치아의 산마르코 성당과 종탑이 잠시 떠올랐다. 규모나 느낌은 다르지만 스타일은 비슷하다. 본당 옆으로는 대리석으로 된 회색빛 십자가가 호숫가 쪽으로 세워져 있다. 물가에 외로이 서 있는 십자가가 처연하다.

이 교회는 빌헬름 4세가 1844년에 세웠다. 독립된 종탑이 있는 이탈리아 스타일이다. 본당은 마치 항구의 배처럼 하펠만 기슭에 자리 잡고 있다. 본당 대부분은 물 위 참나무 더미 위에 있다. 물가에 바로 접한 교회 모습은 다소 비현실적이다. 이탈리아를 자주 찾은 빌헬름 4세가 이런 건축 아이디어를 구상했다고 한다. 이름도 구세주의 교회로 직접 명명했다. 교회를 지은 뒤 4년 동안 왕실은 여름철 일요일 예배를 이곳에서 보았다. 인근 포츠담 상수시 궁전에서 보트, 곤돌라, 바지선 등으로 하펠강을 가로질러 이 교회로 왔다. 1848년 상수시 궁전에 궁정교회가 생긴 뒤 이곳은 지교회가 됐다.

장벽길 사이트 설명을 보면 이 교회 종탑은 그 자체가 베를린장

하펠강가에 세워진 하일란츠 교회와 종탑

벽의 일부였다. 장벽 위로 누운 교회였던 셈이다. 교회 앞 하펠강 가운데로 국경이 그어지면서 동독 국경수비대는 동독 쪽 강변을 따라 장벽을 설치했다. 물가 바로 앞에 있던 종탑은 자연스레 장벽의 일부가 됐다. 장벽 설치 이후에도 한동안 이 교회에서 주민들이 예배를 봤다. 내부 시설이 일부 파괴된 걸 기화로 동독 당국이 예배를 중단시켰다. 마지막 예배는 1961년 성탄절 전야 때였다. 이후 교회는 베를린장벽에 누운 채 폐허로 남았다. 다시 여기서 예배를 본 건 베를린장벽 붕괴 이후였다. 장벽 붕괴 한 달여 뒤인 1989년 12월24일 이었다. 1990년부터 본격적인 교회 복원이 시작돼 25년에 걸쳐 복원이 이뤄졌다. 하일란츠 교회는 그 자체로 베를린장벽으로 인한 분단의 산 역사였던 셈이다. 스스로 장벽이 된 교회, 장벽 한가운데서 온몸으로 고통을 껴안았던 교회다.

베를린장벽 기념관 거리에 세워진 화해의 예배당

 베를린장벽 위의 교회로는 하일란츠 교회 외에도 시내 구간 장벽길 볼란크슈트라세~노르트반호프 코스의 카펠러데페제눙, 즉 화해의 예배당이 있다. 하일란츠 교회가 교외 호숫가에 세워져 있어 목가적이라면 화해의 예배당은 도심에 자리 잡아 대중들에게 더 친숙하다. 베를린 미테 지구와 베딩 지구의 경계에 있는 이 예배당은 1894년에 지어졌다. 동서독 분단으로 교회 바로 앞으로 국경이 그어지고 1961년 베를린장벽이 설치되면서 교회는 어느 쪽 사람도 접근할 수 없는 이른바 '죽음의 땅'이 됐다. 동독 당국은 이 교회의 탑을 한때 망루로 사용했지만 교회가 장벽의 외벽과 내벽 사이에 위치해 국경수비대의 순찰로를 가로막는 장애물 구실을 했다. 결국 1985년 동독 당국은 이 교회를 폭파해 없애버렸다. 당시 텔레비전을 통해 네오고딕 양식의 이 교회 건물과 탑이 무너져 내리는 장면이 전파되면서 서방 세계에 큰 충격을 주었다.

 무너진 교회 자리에 다시 화해의 예배당이 들어선 건 독일 통일 이후 2000년이 돼서였다. 베르나우어슈트라세를 따라 이어지는 베를린장벽 기념 공원을 걷다 보면 갈색 나무 외벽으로 된 타원형 예배당이 멀리서도 눈에 띈다. 아담한 모양새지만 외관이 특이하다. 예배당 외벽에 나무 칸막이들을 죽 돌려 세워놓은 형태다. 출입구 쪽 벽 위에는 십자가가 새겨져 있다. 내부에는 중앙홀로 돌아 들어가는 복도가 이어진다. 홀 내부는 흙으로 지어져 있다. 점토로 된 제단은 단순하면서도 깔끔하다. 이곳 예배당에서는 매일 정오 베를린장벽에서 목숨을 잃은 희생자 중 한 사람을 기억하는 추모 영상을 상영한다.

예배당 바깥 풀밭에는 누런 호밀밭이 조성돼 있다. 냉전의 경계를 따라 죽음의 들판이었던 이곳에 생명의 상징인 호밀밭을 만들었다. 이 호밀밭의 씨앗은 발트해 연안 국가부터 불가리아까지 동유럽 12개국에 보내져 12개의 호밀밭이 더 조성됐다. 과거의 아픈 역사를 함께 기억하고 화해의 상징으로 삼기 위한 것이다.

하일란츠 교회를 보면서 독일 통일 과정에서 교회의 역할을 생각했다. 리하르트 폰 바이츠제커 전 독일 대통령은 회고록에서 오랜 분단에도 동서독 국민 간 공동체 의식이 이어져 온 데는 교회, 특히 기독교가 큰 책임을 짊어졌다고 썼다.[1] 동독 지역에 기독교 신자가 매우 많았고 영향력도 컸기 때문이라고 했다. 동독에서 교회는 사람들과 새로이 관계를 형성하러 나설 필요가 없었고 1945년 이후로도 그 관계는 한 번도 끊어진 적이 없었다. 교회는 동독

---

1 리하르트 폰 바이츠제커, 탁재택 옮김 『우리는 이렇게 통일했다』(창비 2012) 39면

에서 유일무이하게 자립적이면서 정치적으로 자유롭게 활동할 수 있는 기관이었다.

바이츠제커는 정계에 진출하기 전 1964년부터 1970년까지 독일 기독교총연합회 회장을 지내며 동서독 교회 협력에 힘을 쏟았다. 19세기에 생긴 독일 기독교총연합회는 애초부터 지역 연합체와 무관한 전국적 연합체였던 만큼 신도들은 경계를 뛰어넘어 만나고 경험을 공유했다. 베를린장벽이 설치된 이후에도 동, 서독 교회 간 접촉은 지속됐다. 의회 성격의 목회자 대표 총회는 각각 동, 서독 두 곳에서 동시에 열려 동일한 의제를 논의하는 식으로 일체감을 유지했다. 바이츠제커는 서베를린 시장으로 재직 중이던 1983년 루터 탄생 500주년을 맞아 동베를린 기독교총연합회 행사에 초청받아 비텐베르크를 방문한 일을 소개했다. 당시 행사는 '칼 대신 쟁기를'이라는 캐치프레이즈로 열렸다. 바이츠제커는 비텐베르크 중앙시장 광장에서 시민 수만 명이 운집한 가운데 공개 연설을 했다. 그는 이 행사가 "동서독 공동체적 관점에서 중요한 시민사회의 커지는 목소리를 결코 간단히 흘려버릴 수 없는 신호가 됐다"고 적었다.[2]

16년간 독일 총리로 재임했던 앙겔라 메르켈의 삶에서도 동독에서의 기독교 위상을 엿볼 수 있다. 서독 함부르크 태생인 메르켈은 목사인 아버지가 동, 서독 분단 이후 목회 활동을 위해 동독에 속한 베를린 북부 소도시 템플린으로 옮기면서 동독 주민이 됐다.

---

2 리하르트 폰 바이츠제커, 앞의 책 78면

베를린장벽으로 오도 가도 못하게 된 메르켈은 독일 통일 때까지 35년간 동독 공산주의 체제하에서 살았다. 갓 태어나서부터 대학 졸업 이후까지에 해당한다. 이 시절 메르켈은 방과 후 지역 기독교 커뮤니티에서 기독교 교리 수업을 받았고, 견신례를 받은 뒤 교회 청년회에 들었다. 메르켈은 "청년회 모임 때문에 학교에서 불이익을 받은 것은 딱히 없었다"고 적었다.[3] 부모와 메르켈이 동독 체제에 결정적으로 등을 돌린 계기는 1968년 체코 '프라하의 봄'이 소련 탱크에 의해 짓밟힌 때였다.

메르켈은 라이프치히대학에서 물리학을 공부할 때도 개신교 대학생회 모임에 정기적으로 참석했다. 메르켈의 기독교 경력이 문제가 된 것은 일메나우 공대 박사과정에 진학하려던 때였다. 면접관과 메르켈은 개신교 학생회 활동 지속 여부를 두고 날카로운 신경전을 벌였다. 동독 국가안전부 요원들의 은밀한 정보원 협조 요청도 메르켈은 거절했다. 결국 일메나우 공대 입학이 좌절된 메르켈은 베를린 동독 과학아카데미 연구원으로 일해야 했다. 메르켈은 베를린 생활에 대해 "작은 사적 모임 외에 흥미진진한 정치적 토론은 대부분 교회의 보호 아래서 이뤄졌다"고 썼다.[4] 자신이 다니던 겟세마네 교회의 가정 심방 모임, 블루스 음악을 곁들인 이른바 '블루스 예배' 등에 참석했고, 이런 자리의 주제는 주로 평화와 환경 문제였다.

메르켈의 경우를 통해 보면 동독 공산정권이 기독교를 체제 핵

---

3 앙겔라 메르켈, 박종대 옮김 『자유』(한길사 2024) 72면
4 앙겔라 메르켈, 같은 책 131면

심 영역으로 받아들이진 않았지만 그렇다고 기독교를 마구잡이로 억누를 수도 없었다는 걸 알 수 있다. 기독교가 주민들 사이에 너무 깊게 뿌리내려 있었기 때문이다. 결국 이런 교회의 끈질긴 생명력이 1989년 동독 평화혁명의 뿌리가 된 것이다.

1970년대 말부터 동독 여러 지역의 교회들은 평화 예배를 열었다. 말 그대로 유럽의 평화, 독일의 평화를 기원하는 예배였다. 평화 예배는 나중에 동독 민주화를 요구하는 평화 집회로 이어진다. 라이프치히 니콜라이 교회는 그 본산 격이었다. 니콜라이 교회에서는 크리스티안 퓌러 목사 주도로 1982년 9월부터 월요일마다 평화 예배가 열렸다. 예배 후 토론을 벌이거나 거리로 나가 소규모의 개별 시위 대열에 합류했다. 신도뿐만 아니라 상당수 일반 시민도 참여했다. 동유럽 정세가 크게 출렁이던 1989년 봄부터는 참석자 수가 급증했다. 1989년 10월 2일 니콜라이 교회 예배에는 2000명 이상이 왔고 시민 수천 명이 거리에서 합류했다. 마침내 10월 9일 라이프치히 아우구스투스 광장에서는 시민 7만 명이 평화 행진을 벌였고, 이후 시위 행렬은 동독 각지로 번졌다. 10월 9일은 평화혁명의 결정적 분수령이었다. 동독 지도부는 주둔 중이던 소련군의 개입을 요청했지만 소련 지도자 고르바초프는 이를 묵살했다. 이후 얼마 있지 않아 에리히 호네커 동독 공산당 서기장이 실각했다.[5]

라이프치히 아우구스투스 광장은 제법 큰 광장이었다. 광장 가

---

5 리하르트 폰 바이츠제커, 앞의 책 93면

운데로 트램이 다니고 광장 양쪽으로 각각 오페라하우스와 콘서트홀이 큼지막하게 자리하고 있다. 광장은 오가는 사람들로 분주했다. 1989년 10월 평화시위 때 이 광장은 시위대로 가득 찼을 것이다. 라이프치히는 1차 동서독 정상회담이 열렸던 에르푸르트를 간 김에 함께 찾았다. 두 도시는 루터의 종교개혁 발상지인 비텐베르크와 가깝다. 세 도시 모두 루터의 발자취가 짙게 밴 개신교의 도시다. 동독 지역은 전통적으로 개신교 교세가 매우 강했는데, 루터 종교개혁의 발상지란 점이 크게 작용한 것으로 보인다.

에르푸르트 도심에 있는 카우프만 교회 앞에는 루터 기념비가 큼지막하게 세워져 있었다. 루터는 이 교회에서 1522년 설교했다. 도시 곳곳에 유서 깊은 중세 도시의 흔적들이 남아 있다. 빌리 브란트가 1차 동서독 정상회담을 위해 에르푸르트를 찾았을 때 시민들이 빌리를 연호하며 반긴 데는 이 도시의 기독교적 배경도 무관치 않을 것으로 생각된다.

라이프치히는 마르틴 루터와 요한 제바스티안 바흐의 흔적이 남겨진 유서 깊은 도시다. 루터는 종교개혁 당시 라이프치히의 니콜라이 교회와 성 토마스 교회에서 설교했다. 둘 다 루터교, 즉 개신교 교회다. 니콜라이 교회는 종교개혁에서부터 동독 시민혁명까지 독일 역사의 큰 물줄기를 바꾼 역사의 산실인 셈이다.

전형적인 유럽 광장인 옛 시청 광장을 사이에 두고 니콜라이 교회와 성 토마스 교회가 자리하고 있다. 옛 시청사는 고색창연한 중세 건물이다. 지금은 역사박물관으로 사용 중이다. 시청사 바로 건너편에 성 토마스 교회가 있다. 바흐가 오랫동안 칸토르, 즉 음악

감독으로 일했던 교회다. 교회 앞에는 큼지막한 바흐 동상이 있고, 교회 내부의 제단 앞 바닥에는 바흐 무덤이 자리하고 있다. 바흐는 루터보다 200년 정도 뒤의 인물이다. 루터는 1517년 종교개혁을 시작했고 바흐는 1723년 라이프치히 시의 음악감독이 됐다. 독실한 개신교 신자였던 바흐는 루터를 깊이 존경했다고 한다.

1165년에 지어진 니콜라이 교회는 비교적 수수한 느낌이었다. 교회 입구 옆으로 인도계 여성 한 명이 바닥에 앉아 구걸하고 있다. 니콜라이 교회에서 아우구스투스 광장 쪽 교회 앞길에는 큼지막한 야자수 기둥이 세워져 있다. 이곳에서 동독 민주화 시위대가 모여 광장을 향해 행진했을 것이다.

다시 장벽길이다. 사크로우의 하일란츠 교회를 뒤로 하고 다시 북상했다. 버스로 왔던 길을 이번에는 되짚어 걸어 올라갔다. 하일란츠 교회에서 호숫가 쪽으로 한적한 오솔길이 나 있지만 장벽길 표지판은 사크로우 궁 쪽을 가리킨다. 궁으로 되돌아가 버스 정류장이 있는 큰길을 따라 걸으라는 것이다. 제주 올레길을 걸을 때도 마찬가지지만 길 안내 표식에서 벗어나면 무언가 위축되는 느낌이 든다. 자칫 길을 잃을지도 모른다는 생각에서다. 장벽길도 마찬가지여서 표지판이 가리키는 방향을 벗어나면 왠지 불안하다. 호젓하게 나 있는 호숫가 오솔길을 따라 걷고 싶었다. 하지만 머나먼 낯선 땅에서 혼자 걷다 보니 왠지 부담스럽다. 결국 오솔길을 포기하고 표지판이 가리키는 대로 궁전 쪽으로 방향을 틀었다. 나중에 지도를 보니 오솔길은 호수 쪽으로 돌출한 미데혼을 빙 둘러 다시 장벽길과 만나도록 돼있다. 호숫가 오솔길을 따라 걷는 경치가 그만이었을 것이다. 미데혼의 끝자락에는 예전 동독 국경수비대 감시탑의 잔해도 남아 있다고 돼 있다. 동독 국경수비대 순찰로와 지금의 장벽길이 꼭 일치하지 않는 경우는 흔하다. 사람들이 다니기 편한 곳으로 안내하기 때문일 것이다. 또 장벽길은 자전거로도 다닐 수 있도록 하고 있기 때문이기도 하다.

루이젠베르크 언덕으로 가는 장벽길에는 희생자 추모비가 세 곳이나 있었다. 강 가운데로 그어진 물속 국경까지의 거리는 가까운 곳은 100m 정도에 불과했다. 건너편 곳인 크루그혼, 섬인 파우언 인젤까지만 헤엄쳐 가면 서베를린 땅이었다. 이곳에서 헤엄쳐 서베를린으로 탈출한 이들이 상당수 있었지만 억울한 희생자도 많았다.

1986년 9월 35살의 모터사이클리스트 라이너 리베케는 레이싱 동료인 디르크 케이와 함께 밤중에 하펠강을 건넜다. 디르크 케이가 서베를린 쪽 강기슭에 도달했을 때 리베케는 없었다. 쇄골 부상으로 몸이 성치 않았던 리베케는 일주일 뒤 동독 쪽 강가에서 주검으로 발견됐다. 헤엄쳐 건너던 중 익사한 것이다. 사크로우 지역 동독 국경경찰대에 속해 있던 19살의 로타 레흐만은 1961년 11월 호숫가에서 경찰 보트를 수리하던 중 밤을 틈타 몰래 강물로 뛰어들었다. 구명조끼를 입고 서베를린으로 헤엄쳐 가려 했지만 찬물로 인한 저온충격으로 쇼크사했다. 동료 병사들이 물에서 실신한 레흐만을 발견해 병원으로 옮겼지만 회생하지 못했다. 21살의 로타 헤니그는 탈출하려다 희생된 게 아니었다. 국경 근처 사크로우에 살던 그는 포츠담에서 집으로 돌아오는 길에 버스에서 내려 장벽이 아니라 집 쪽으로 뛰어가다 동독 병사가 쏜 총에 희생됐다.

동독 병사는 헤니그가 정지 명령에 불응했다고 했다. 통일 후 총을 쏜 병사는 법정에서 1년의 실형을 선고받았다. 하나같이 억울하기 짝이 없는 희생이었다.

루이젠베르크 언덕 숲길을 지나면 그로스글리니케 호수다. 잔잔한 물결이 무척 평화롭다. 호숫가 벤치에는 현지인 남성 한 명이 앉아 쉬고 있다. 벤치 대신 물가 바위에 앉아 잠시 목을 축였다. 분단 시절 국경은 이 호수의 한가운데로 그어졌다. 서베를린 쪽 주민들은 호수 동쪽 서베를린 영역에서 물놀이를 할 수 있었다. 부주의로 국경을 넘지 않도록 부표가 띄워져 있었다고 한다. 1961년 동독이 베를린장벽을 설치하면서 동독 쪽 호숫가에는 펜스가 세워졌다. 1970년 펜스는 시멘트 장벽으로 대체됐는데, 지반이 무너지면서 장벽 일부가 붕괴해 장벽을 다시 세워야 했다. 1977년에는 장벽의 두 번째 벽, 즉 내벽이 설치됐다. 동독 당국은 베를린장벽 전체를 끊임없이 보수하고 강화해 요새화했다. 호수 북쪽 끝 구츠슈트라세에는 당시 동독 쪽 요새의 장벽 흔적이 제법 남아 있다. 호숫가를 따라 시멘트 장벽이 서너 채 이어져 있고 땅으로는 장벽이 있던 자리를 따라 두 줄 벽돌 표시를 해놓았다. 장벽길 벽돌 표시를 오랜만에 보니 반가웠다. 예전에는 이곳에 동독 국경수비대 감시탑이 있었다고 하는데 지금은 철거됐다. 분단 시절 호수가 맑고 깨끗해서 수영을 즐기려는 서베를린 주민들에게 인기가 많아 이들을 감시하기 위해 감시탑을 세웠다고 한다. 호수 입구에는 옛 대저택의 잔재가 일부 남아 있다. 2차 대전 때 크게 파손돼 지금은 건물 일부와 한쪽 벽만 남았다. 그것만으로도 예전 대저택의 위용을 짐작하게 한다. 저택으로 국경이 지나면서 건물은 국경에 걸친 형국이었다.

조그만 포장길을 따라가던 장벽길은 북서쪽으로 급격히 꺾인다. 하네베르크 요새로 가는 숲길이다. 좁다란 길옆으로 말들이 뛰노는 농장이 보인다. 숲 옆으로 깔끔한 주택가도 보인다. 주택가 초입의 큰 나무 밑에 걸터앉아 샌드위치로 허기진 배를 채웠다. 주택가를 벗어나 우거진 숲길로 들어서는데 갑자기 큰비가 쏟아진다. 일기예보에 비 소식이 있어서 우산을 챙겨오긴 했지만 당황스러울 정도다. 비바람이 몰아쳐 순식간에 옷이 다 젖고 신발에도 물이 들어찼다. 큰 나무 밑에서 비를 피해 보지만 별무효과다. 종착점이 얼마 남지 않은 만큼 비를 뚫고 걸음을 재촉했다. 이윽고 언제 비가 왔냐는 듯 해가 난다. 파란 하늘에는 기기묘묘한 모양의 구름이 떠다닌다. 언덕길을 넘어와 마주하는 들판 풍경이 신기할 정도다. 슈타켄 쪽 시내에서 언덕 쪽으로 올라오는 독일인 중년 여성이 나를 보더니 "저쪽 길 괜찮냐"고 묻는다. 비를 쫄딱 맞은 내 행색을 보고는 숲길 상태가 좀 걱정됐나 보다. 숲길은 물이 조금씩 고여있기는 하지만 걷기 어려울 정도는 아니었다. 나는 "오케이"라고 답해줬다.

슈타켄 지역으로 들어가는 베르크슈트라세 초입에는 큼지막한 장벽길 안내판이 세워져 있다. 이곳은 예전 국경 건널목이었다. 서베를린 쪽 슈판다우와 동독 사이의 국경은 이 길을 따라 그어졌다. 분단 시절 서베를린과 함부르크를 잇는 대중교통 노선이 이곳을 통과했다고 한다. 독일의 대형마트인 레베 입구에 이곳이 베를린

장벽이었음을 알리는 대형 입간판이 세워져 있다. 그 앞으로 희생자를 기리는 주황색 안내판이 보인다.

빌리 블로크는 1966년 32살 나이에 희생됐다. 동독 군대에서 장벽 건설 작업에 참여해 장벽의 지형지물에 익숙했다. 블로크는 1962년 1월과 8월 두 차례 서베를린으로 탈출했다가 동베를린으로 돌아왔다. 첫 번째 탈출 후 아내와 함께 하기 위해 복귀했을 때는 별다른 처벌을 받지 않았다. 하지만 두 번째 탈출 후 복귀했을 때는 스파이 혐의로 3년 가까이 징역을 살았다. 1966년 11월 세 번째 탈출은 비극으로 끝났다. 오후 3시쯤 국경을 건너려다 병사들에게 발각됐고 경고 사격이 이뤄졌다. 블로크는 그사이 철조망에 옷이 걸려 오도 가도 못하는 상황에 빠졌다. 서베를린 쪽 병사들도 이를 목격했고 양쪽은 총을 겨눈 채 대치했다. 서베를린 쪽으로는 언론사 사진기자들도 몰려왔다. 동독 병사들은 블로크에게 돌아올 것을 종용했지만 블로크는 철조망 밑으로 넘어가려고 시도했다. 이때 동독 국경연대의 지휘관이 기관단총을 건네받아 난사했다. 모두 72발의 총알이 발사됐고 이 중 4발이 블로크를 맞췄다. 블로크는 그 자리에서 숨졌다. 동독 병사들은 철조망을 잘라낸 뒤 그의 주검을 들것에 실어 옮겼다. 현장에 있던 사진기자들은 이 장면들을 모두 촬영했다. 서베를린 언론들은 한동안 이 사건을 대서특필했다. 통일 이후 1993년 현장에서 기관단총을 쏜 지휘관은 2급 과실치사죄로 3년의 실형을 받았다.

베르크슈트라세 길모퉁이에는 디터 볼파르트를 기리는 추모비가 있다. 나무 십자가에 앳된 젊은 남성 사진이 걸려 있고, 그 앞 청동 동판에 이름과 사망 일시가 적혀 있다. 수풀에 둘러싸인 십자가와 동판이 무척 애틋하다. 20살의 서베를린 대학생 디터 볼파르트는 1961년 장벽 설치 직후 동베를린에서 서베를린으로 탈출하는 이들을 돕다가 장벽에서 희생됐다. 오스트리아 출신으로 1956년까지 동베를린에 살았던 볼파르트는 동베를린 주민

주택가 길가에 있는 디터 볼파르트 추모비

들의 탈출을 돕던 서베를린 학생 그룹의 일원이었다.

 장벽 설치 넉 달 뒤인 1961년 12월 밤 볼파르트와 그의 친구들은 동베를린에서 탈출하는 한 여성을 돕기 위해 한적한 베르크슈트라세 국경으로 향했다. 볼파르트와 칼 하인츠 알베르트가 철조망 밑을 자르고 국경을 넘었고 나머지는 철조망 밖에서 대기했다. 하지만 탈출 계획은 밀고됐고, 기다리고 있던 동독 국경수비대는 이들이 나타나자 총격을 가했다. 알베르트는 가까스로 총격을 피해 되돌아올 수 있었지만 볼파르트는 총을 맞고 피를 흘리다 사망했다. 볼파르트가 쓰러진 곳은 국경 철조망에서 불과 5~6m 너머 동베를린 지역이었다. 볼파르트는 이곳에서 두 시간여 동안 아무런 응급조치도 받지 못하고 방치됐다.

 이 사건은 동독뿐만 아니라 서독 당국자들을 향한 분노가 폭발

한 최초의 사건이었다. 볼파르트 죽음 이후 서베를린 학생 대표들은 연합군 사령관, 서베를린 시장, 내무성 장관 등에게 항의 서한을 보냈다. 그들은 볼파르트가 두 시간 방치되는 동안 서베를린 경찰과 연합국 군대는 뭘 했느냐고 분통을 터뜨렸다. 서베를린 시민의 분노에도 불구하고 볼파르트의 경우와 같은 어처구니없는 일들이 장벽에서는 한동안 계속됐다.

하일란츠 교회　　　　https://www.heilandskirche-sacrow.de/
화해의 예배당　　　　https://gemeinde-versoehnung.de/
라이프치히 니콜라이교회　https://www.nikolaikirche.de/

12
슈판다우숲의 마르크스 명상정원
: 슈타켄~헤니히스도르프

베를린 북서쪽 가장자리에 있는 슈타켄 기차역이 출발점이다. 슈타켄 역에서 헤니히스도르프 역까지 북상한다. 서쪽 구간 세 번째 코스다. 슈타켄 역은 베를린 북서쪽 지역 통근자들을 위한 중요한 환승역이다. 출근 시간이 지나서인지 역은 비교적 한산했다. 제법 넓은 도로인 넨하우저담 아래로 철길이 여럿 지나간다. 도로와 연결된 계단을 걸어 내려가면 바로 플랫폼이다.

분단 시절 이 역은 국경 역이었다. 철로를 가로질러 국경선이 그어지면서 철길이 양쪽으로 나뉘었다. 서베를린과 함부르크를 연결하는 열차는 이곳에서 검문을 받고 국경을 통과했다. 동독 당국은 철도 제방 양쪽으로 장벽을 쌓아 놓고 북쪽 환승 통로에서 열차와 승객을 검사했다. 지금은 그런 분단의 흔적은 찾아볼 수 없다. 플랫폼 전광판에는 분주히 오가는 기차들의 출, 도착 안내가 떴다 사라질 뿐이다.

토르베그 네거리를 조금 지나면 또 다른 '장벽 위의 교회'가 나온다. 교회 건물은 보이지 않고 잔디밭 공터만 남아 있다. 베를린장벽길 안내판 사진으로만 예전 교회 모습을 볼 수 있다. 1924년 세워진 소박한 형태의 카톨릭 교회다. 동서독 분단과 함께 세인트 프란치스쿠스 교회 바로 앞길로 국경선이 그어졌다. 베를린장벽 설치와 함께 교회 앞으로는 장벽의 외벽이, 뒤로는 내벽이 세워졌다. 장벽에 갇힌 교회가 된 것이다. 서베를린 쪽 슈타켄 교민들은 길 하나 사이로 장벽에 막혀 더 이상 교회를 다닐 수 없었다. 동독 쪽 웨스트슈타켄 교민들은 통행증이 있어야만 교회를 갈 수 있었다. 1963년 이 교회 목사는 장벽 내 교회 목사관을 떠나 장벽 밖으로 이사했다. 동독 당국은 교민들에게 교회를 포기할 것을 줄곧 종용했지만 교민들은 꿋꿋이 이 교회를 지켰다. 20년이 지난 1987년에서야 교민들은 인근에 대체 교회를 받는 조건으로 장벽 안의 교회를 포기했다. 결국 1987년 말 동독 당국의 명령으로 이 교회는 철거됐다. 동독 공산정권 치하에서도 교회의 생명력이 강인했음을 보여주는 대목이다.

장벽길은 대개 동독 국경수비대의 순찰로를 따라 이어지지만 이곳에서 장벽길 화살표는 다른 방향을 안내한다. 예전 국경은 핀켄크루거베그를 따라 베를린과 브란덴부르크주의 접경으로 이어지지만 화살표는 중간에 우회전해 아담한 호수인 슈페크테제를 건너도록 한다. 호수 가운데로 난 다리에서 바라보는 풍경이 그윽하다. 호숫가로 산책 나온 주민들이 제법 많다. 7월 초순이지만 호숫가는 그리 덥지 않다. 이해 여름 베를린은 이상저온이라고 할 정도로 날씨가 선선했다. 7월의 땡볕을 걱정하던 차에 비교적 덥지 않은 여름을 만나니 걷기가 훨씬 수월했다.

슈판다우숲으로 들어가는 초입에는 장벽길 안내판 패널이 여럿 늘어서 있다. 동독에 속해 있던 팔켄제 지역과 서베를린에 속해 있던 슈판다우 지역이 장벽을 사이에 두고 오랫동안 갈라져 살다 다시 하나가 된 것을 기념해서 만든 패널들이다. 두 지역에서 벌어진 분단의 고통, 장벽 붕괴 이후 상황 등을 사진을 곁들여 친절히 설명하고 있다. 1989년 11월 장벽이 무너지자 팔켄제 지역 주민들은 서베를린 쪽 슈판다우로 몰려왔다. 슈판다우 사람들은 이들에게 샴페인, 꽃, 시내 지도 등을 주며 환영했다. 장벽 붕괴 다음날인 1989년 11월 10일 환영금 지급을 위해 마련된 사무실에서는 동독 주민 5,200명에게 100마르크씩이 지급됐다. 슈판다우 구시가지 전체가 축제의 장이 됐다. 11월 13일에는 슈판다우와 팔켄제 사이를 왕복하는 버스가 운행되기 시작했다.

안내 패널을 지나 공터로 나오니 이동식 화장실이 있다. 장벽길을 걷는 중 처음 보는 이동식 화장실이다. 반가워서 가 보았지만 자물쇠가 채워져 있다. 주변을 살펴보니 장벽길 걷는 이들을 위한 게 아니라 인근 공사 현장을 위해 설치한 것이다. 장벽길을 걷다 보면 난제 중 하나가 생리현상이다. 유럽의 문화가 그렇지만 용변에 대한 배려가 없다. 장벽길 시내 구간을 걸을 때면 전철역 화장실이라도 이용할 수 있다. 물론 역 화장실은 모두 유료다. 유럽을 여행하면서 지금도 제대로 이해하지 못하는 것 중 하나가 공중이용시설의 유료 화장실이다. 세금을 거둬 복지에 돈을 많이 쓰는 유럽 나라들이 공중화장실에는 왜 그리 인색한지 모르겠다. 유료 화장실이 서민층 일자리를 위한 복지 일환이라는 얘기를 듣기는 했다. 어쨌든 오래된 문화이려니 생각할 뿐이다.

장벽길 교외 구간은 화장실 문제가 특히 심각하다. 제주 올레길은 화장실 안내가 무척 친절하다. 일단 공중화장실이 적당한 간격으로 잘 갖춰져 있다. 올레길을 걷다 보면 화장실 위치나 거리를 친절하게 알려준다. 화장실이 없는 경우 인근 공공건물의 화장실을 섭외해 이용할 수 있도록 안내하기까지 한다. 장벽길에선 이런 화장실에 대한 배려는 꿈도 꾸지 못한다. 교외에 공중화장실이란 것 자체가 없다. 화장실에 대한 안내도 전혀 없다. 알아서 해결하라는 식이다. 독일에서도 마을 축제처럼 사람이 많이 오는 행사장에는 이동식 화장실을 가져다 놓긴 한다. 물론 그 이동식 화장실도 유료다.

장벽길 걷기를 처음 시작할 무렵에는 공중도덕을 지키기 위해 소변을 어지간히도 참았다. 특히 교외 구간에서는 어찌해볼 방법이 없었다. 최소 두세 시간씩 참는 건 다반사였다. 소변도 참다 보면 오기가 생긴다. 어떤 때는 지하철의 유료 화장실도 그냥 패스하고 집까지 와서 일을 보곤 했다. 장벽길 걷는 동안 상당한 애로사항이었다. 베를린에 사는 교포들과 만난 자리에서 이 어려움을 토로한 적이 있다. 그랬더니 10년 가까이 베를린에 살던 이가 대뜸 이렇게 말한다. "자연과의 대화를 하면 돼요." 쉽게 말해 노상방뇨 하면 된다는 얘기다. 이분은 결혼한 여성인데 야외 행사 같은 데를 가면 현지인 여성 친구들과 함께 으슥한 곳으로 가 자연스럽게 '자연과의 대화'를 한다고 했다. 공중도덕에 강박관념을 가진 탓에 유럽인들의 '자연과 대화' 문화를 이해하지 못한 것이다. 아무튼 그 조언을 들은 뒤부터 나도 웬만하면 자연과의 대화를 하곤 했다.

슈판다우숲은 전형적인 베를린 숲이다. 장벽길은 슈판나우숲 북서쪽 가장자리를 따라 북상했다가 동쪽으로 꺾어져 내려온다. 장벽길로 걷기 전에 이 숲을 와본 적이 있었다. 베를린에 와서 처음 걸었던 숲이 이곳이다. 4월 중순의 어느 휴일 베를린 사는 후배 모녀와 함께 자동차를 타고 슈판다우 쪽으로 향했다. 후배 딸이 하펠강에서 카약훈련을 받으러 가는 참에 내가 낀 것이다. 후배는 딸을 먼저 강가 훈련장에 내려주고 나를 근처 고성에 내려준 다음 도서관으로 향했다. 딸이 훈련을 마치고 픽업해 돌아가기까지 각자의 일정을 소화하는 식이었다. 고성은 하펠강과 슈프레강이 만나는 지점에 요새처럼 세워진 성채였다. 입장권을 끊고 들어가 보니 12세기 때 세워진 유서 깊은 성이다. 슈판다우성을 둘러보고 내부 카페에서 커피 한 잔 마신 뒤 후배가 내준 두 번째 숙제를 위해 움직였다. 슈판다우숲에 있는 '칼 마르크스 명상정원'(Karl-Marx-Meditationswiese)이란 곳을 가보라는 것이었다. 구글맵은 참으로 편리한 도구다. 특히 머나먼 타지를 떠도는 사람한테는 없어서는 안 될 문명의 이기이다. 베를린 시내를 가든 유럽 다른 나라를 가든

슈판다우숲 안 마르크스 명상정원. 통나무를 깎아만든 의자가 놓여 있다.

구글맵만 있으면 모든 게 해결됐다. 가는 교통편부터 걸리는 시간까지 일사천리다. 어디를 가든 무얼 타고 어떻게 가야 하는지 따로 물을 필요가 없다. 베를린에 살면서 구글맵이야말로 여행객들에게 신이 내린 선물과도 같다고 생각했다.

구글맵에 칼 마르크스 명상정원을 치니 슈판다우숲 어느 한 지점이 찍혀 나왔다. 슈판다우성에서 슈판다우숲 초입까지 50분 남짓, 다시 숲속으로 40분 정도 걸어 들어가는 거리였다. 구글맵에 의지해 아직은 쌀쌀한 4월의 베를린 거리를 걸었다. 슈판다우숲 초입에는 야생동물원이 있다. 멧돼지, 사슴 등이 울타리 건너에서 뛰놀고 있었다. 동물원을 지나 숲속으로 들어서니 말 그대로 청량하기 짝이 없다. 슈판다우숲의 전체 면적은 400만 평에 달한다. 베를린 북서부의 가장 큰 숲이다. 너른 숲 사이로 여러 갈래의 오솔길이 미로처럼 뻗어 있다. 자전거 타는 이들을 위한 포장길도 있고, 걷는 이들을 위한 푹신푹신한 흙길도 여럿 있다. 가꾼 듯 가꾸지 않은 듯한 숲과 황무지는 특유의 자연미를 뽐낸다. 쓰러진 나무들이 널브러져 있고 이름 모를 풀들이 무성하다. 숲 사이로 이어지는 길들이 외지면서도 아름

청량한 슈판다우 숲길

답다. 숲속을 걷는 것 자체로 마음이 정화되는 듯하다. 처음 맛본 독일 숲의 신선함이 놀라울 정도였다.

구글맵은 숲속 미로에서도 마르크스 명상정원의 위치를 정확히 안내한다. 아득히 뻗어 있는 오솔길을 따라 걷다가 왼편으로 난 샛길로 접어드니 조그만 풀밭이 나온다. 지도상으론 이곳이 마르크스 명상정원이다. 바로 앞쪽에 조그만 연못이 있지만 수풀이 무성해 잘 보이지 않는다. 호어하이테타이크, 즉 황무지 연못이다. 그 연못을 바라보는 쪽으로 통나무 의자가 하나 놓여 있다. 둥근 통나무 조각을 직각으로 잘라낸 등받이 나무 의자다. 그 옆으론 벤치가 하나 있다. 젊은 시절 마르크스가 이곳에 앉아 명상을 했던 곳일까. 별도의 표지판 같은 게 없어서 구글맵이 아니면 이곳이 어디인지 알기 어렵다. 구글맵 리뷰란에는 괴물 같은 이론을 세운 마르크

스의 명상 장소 바로 앞에 반자본주의 벽이 세워진 건 아이러니하다고 비꼬는 글이 있었다. 이곳에서 얼마 되지 않는 곳에 베를린장벽이 세워졌던 것을 꼬집는 말이다. 후기 중에는 마르크스의 발자취를 기리는 내용도 있었다.

베를린장벽길은 마르크스 명상정원에서 불과 1km 남짓 떨어져 있다. 걸어서 10분 정도 거리다. 슈판다우숲을 처음 찾은 때에는 베를린장벽길이 가까이 있다는 걸 알지 못했다. 나중에 장벽길을 걸으면서 예전에 왔던 마르크스 명상정원이 바로 옆이라는 걸 알고 무척 새삼스러웠다. 마르크스가 살아 있다면 명상정원 눈앞에 세워진 베를린장벽을 보고 무어라 했을까. 생전의 마르크스가 베를린장벽 같은 걸 원하지는 않았을 것이다. 자본주의를 극복하는 것과 이동의 자유, 인권, 휴머니즘을 부인하는 것과는 아무런 관계가 없다.

그런데 마르크스 명상정원은 나중에 구글맵을 다시 찾았을 땐 웬일인지 지도에 표시되지 않았다. 물론 처음 검색했을 때 달려있던 리뷰들도 없다. 베를린은 젊은 마르크스가 대학을 다니며 5년간 머문 곳이다. 이때 마르크스가 베를린 외곽 슈판다우숲으로 하이킹을 왔을 수 있지만 딱히 근거를 찾기는 어려웠다.

마르크스는 1836년 18살의 나이에 본대학교에서 베를린대학, 지금의 훔볼트대학으로 옮겼다. 마르크스는 베를린에서 헤겔을 접했고 철학 박사학위를 받았다. 이른바 헤겔좌파로서 인본주의, 행동주의 철학에 심취했던 때다. 마르크스는 베를린에서 훔볼트대 인근 미테 지구 여기저기를 옮겨 다니며 살았다고 한다. 1837

년 결핵 치료를 위해 미테 지구를 벗어나 슈프레강가의 슈트랄라우 지역의 한 여관에 머물렀다. 당시만 해도 이곳은 시내에서 떨어진 시골 동네였다고 한다. 이곳에는 동독 공산정권 시절 세워진 마르크스 기념비가 남아 있다. 마르크스는 슈트랄라우에서 청년헤겔학파 그룹 사람들과 자주 어울리면서 철학에 심취했다.[1] 강 건너편 트렙토워파크에 갔을 때 건너편 슈트랄라우 쪽 풍광을 본 적이 있는데 무척 인상적이었다.

베를린 시내에서 잘 알려진 마르크스 조각물은 홈볼트포럼 인근의 대형 동상이다. 마르크스는 앉아 있고 그 옆에 프리드리히 엥겔스가 서 있다. 동독 시절 만들어졌다. 두 사람은 나란히 텔레비전타워를 바라보고 있다. 공원 한쪽에 자리 잡은 다소 비대한 크기의 두 사람 동상이 예전 동베를린의 상징이었던 텔레비전타워를 바라보고 있는 모습은 왠지 그로테스크했다. 두 사람을 기리는 꽃도 놓여 있지만 주변에는 둘을 비꼬는 낙서들도 제법 눈에 띄었다.

슈판다우숲 가장자리를 따라 북상하다 보면 아이스켈러 지역이다. 아이스켈러는 얼음 저장고라는 뜻이다. 이름 그대로 예전에 얼음을 얼려 보관하던 곳이다. 베를린에서 겨울에 아주 추운 지역 중 하나다. 인근 호수 물을 가져와 얼음을 얼려 시내에 공급했다고 한다. 베를린장벽이 생기면서 서베를린에 속해 있던 농장 세 개와 주민 30여 명으로 이뤄진 작은 마을이 장벽 건너편 동독 쪽으로 들어갔다. 장벽 사이로 난 좁은 길을 통해서만 서베를린 쪽 슈판다우

---

1 'THE BERLINER', 2022.2.5. https://www.the-berliner.com/berlin/metropolis-of-tschakos-take-a-tour-of-karl-marxs-berlin/

아이스켈러 들판 장벽길   평화롭고 목가적인 아이스켈러 들판

를 오갈 수 있었다. 영국군 병사들이 이 길을 보호했다. 1961년 마을의 한 소년이 등굣길에 동독 경찰들이 제지해 학교를 가지 못했다고 말하면서 한바탕 소동이 벌어졌다. 영국 정부는 병력을 추가로 배치했고 그 소년의 등굣길을 호위했다. 아이스켈러 장벽길 안내판에는 당시 영국군 장갑차가 등굣길 소년을 호위하며 뒤를 따라가는 사진이 있다. 하지만 이는 나중에 웃지 못할 해프닝으로 끝났다. 33년이 지난 뒤 어른이 된 이 소년은 단지 학교를 빠지기 위해 핑계를 댔을 뿐이라고 고백했다. 아이스켈러 들판은 평화롭고 목가적이었다. 넓은 들판 사이로 길들이 곧게 뻗어 있다. 들판의 풀들이 바람에 출렁인다. 겨울에는 이 벌판으로 매서운 북풍이 몰아칠 것 같다.

장벽길은 슈판다우숲 북쪽을 따라가다 뷔거러블라저 해변 모래밭에서 하펠강과 다시 만난다. 넓은 강가에 이르니 가슴이 뻥 뚫리는 듯하다. 강변 산책길에는 옛 동독군의 감시탑이 보존돼 있다. 1987년 만들어진 니더노이엔도르프 감시탑은 동독 국경수비대 38연대의 지휘소였다. 베를린 시내 노르트반호프 장벽길을 걸으며 처음 본 감시탑과 비슷한데 좀 더 정성스레 꾸며놓았다. 동독 군이 사용했던 각종 장비와 모자, 옷가지들이 층별로 전시돼 있다. 동독군의 감시탑 위치, 운영 방식 등을 상세히 적어 놓았다.

하펠강가에 세워진 니더노이엔도르프 감시탑

안내판 중 하나는 이곳 헤니히스도르프 노동자 봉기를 설명하고 있다. 1953년 6월 동독에서는 동유럽 공산권 최초로 대규모 노동자 파업이 일어났다. 동베를린의 건설 노동자들이 임금 삭감과 물자 부족에 항의해 도심에서 파업에 들어가자 전국 노동자들이 가세했다. 당시 공산정권은 악화하는 경제 상황을 타개하기 위해 임금은 그대로 두면서 노동자들의 근로 시간을 대폭 연장하도록 했다. 가뜩이나 경제난에 허덕이던 노동자들이 결국 들고 일어났다. 노동자들은 임금 인상 요구를 넘어 공산정권 퇴진과 자유선거를 요구하는 구호까지 내세웠다.

헤니히스도르프 철강공장 노동자 1만 2천여 명은 당시 27km를 행진해 동베를린 도심의 노동자 파업에 합류했다. 감시탑 안내판에는 이 지역 노동자들의 행진 사진이 담겨 있다. 노동자 봉기 당시에는 베를린장벽이 생기기 이전이어서 베를린 북서쪽 외곽의 헤니히스도르프 지역 노동자들이 서베를린을 통과해 동베를린 도심으로 행진할 수 있었다. 1953년 6월17일 새벽 '철강 노동자들의 행진'은 서베를린 주민들로부터 열렬한 환영을 받았다. 노동자들은 서베를린의 라이니켄도르프와 베딩 지역을 통과해 동베를린 도심으로 들어갔다. 이 행진은 베를린장벽이 무너지기 전까지 서베를린 주민들이 직접 지켜본 거의 유일한 동독 인민들의 항거 모습이었다.

노동자 봉기에 놀란 동독 지도부는 소련군에게 도움을 요청했고, 소련군은 탱크를 동원해 시위대를 강제 해산했다. 당시 동독 전역의 노동자 봉기로 60~100명이 사망했다고 한다. 동베를린에서만 1744명이 체포됐고, 그 후 몇 주 동안 동독 전역에서 1만3천여 명이 체포됐다. 노동자 봉기에 화들짝 놀란 동독 공산정권은 이때부터 특유의 비열한 공안 통치를 시작했다. 비밀 정보기관인 슈타지를 통해 이중삼중의 촘촘한 주민 감시망을 짰다. 알려진 대로 슈타지는 누가 협력자인지 철저히 숨기면서 주민들이 서로를 감시하도록 했다.

독일 통일 뒤 각종 자료를 통해 당시 노동자 봉기가 서방에 알려진 것보다 훨씬 광범위했고, 동독 공산정권이 두려움에 떨었다는 게 확인됐다. 6월 노동자 봉기는 최근 독일 역사학계의 집중 조명을 받고 있다고 한다. 독일 통일 뒤 동독 공산독재의 잔재를 청산하기 위해 설립된 연방독재청산재단의 카타리나 호크무트 교육국장의 전언이다. 호크무트 국장은 "노동자 봉기는 동독 지도부에 큰 트라우마였다. 동독 성립 4년 만의 전국적 봉기로 국민의 광범위한 불만이 드러났고 소련이 이를 진압하면서 동독 정권의 정통성이 큰 타격을 입었다. 노동자 봉기가 이후 엄혹한 감시 체제 구축의 계기가 됐다"고 말했다. 동독의 6월 봉기는 이후 헝가리, 체코, 폴란드 등에서 벌어진 동유럽 민중 봉기의 출발점이었던 셈이다. 그런 동유럽 다른 나라들의 민주화 열풍이 다시 동독으로 전파되면서 베를린장벽이 붕괴했다.

전망 좋은 강가의 넓은 공터에는 나무로 된 조각품이 서 있다. '해안에서 해안으로'라는 제목의 이 작품은 사람 넷이 강을 향해 두 손을 번쩍 들고 서 있는 모습을 형상화하고 있다. 2009년 베를린장벽길에 세워진 작품이다. 하펠강을 바라보며 무어라 절규하고 있는 것 같다. 아니면 장벽 붕괴를 보며 환호하고 있을 수도 있다. 보는 사람에 따라 느끼기 나름일 것이다. 공터 한쪽에 자전거 타는 일행이 여럿 쉬고 있다. 안내판에는 이 길이 유럽횡단 자전거길이라고 돼 있다. 베를린에서 이런 안내판을 몇 번 본 적이 있다. 이곳은 베를린장벽길이면서 동시에 유럽횡단 자전거길인 셈이다. 이 길을 따라가면 유럽을 종횡무진 다닐 수 있는 것이다. 표지판만으로도 무언가 웅장해지는 느낌이다. 반도의 남쪽 반쪽에 갇혀 대륙과 통행하지 못하는 우리 처지에서는 그저 부러울 따름이다.

슈판다우알레를 따라 다리를 건너면 예전의 국경 수로 검문소 자리다. 지금은 다리가 놓여 있지만 예전에는 물 위에 방벽이 떠 있었다. 배들이 하펠강을 따라 동독과 서베를린을 오가며 통과하는 수중 국경 건널목이었다. 당시 수중 방벽 사진이 장벽길 안내판에 올려져 있다. 일종의 부표들이 강을 가로질러 놓여 있다. 배가 통과할 때면 그 부표들을 치우고 검문 절차를 밟았을 것이다.

헤니히스도르프 장벽길에서 바라본 하펠강

다리를 건너면 강변을 따라 한적한 장벽길이 이어진다. 오른쪽은 하펠강, 왼쪽은 철길이다. 철로 쪽으로 공장들이 죽 이어진다. 예전에 그랬던 것처럼 이곳은 여전히 공장 지대다. 철로를 따라 들어서 있는 이런저런 공장들을 보니 무언가 '철의 노동자' 느낌이 온다. 1953년 봉기한 동독 노동자들이 이곳에서 일했을 것이다.

슈판다우 성　　https://www.zitadelle-berlin.de/en/fortress/

13
희생자에게 총을 쏜 병사에 대한 심판
: 헤니히스도르프~호헨노이엔도르프

　헤니히스도르프 역은 베를린 북서쪽의 외진 역이다. 베를린과 브란덴부르크의 북쪽 접경에 위치하고 있다. 이 역에서 호헨노이엔도르프 역까지 10km를 걷는다. 베를린장벽길 서쪽 구간 네 번째 코스다. 베를린 남서쪽 슈테글리츠에 있는 집에서 헤니히스도르프 역까지는 전철로 1시간이 넘게 걸렸다. 역사를 나와 1km 남짓 걸으면 장벽길이다. 장벽길 초입에 다시 하펠강을 만난다. 하펠강 서쪽 연안을 따라 북상해 오던 장벽길은 이곳에서 강을 건너 동진한다. 통행량이 제법 많은 루피네 국도를 따라가다 숲속 길로 접어든다. 장벽길은 슈톨페 벌판의 남쪽 가장자리를 따라 이어진다.

숲속 길 한쪽에 그렌쥐버강 스톨페, 즉 스톨페 국경통과 검문소라고 쓰인 노란색 장벽 길 안내판이 우뚝 서 있다. 옆으로 당시 차량 검문소 사진을 담은 안내판들이 함께 세워져 있다. 스톨페 검문소는 분단 당시 A111 고속도로를 통해 동서독 국경을 통과하는 차량이 드나들었다. A111 고속도로는 서독 지역의 함부르크와 동독 내에 있는 서베를

스톨페 국경통과 검문소 장벽길. 자전거 타는 이들이 많았다.

린을 잇는 주요 도로였다. 지금은 고속도로 위로 시멘트 다리 하나가 놓여 있을 뿐 검문소 흔적은 찾아볼 수 없다. 다리 아래 왕복 4차선 도로 위로 차들이 속도를 내어 달리고 있다.

A111 고속도로는 1982년 서독이 비용을 대고 동독이 건설했다. 함부르크와 서베를린 사이 증가하는 교통량을 더 이상 감당할 수 없었기 때문이다. 하지만 정작 서베를린에서 함부르크로 가는 차량은 상당 기간 이 고속도로를 이용하지 못하고 스칸디나비아와 동독의 다른 지역으로 가는데 이용됐다. 함부르크로 가는 차량은 종전처럼 남서쪽 슈판다우의 슈타켄 국경을 통과해야 했다. 서베를린 시민단체들이 남쪽 테겔숲을 통과하는 서베를린 연결도로 건설을 반대해 소송을 제기했기 때문이다. 결국 1987년이 돼서야

A111 고속도로 가는 길이 연결됐다.

　1982년 세워진 슈톨페 국경검문소는 1989년 베를린장벽이 붕괴하기 전 마지막으로 세워진 국경 차량검문소였다. 1980년대 초반 새로 슈톨페 국경검문소를 설치한 건 그만큼 동서독 간 육상교통 왕래가 매우 빈번했다는 걸 보여준다. 그나마 있던 도로와 철도마저 부수고 있는 남북한 현실에 비춰보면 꿈같은 얘기다. 2000년대 초반 남한에서 북한으로 금강산관광을 갈 때 육로 통행로가 조금 붐볐을까? 당시는 금강산관광 붐이 일었던 때다. 하지만 설사 체증이 좀 있더라도 까다로운 국경 통과 절차 때문이었을 것이다. 버스를 타고 미로처럼 연결된 북쪽 연결도로를 따라 금강산으로 들어갔던 기억이 있다. 독일의 분단 상황을 접할 때면 처음에는 부러워하다가 조금 지나면 독일과 우리가 너무 다르다는 걸 절감하게 된다. 독일의 분단과 우리의 분단은 같은 듯하면서도 질적으로 너무 다르다. 독일을 따라만 한다고 해서 독일처럼 되기는 어렵다.

　베를린에 머무는 동안 A111 고속도로를 이용해 함부르크를 간 적이 있다. 베를린 집에서 함부르크 도심까지는 차로 대략 3시간 정도 걸렸다. 베를린 체류 시절 차 없이 뚜벅이로 지냈지만 이때는 지인의 차를 잠시 빌렸다. 독일 자동차보험은 일 년에 일정 기간 신고를 하면 주변 사람에게 합법적으로 차를 빌려줄 수 있도록 하고 있다. 함부르크로 가는 길은 A111 고속도로를 타고 북상하다 A24 고속도로를 이용해 북서진한다. 이 여행을 통해 독일의 고속도로, 즉 아우토반에 대한 환상 같은 게 깨졌다. 차 막히고 도로 사정이 안 좋던 시절 한국 운전자라면 독일 아우토반에서 무제한으로 달리는 꿈을 꾸곤 했을 것이다. 나도 마찬가지였다. A24 고속도로를 두 시간 넘게 타보니 아우토반이 별 게 아니라는 걸 알게 됐다. 제한속도가 없는 구간이 제법 많긴 했다. 무제한 구간은 아스팔트 색깔이 좀 달랐던 것 같다. 차도 그렇게 많지 않았다. 하지만 도로 사정은 그다지 좋지 않았다. 포장 상태는 그저 그랬고 곧게 뻗은 직선도로가 아주 많지는 않았다. 도로가 형편없는 건 아니지만 생각했던 꿈의 고속도로는 아니었다. 오히려 한국의 고속도로가 최근에 만들어진 게 많아 훨씬 상태가 좋다. 터널이 뻥뻥 뚫린 우리 고속도로는 때때로 막혀서 그렇지 유럽 어디 내놓아도 손색이 없다. 유럽은 나라마다 고속도로 톨게이트 사정이 다르다. 그리스를 자동차로 여행할 때는 조금 달렸다 싶으면 톨게이트가 나오곤 했는데 독일은 톨게이트가 아예 없다. 대신 국민에게 세금을 거둬 충당한다.

함부르크는 다른 설명이 필요 없는 유럽의 유명 관광지다. 8월 초순 함부르크를 찾았을 때 시청 청사 곳곳에 걸린 무지개 깃발이 인상적이었다. 아마도 성소수자(LGBT) 행사 즈음이었던 듯하다. 시청뿐만 아니라 도심 곳곳에 무지개 깃발이 휘날리고 있었다. 우리나라 서울시청에 무지개 깃발이 걸렸다는 얘기를 아직 듣지 못했다. 몇 년 전 퀴어축제 때 서울의 미국 대사관이 무지개 깃발을 내걸었다는 얘기는 들었다. 함부르크는 베를린과 함께 평등 문화가 확고한 독일 북부의 진취적인 도시였다.

함부르크를 간 김에 인근 뤼벡을 찾았다. 차로 1시간 거리였다. 뤼벡은 예전 한자동맹 도시다. 도시 건물과 거리가 모두 고색창연한 중세풍이었다. 그런데 뤼벡에서 특이한 경험을 했다. 일종의 인종차별이었다고 생각한다. 도심에서 벗어나 한적한 길을 걷고 있는데 반대편에서 금발의 현지 청년이 마주 보며 걸어 오고 있었다. 보도가 좁은 탓에 서로가 스치듯 마주칠 즈음 이 청년이 갑자기 괴성을 지르며 지나갔다. 앳돼 보였던 청년의 괴성이 정확히 어떤 의미였는지 알 수 없다. 하지만 주변에 아무도 없었던 만큼 나를 향한 것이라 생각할 수밖에 없다. 괴성을 듣고 순간 움찔했다. 그 청년은 빠르게 나를 지나쳐 갔나. 자신이 사는 곳에 불쑥 나타난 낯선 동양인에 대한 거부 또는 항의 표시였음이 분명하다. 나중에 생각하니 그렇게 소리만 지르고 지나간 게 다행이라는 생각도 들었다. 뤼벡은 빌리 브란트의 고향이다. 노동자 집안에서 자란 브란트는 이곳에서 고등학교까지 졸업하고 사민당원으로 맹활약했다. 1930년대 나치의 탄압을 피해 노르웨이로 망명했다. 그의 나이 20살 때였다. 내게 괴성을 지른 그 청년도 아마 20살쯤 됐을까.

뤼벡에서 북동쪽으로 20분 정도 차로 달리면 '뤼벡-쉬루툽 접경 기록보관소'가 있다. 이곳은 분단 시절 동서독 국경선의 최북단 국경 통과 검문소였다. 바닷가 마을인 쉬루툽은 동서독 해양 경계선이 육지와 만나는 곳이다. 육지 국경선의 북쪽 출발점이었던 셈이다. 동서독의 국경선은 북쪽 해안인 발트해로부터 남쪽으로 이어져 체코와 국경을 이루는 미텔함머에 이르기까지 1393km에 달했다. 베를린장벽이 붕괴한 뒤 이 국경 지역을 자연환경 보호지역으로 만들자는 움직임이 일면서 '그뤼네스 반트', 즉 그린벨트로 지정

뤼벡-쉬루툽 접경기록보관소. 동서독 분단 시절 최북단 국경통과 검문소였다.

해 보존하고 있다.[1] 평일에 찾은 '뤼벡-쉬루툽 접경기록보관소'는 마침 휴관일이었다. 주말에만 문을 열고 있었다. 북쪽 끝 외진 곳이어서인지 찾는 이들이 많지는 않아 보였다. 예전 국경검문소였던 기록보관소에는 분단 시절의 여러 자료와 사진들이 전시돼 있을 테지만 아쉽게도 다음을 기약해야 했다. 기록보관소 건물 앞마당에는 예전 장벽 잔해와 동독 국민차 트라비를 전시해 놓았다. 장벽 잔해와 트라비는 독일 분단과 통일의 상징과도 같다. 베를린장벽 붕괴 당시 동독 주민들이 트라비를 몰고 장벽을 넘어 서베를린으로 몰려왔던 장면을 연상케 한다. 기록보관소 앞마당 철조망 벽에는 장벽을 넘다 희생된 이들을 기리는 안내판도 만들어 놓았다.

---

[1] 손기웅 강동완 『동서독 접경 1393km 그뤼네스 반트를 종주하다』(너나드리 2020) 56면

다시 장벽길이다. 스톨페 국경검문소를 지나니 벌판길이 나온다. 포장된 소로와 흙길이 몇 미터 간격으로 나란히 이어진다. 장벽길 안내판 지도를 보니 이곳은 장벽길과 예전 국경이 거의 일치한다. 포장길로 된 장벽길은 국경순찰로였고, 흙길은 아마도 장벽이 있던 자리 같다. 장벽길로는 자전거 타는 이들, 조깅하는 이들이 제법 많이 오간다.

주택가 공원 입구 한쪽으로 장벽 탈출 희생자 추모비가 세워져 있다. 장벽 조각도 하나 옆에 놓여 있다. 추모 입간판의 희생자 사진은 앳되고 고운 여성이다. 청순한 그녀의 얼굴을 보는 것만으로도 다소 충격적이다. 장벽 탈출 당시 마리에네타 지르코프스키는 18살이었다. 베를린장벽을 넘으려다 희생된 8명의 여성 중 최연소다. 1980년 11월22일 지르코프스키와 그녀의 약혼자 피터 비스너, 친구 팔코 보그트는 호엔노이엔도르프 역으로 와 탈출하기 적당한 장소를 물색했다. 셋은 장벽 바로 앞 플로라슈트라세의 빈집에서 한밤중에 서베를린으로 탈출을 시도했다. 근처에서 발견한 사다리를 이용해 내벽을 넘었지만 마지막 외벽을 넘으려는 순간 동독 국경수비대에게 발각됐다. 남자 둘은 사다리를 타고 이미 외벽을 오른 상태에서 지르코프스키가 벽을 넘으려다 국경수비대가 설치해 놓은 울타리 경보음을 건드렸다. 약혼자 비스너가 벽 위에서 급히 손을 뻗어 지르코프스키를 위로 끌어올리려 했다. 지르코프스키가 손을 뻗어 벽의 끝부분을 잡는 순간 동독 군인이 쏜 총탄이 그녀의 복부에 박혔고 그녀는 사다리에서 떨어져 땅바닥으로 꼬꾸라졌다. 외벽 위에 있던 약혼자 비스너는 그녀의 손을 놓친 채

마리에네타 지르코프스키 추모비. 베를린장벽에서 희생된 최연소 여성이었다.

외벽 너머 서베를린 쪽으로 떨어졌다. 당시 동독 병사들은 기관총으로 모두 27발의 총탄을 쏘았다. 지르코프스키는 헤니히스도르프 병원으로 옮겨졌지만 다음날 사망했다.

그녀의 주검은 베를린 동쪽에 있는 고향 슈프렌하겐의 공동묘지에 묻혔다. 서베를린 언론은 이 비극적 사건을 오랫동안 대대적으로 보도했지만 동독에서는 평소처럼 비밀에 부쳐졌다. 그녀의 부모들 역시 동독 보안기관의 압력으로 딸의 죽음을 쉬쉬했다. 지르코프스키는 탈출 당시 타이어 공장의 견습공으로 일했다. 주변에서 '미키'라는 별명을 얻었던 그녀는 "작고 자유분방하며 재미를 좋아하는 사람"이었다고 친구들은 말했다. 함께 장벽 탈출에 나섰던 팔코 보그트는 그녀가 "어떤 것도 금지당하지 않고 평화롭게 살고 싶어 했다"고 했다. 지르코프스키는 보그트의 소개로 약혼자 피터 비스너를 만났고, 비스너 역시 동독 상황을 싫어한다는 걸 알게 됐다. 두 사람은 그녀가 법적 성인 연령인 18살이 되자 약혼했다.

사건 발생 이듬해인 1981년 2월 보그트와 비스너는 지르코프스키를 기리기 위해 그들이 탈출했던 현장에 십자가를 세웠다. 나중에 이 십자가는 슈타지 정보원에 의해 몰래 철거돼 동베를린에 넘겨졌다. 보그트는 굴하지 않고 그해 2월 잘츠키터 중앙법무기록보관소에 동독 국방부 장관을 살인 혐의로 고소했다. 또 같은 해 3월 마드리드에서 열린 유럽안보협력기구 회의에서 동독 정부의 인권침해를 규탄하기 위해 소련 대사관 정문에 쇠사슬로 자신의 몸을 묶었다. 2009년 호헨노이엔도르프 시의회는 지르코프스키를 기리기 위해 그녀가 숨진 플로라슈트라세의 회전교차로를 '마리에네타 지르코프스키 광장'으로 명명했다.

지르코프스키가 숨지고 15년 뒤인 1995년 통일독일 법정은 그녀에게 총을 쏜 당시 20살의 국경수비대원에게 2급 과실치사죄로 1년3개월 징역형을 선고한 뒤 집행을 유예했다. 베를린장벽 희생자들을 살상한 동독 국경수비대원들은 통일 뒤 법정에 세워졌다. 병사들이 상부 명령에 따라 총을 발사한 것이지만 유죄 판결을 피하지 못했다. 다만 실형이 아니라 집행유예가 주로 선고됐다. 베를린장벽과 동서독 국경에서 벌어진 동독 병사들의 반인도적 범죄행위 처벌은 동독 공산정권 수뇌부에 대한 단죄의 출발점이 됐다. 명령체계를 거슬러 올라가 병사들에게 총을 쏘도록 명령한 동독 고위 인사들에게 책임을 묻는 방식이었다.

베를린자유대학 한국학연구소 프로그램의 하나로 당시 동독 공산정권 수뇌부 재판을 담당했던 판사의 강연을 들을 수 있었다. 이제는 구순이 다 된 한스 게오르그는 1992년 에리히 호네커 동독 서기장 등 동독 수뇌부들에 대한 재판의 재판장이었다. 당시 동독 내 범죄행위에 대한 재판은 독일 연방법원이 아니라 베를린주 법원 차원에서 이뤄졌다. 게오르그 판사는 "독일 통일 뒤 축제 분위기 속에서 느긋해하고 있을 때 갑자기 동독 수뇌부에 대한 재판이 연방법원이 아니라 내가 속한 베를린주 법원으로 온다는 소식에 화들짝 놀랐다"고 웃으며 당시를 회고했다.

베를린주 법원에서 이뤄진 재판은 동독 지도부의 불법행위를 비롯해 국가보안부(슈타지)의 범죄행위, 동서독 국경에서의 살인 행위, 그리고 미성년자 동독 스포츠 선수에 대한 불법 도핑 등이 대상이었다. 미성년자에 대한 불법 도핑은 동독 체육 당국이 어린 나이부터 은밀하게 약물을 투여해 성적을 내도록 조작했다는 충격적 범죄였다. 게오르그 판사는 "미성년자 도핑 문제는 아주 심각했다"며 "유년기 수영선수 때 도핑을 한 이들이 1990년대와 2000년대 들어 신체장애가 생기고 암으로 죽는 일들이 발생했다"고 말했다.

게오르그 판사에 따르면 독일이 분단된 1946년부터 베를린장벽이 무너진 1989년까지 동서독 국경에서 발생한 동독 병사들에 의한 반인도적 살인 행위는 모두 400건에 달했다. 베를린장벽에서 140건, 다른 지역 국경에서 260건이 발생했다. 재판부는 우선 1961년 서독 정부가 설립한 잘츠키터 중앙법무기록보관소 자료를 활용했다. 국경에서의 살상, 정치범 탄압 등 동독 내 반인권 범죄 관련 기록이 잘츠키터 기록보관소에 망라돼 있었다.

이와 함께 슈타지에 보관된 천문학적인 양의 동독 공안 문서가 결정적 역할을 했다. 게오르그 판사는 "모든 재판이 슈타지 문서가 없었으면 불가능했을 것"이라고 했다. 슈타지에 보관된 문서들의 길이는 대략 240km에 달했다. 동서독 국민 600만 명에 대한 기록이 망라돼 있었다. 동독인 400만 명에 대한 기록이 보관돼 있었는데, 이는 독일 통일 당시 동독 인구 1600만 명의 4분의 1에 해당한다. 슈타지 요원 9만 명에 협력자 17만 명의 명단이 있었고, 동독 시절을 통틀어서는 슈타지 요원과 협력자가 60만 명에 달했다.

재판은 이들 문서에 기록된 구체적 범죄행위, 증거, 증언을 바탕으로 동독 국경수비대의 살상 행위로부터 고위층의 범죄로까지 거슬러 올라가는 방식이었다. 게오르그 판사는 재판 당시 증거로 제출된 1946년부터 1989년까지의 동독 공산당 정치국 회의록을 모두 읽었다고 했다. 정치국 회의록은 창고 하나를 가득 채울 정도로 방대했다. 회의록을 모두 읽고 난 결론은 "동독 내에서 정치국이 모르는 행위는 없다"는 것이었다. 호네커 서기장은 1974년 5월4일 당 정치국 국방위에서 "누군가 국경을 넘어가려고 시도했을 때 총을 이용하는 것은 자연스럽다. 수단, 방법을 가리지 말고 막아야 한다. 잘 막은 사람에게는 상을 줘야 한다"고 말했다. 재판부는 이를 발포명령으로 간주했다.

동독 국경법 27조에 '국경수비대는 총을 사용할 수 있다"고 된 조항도 논란이 됐다. 국경에서의 살상 행위가 발생할 당시 국경법 27조가 있었는데 어떻게 형사소추를 할 수 있느냐는 것이었다. 논란 끝에 한 법철학자의 견해가 채택됐다. "국가가 극단적 불법행위를 용인했다면 그 국가 행위의 적법성 여부는 모든 국가에서 상식적 한계를 넘어서는지 여부가 기준이다"는 것이었다. 악법도 법이라는 논제로 인간으로서 용인할 수 없는 한계, 즉 기본권과 생명 보호 권리를 누구도 박탈할 수 없다는 것이었다. 이에 따라 재판부는 국경법 논란에도 불구하고 국경에서의 반인도적 살상 행위가 유죄라는 쪽으로 입장을 정리했다. 상부 명령을 받고 총을 쏜 병사들은 집행유예, 병사들에게 총을 쏘도록 명령한 고위 인사들에게는 실형을 선고한다는 방침이었다.

실제 재판은 좀더 많은 우여곡절이 있었다. 호네커가 소련으로 도피하면서 재판이 지연되다가 1992년 5월 기소가 이뤄졌다. 독일 검찰은 호네커를 비롯한 전직 정치국 국방위원 6명에 대해 집단학살 혐의를 적용했다. 마침 소련이 붕괴하면서 호네커는 같은 해 7월 독일로 송환됐다. 하지만 말기 암을 앓던 호네커가 재판 종료까지 생존하기 어렵다는 의사의 진단에 따라 호네커는 1993년 석방됐고 칠레로 건너가 이듬해 사망했다. 호네커를 제외한 나머지 인물들도 상당수가 병보석으로 풀려나거나 1년 정도의 실형을 사는 선에서 그쳤다. 또 국경 탈출자에 대한 발포명령을 내린 고위 장성 9명에 대해서는 3년 내지 6년의 중형이 선고됐지만 총을 쏜 병사 36명에게는 집행유예가 선고됐다.[2]

독일은 현대사에서 두 번의 과거사 청산을 한 나라다. 2차대전 후 나치 독재를 청산해야 했고 통일 이후 동독 공산독재의 잔재를

---

2 염돈재 『독일통일의 과정과 교훈』(평화문제연구소 2010) 309면

극복해야 했다. 독일이 나치 청산을 매우 철저하게 한 것으로 알려졌지만 애초부터 그런 건 아니었다. 2차대전이 끝나고 연합국 주도 전범재판에서 나치 수뇌부에 대한 단죄가 이뤄졌지만 사회적으로 철저한 나치 청산이 이뤄지지는 않았다.

나치 잔재에 대한 광범위한 극복 작업이 본격화한 것은 68운동 때였다. 그 이전까지만 해도 서독의 보수 언론은 독일인이 가해자였다는 기억을 억누르면서 오히려 피해자로서의 기억을 부각시켰다. 그 결과 1950년대 서독에서는 나치 범죄는 선량한 독일 시민들과는 관계없이 히틀러와 소수 권력자들이 저지른 것이라는 의식이 확산했다. 이런 분위기 속에서 보수적인 아데나워 정부는 과거 청산 문제를 적극 논의하기보다 독일인도 희생자라는 논리를 내세우고 반공주의를 강화했다. 나치 전력으로 인해 경질됐던 인사들도 원래의 지위를 되찾았다. 하지만 68세대는 전쟁 이전 세대가 나치에 적절하게 대응하지 못했을 뿐 아니라 전후 서독의 공적 영역에 나치즘적 요소를 키워나갔다고 비판했다. 이런 비판은 부모 세대가 과거를 반성하지 않을 뿐만 아니라 아예 기억하지 않으려 한다는 비판에서 시작되어 전후 서독국가의 정당성까지 비판하는 근거가 됐다.[3] 빌리 브란트의 노르웨이 국적 문제가 재평가된 것도 이때쯤이었다. 브란트는 나치에 저항하다 망명해 노르웨이 군복을 입고 히틀러의 독일군과 싸운 전력 때문에 선거에서 번번이 어려움을 겪곤 했다. 하지만 68운동 이후 사회 분위기가 변하면서 국적

---

3 이은정 『베를린, 베를린』(창비 2019) 188면

문제가 브란트의 발목을 잡지 않게 됐다.

 18살의 희생자 마리에네타 지르코프스키의 추모비를 둘러본 뒤 길 건너 공원 벤치에 앉아 샌드위치로 점심을 먹었다. 이번 코스는 10km로 비교적 짧다. 아침 일찍 출발해 점심 먹을 즈음이 되니 종착점이다. 벤치에 앉아서 보니 지르코프스키 추모비 앞에 현지인들이 와있다. 10명은 넘어 보인다. 타고 온 자전거를 옆에 놓고 추모비 앞에 빙 둘러서 있다. 여성 한 명이 추모비에 적힌 지르코프스키의 사연을 소리 내어 읽고 있다. 장벽길 답사를 위한 라이딩인지 우연히 추모비 앞에서 멈춘 것인지 알 수 없다. 어느 쪽이든 추모비에 담긴 지르코프스키의 청순한 얼굴 사진을 보고 그냥 지나치기 어려웠을 것이다. 일행들이 떠난 뒤 다시 추모비를 한번 둘러보고 발걸음을 옮겼다. 예전 국경이던 플로라슈트라세를 따라 5분 정도 걸으니 마리에네타 지르코프스키 광장이 나온다. 교외의 평범한 회전교차로지만 그녀를 기리는 동포들의 애잔한 마음이 깃들어 있는 것 같았다.

마리에네타 지르코프스키   https://www.chronik-der-mauer.de/en/victims/180590/jirkowsky-marienetta?show=image&i=178319

14
필사의 터널 탈출이 이뤄진 집
: 호헨노이엔도르프~헤르스도르프

　베를린 북쪽 경계에 있는 호헨노이엔도르프 역은 베를린장벽길의 북쪽 꼭짓점에 해당한다. 베를린 서쪽 경계를 따라 북동쪽으로 거슬러 올라왔던 장벽길은 호헨노이엔도르프 역에서부터 남동쪽으로 비스듬히 내려간다. 이곳에서 헤르스도르프 역까지 6km를 걷는다. 서쪽 코스 5개 중 마지막 구간이다.
　7월 초순의 평일 오후 집 근처 포이어바흐슈트라세 역에서 S1 전철을 타고 한 시간 남짓 북상하니 호헨노이엔도르프 역이다. 역사는 아담하고 깔끔하다. 역사 바로 옆에 잘 정돈된 소공원이 있다. 주택가 길을 따라 1km 정도 걸으면 장벽길과 만난다. 장벽길 초입은 96번 도로를 따라 잠시 이어지다 프로나우숲 안쪽으로 방향을 튼다. 숲길 초입에는 유럽 지도를 그려서 독일 통일을 기념하는 큰 입간판이 세워져 있다. 1990년 독일 통일로 동, 서로 갈린 유럽이 하나가 됐다는 점을 강조하고 있다.

프로나우 숲길로 들어선 지 얼마 안 돼 세 명의 추모비가 나란히 서 있다. 요아킴 메르, 빌리 본, 롤프-디터 카벨리츠의 추모비다. 셋 모두 꽃다운 청춘에 장벽에서 스러졌다. 장벽을 넘을 당시 요아킴 메르는 19살, 나머지 둘은 20살이었다. 빌리 본은 동독 국경수비대원으로 있으면서 장벽을 넘으려다 발각되자 스스로 총을 쏘아 목숨을 끊었다. 요아킴 메르와 롤프-디터 카벨리츠는 각각 한밤중에 장벽을 넘으려다 희생됐다. 매번 느끼는 것이지만 푸르른 숲길을 따라 띄엄띄엄 세워져 있는 추모 표지판들은 너무 비현실적이다.

프로나우숲 장벽길에 우뚝 솟은 동독 국경수비대 감시탑

프로나우 숲길 중간 즈음에 우뚝 솟은 동독 국경수비대 감시탑이 보인다. 감시탑에는 펜스가 설치돼 있고 출입문은 잠겨 있다. 아직도 시설로 이용되고 있기 때문이다. 특이하게도 이 감시탑은 1990년 통일 이후 북베를린 자연보호탑으로 이름 붙여져 도이치

발트유겐트라는 청소년 환경보호단체가 활용하고 있다. 이 단체의 청소년 회원들은 이 감시탑을 거점으로 각종 숲 가꾸기 체험과 캠핑, 여행 등의 활동을 벌인다. 펜스 주위 안내판에는 과거 동독 시절 감시탑에 대한 설명이 자세히 적혀 있다. 이곳 베르크펠데 감시탑은 1980년 세워졌다. 현장 지휘관과 병사 3명이 함께 근무했다. 당시 사진을 보니 지휘관이 근무하는 지금의 감시탑은 정사각형으로 널찍하고, 주변에 좀 더 작고 둥근 관제탑 형태의 감시탑이 있다. 작은 감시탑에는 일반 병사들이 상주했다. 자전거를 타고 온 이들이 여럿 감시탑 주변을 둘러보고 있다.

　감시탑을 지나면 우거진 숲길이다. 나무들 사이로 여러 갈래 길이 나 있다. 길목마다 장벽길 이정표가 촘촘히 세워져 있다. 복잡한 시내 구간에선 외려 이정표 찾기가 어렵지만 숲속에서는 이정표가 눈에 잘 띈다. 이정표만 잘 따라가면 숲에서 길을 잃을 염려는 없다. 숲길 사이로 조그마한 호수가 나온다. 후베르투스 호수다. 멀리서는 작아 보였는데 다가서니 제법 크다. 호숫가에 앉아 잠시 휴식을 취했다. 숲으로 둘러싸인 고즈넉한 호수다. 찰랑이는 물결이 호숫가로 잔잔히 밀려오고 바람 소리며 새 소리도 간간이 들린다. 숲속에 숨겨진 보석 같은 호수다.

　장벽길에 세워진 이정표는 내가 의지하며 걷는 온라인상의 장벽길 구글맵과는 좀 다른 방향을 가리킨다. 구글맵은 웬일인지 후베르투스 호수를 휘감아 돌아 서쪽으로 곧장 직진해서 큰길인 96번 도로를 따라 라이프치거슈트라세까지 남하하도록 하고 있다. 이와 달리 실제 장벽길 이정표는 후베르투스 호수를 지나 비젤숲 가장

우거진 숲속 장벽길 가의 작은 호수. 바람에 잔잔한 물결이 일고 있다.

프로나우 숲속 장벽길

자리를 비스듬히 내리 돌아 라이프치거슈트라세까지 내려가도록 하고 있다. 큰 도로보다 숲 가장자리를 따라 걷는 것이 훨씬 편안하고 목가적이다. 소풍 나온 인근 유치원 아이들이 옹기종기 지나는 모습이 정겹다. 나중에 보니 실제 장벽은 베를린과 브란덴부르크주 접경인 이 숲길을 따라 이어졌다. 구글맵과 장벽길 이정표가 조금씩 차이 나는 경우가 있지만 이번엔 제법 크게 차이가 났다.

숲길을 나오면 96번 도로인 오라니엔부르커쇼쎄다. 도로를 따라 걷는 건 아무래도 밋밋하다. 대신 먹을 곳, 마실 곳을 만날 수 있다는 장점이 있다. 도로를 걷기 시작한 지 얼마 되지 않아 맥도날드 매장이 있다. 평일 오후 간식 시간대여서인지 매장 안엔 자리가 없을 정도로 사람이 많다. 맥도날드 햄버거 세트를 하나 사서 매장 바깥 테이블에 앉았다. 장벽길을 걷다가 맥도날드 햄버거를 먹을 수 있는 건 호사에 가깝다. 햄버거가 꿀맛이다.

맥도날드 매장 바로 앞에는 두 명의 장벽길 희생자를 기리는 추모비가 세워져 있다. 예전엔 이곳으로 베를린장벽의 내벽이 지나고 있었다. 25살의 미카엘 비트너가 이곳의 내벽을 넘지 못하고 숨진 건 1986년 11월 새벽 1시께였다. 나무 사다리를 걸어 장벽을 넘으려 했지만 경보장치를 건드리는 바람에 장벽을 넘지도 못하고 동독 국경수비대의 총격에 희생됐다. 비트너는 동독 군대를 다녀온 뒤 동독 체제에 회의를 느껴 정식으로 서독 이주를 신청했지만 번번이 거부당하자 탈출을 시도했다가 희생됐다. 다른 희생자인 20살의 동독군 병사 프리드리히 에를리히는 1970년 8월 술에 취해 소리를 지르며 장벽에 접근했다가 국경수비대 병사들의 명령에 불응해 총을 맞고 숨졌다.

이곳에서는 베를린장벽이 세워지기 훨씬 전인 1952년 12월25일 새벽 서베를린 경찰관이었던 허버트 바우어가 소련군과의 무력충돌 와중에 총에 맞아 숨지는 사건이 일어났다. 당시만 해도 서베를린과 동독 사이에는 국경이 그어져 있었지만 장벽은 세워지기 전이었다. 허버트 바우어는 장벽 설치 이전 베를린 분단의 희생자였다. 사건 당일 크리스마스이브 심야 미사를 마치고 돌아온 서베를린 주민의 집 앞에 동독 쪽에 주둔한 소련군 몇이 국경을 넘어 침입해 들어와 난동을 부렸다. 신고를 받고 출동한 경찰 일행 중 한 명이었던 바우어가 소련군과 맞닥뜨리다 소련군 총에 희생됐다. 이 사건은 서베를린 시민들의 분노를 촉발했다. 크리스마스 연휴 동안 수천 명의 시민들이 범죄 현장을 찾아 꽃을 놓고 바우어를 추모했다. 당시 쇠네베르크 시청 앞에서 열린 애도 집회와 장례식에는 베를린 시민이 대거 참여했다. 지금도 바우어에 대한 추모는 이어지고 있다. 매년 8월 예전 서베를린에 속했던 라이니켄도르프와 동독에 속했던 글리엔니케 자치구 대표들이 모여 바우어에 대한 추모 행사를 이곳에서 한다.

엔텐슈나벨. 독일어로 오리 부리란 뜻의 이 지역은 예전 동독에 속한 땅이었다. 동독의 글리니케에서 서베를린의 프로나우 쪽으로 오리 부리 모양으로 뻗어져 나온 땅이다. 곧게 뻗은 오라니엔부르커쇼쎄를 따라 이어지던 국경이 이곳에서만 570m가량 서베를린 쪽으로 삐져 들어온 것이다. 이는 독일이 분단되기 전부터 그어진 주 경계선에 따른 것이었다. 1930년대에 이미 글리니케 자치구는 이곳을 잔트크루크로 이름 붙여 개발계획을 세워놓았다. 지도상의 경계에 따라 국경선이 그어졌지만 1961년 장벽이 세워지면서 독특한 모양새가 됐다. 서베를린 영역 안에 장벽으로 둘러싸인 오리 부리 모양의 동독 땅이 생긴 것이다. 이곳에 들어오는 방문객이나 상인, 의사, 배달 트럭은 특별 허가를 받아야만 했다. 서베를린과 동독 당국은 1971년부터 이곳 국경을 매끄럽게 정리하기 위한 '땅 주고받기' 협상을 몇 차례 벌였지만 협상은 타결되지 못했다.

지금의 엔텐슈나벨은 베를린장벽이 있던 시절과는 많이 달라져 있었다. 베를린장벽 앱 '더베를린월'은 애초의 오리 부리 모양을 따라 장벽길 표시를 해놓았지만 실제로는 주택들이 들어차서 길은 막혀 있었다. 장벽길 구글맵은 엔텐슈나벨 초입의 골목길만 돌아나오는 걸로 표시돼 있다. 장벽 붕괴 이후 이곳을 소개하기 위한 안내판 등이 설치됐다는데 지금은 찾아볼 수 없었다. 사유지에 대한 개발이 허가되면서 집들이 빽빽이 들어선 탓인 듯했다. 동네 입구를 그냥 한 바퀴 돌아 나오는 정도였는데 오리 부리라기보다 평범한 타원형 골목길이었다.

96번 도로를 사이에 두고 동, 서로 갈린 엔텐슈나벨 지역 일대는 베를린장벽 초기 터널 탈출이 세 차례나 일어난 곳이다. 동독 국경수비대 몰래 동독 주민들이 주택 밑으로 터널을 뚫어 서베를린으로 탈출했다. 장벽길 사이트는 오토슈트라세의 한 주택 앞에 당시의 터널 탈출을 알리는 안내판이 있다고 했지만 정작 장벽길을 걸으면서 이곳을 찾을 수 없었다. 장벽길에서 벗어나 이 구간의 종착점인 헤르스도르프역을 향해 가는 데까지도 이 안내판을 발견하지 못했다. 결국 오던 길을 되돌아가 구글맵으로 한참 찾은 끝에 장벽길에서 제법 벗어나 있는 곳에서 터널 탈출 안내판을 찾았다. 이 일대는 예전 베를린장벽이 있던 곳에 주택들이 들어서면서 장벽길은 예전의 장벽에서 좀 벗어나 있었다.

한참을 헤맨 끝에 오토슈트라세 7번지 집 앞에서 터널 탈출 안내판을 발견했다. 막다른 골목의 끝 집이다. 조용한 주택가에 자리잡은 아담한 이층집이다. 집 앞 정원에는 나무 몇 그루가 심어져 있다. 집 앞 터널 탈출 안내판은 사진을 곁들여 당시 상황을 설명하고 있다. 놀랍게도 사진 속의 집과 안내판 뒤의 실제 집이 색깔만 좀 다를 뿐 똑같다. 유리창 모양도 그대로다. 사진 속 집은 단색이고 실제 집은 이층 벽을 밝은 주황색으로 칠했다.

안내판 설명을 보니 이곳 글리니케 지역에서는 1962년부터 1963년까지 서베를린으로 탈출하기 위해 3개의 터널이 만들어졌다. 이들 터널을 통해 동독 주민 53명이 서베를린으로 넘어왔다. 안내판 뒤의 집은 세 번째이자 가장 긴 터널, 이른바 아가드 터널이 만들어진 곳이다. 이 집의 터널 길이는 46m에 달했다. 5개월 보름에 걸친 고된 작업 끝에 터널을 뚫고 1963년 3월 10일 네 가족, 13명이 탈출에 성공했다. 터널은 아가드 가족의 집 거실에서 시작해 서베를린 쪽 벨트하임슈트라세 9번지로 나왔다. 터널 깊이는 2.5~3.3m였고 높이 80㎝, 너비 60㎝였다. 터널 안은 나무로 보강했고, 땅속에서 파낸 흙은 집안 곳곳에 숨겼다. 벽장이나 칸막이벽 뒤, 심지어 서랍에도 흙을 채웠다. 터널을 파는 이들은 목숨을 잃을 각오로 작업을 해야 했다. 장벽 근처였던 만큼 동독 국경수비대원이나 슈타지 요원들에게 발각될 위험을 항상 안고 있었다.

닐스-마르틴과 루시 아가드 부부가 1961년 체코 여행에서 돌아왔을 때 집 바로 뒤로 베를린장벽이 세워졌다. 그 이후 이웃들이 하나둘씩 다른 곳으로 강제 이주를 당하면서 이들은 서베를린으로의 탈출을 결심했다. 장벽 너머 서베를린 쪽 발트하임슈트라세까지는 집 정원 울타리에서 40m에 불과했다. 터널 파기는 낮에 했고 밤에는 파온 흙을 숨겼다. 이 일대는 흙이 매우 부드러워 손으로 흙을 파서 가져올 수 있었다. 흙은 서랍, TV 캐비닛, 욕조, 베개 등 모든 틈을 이용했다. 한 달에 10m꼴로 5개월 보름에 걸쳐 50m의 터널을 팠다.

탈출은 1963년 3월 9일 밤부터 다음날 새벽까지 이뤄졌다. 아가드 부부와 아들, 어머니 등 아가드 가족과 드레스덴에서 온 친구 가족 등 13명은 터널에 진입한 지 10분 만에 장벽 너머 출구에 도

일명 아가드 터널이 만들어졌던 집. 이집 지하에서 서베를린 너머로 뚫은 터널로 13명의 주민이 탈출했다. 집앞에 당시 상황을 설명하는 안내판이 세워져 있다.

달했다. 70살이었던 어머니는 에어매트리스를 타고 터널을 통과했다. 만일의 상황에 대비해 닐스-마르틴이 혼자서 터널을 나가 서베를린 경찰과 함께 돌아올 때까지 일행은 2시간여 동안 터널 안에서 대기했다. 새벽 4시쯤 일행은 모두 터널을 빠져나올 수 있었다. 아가드 터널 탈출 이후 글리니케에서는 더 이상 터널을 통한 탈출이 불가능해졌다. 국경에 접한 모든 주택이 정기적으로 가택수색을 당했고 장벽에 접한 집들은 하나둘씩 헐려 나갔다. 아가드 터널은 이 지역에서 마지막 터널 탈출이었다.

글리니케 지역에서의 최초의 터널 탈출은 1962년 1월 24일 이뤄졌다. 귄터 베커와 그의 쌍둥이 형제가 오라니엔부르커쇼쎄 13번지에 있는 집에서 일주일 동안 터널을 팠다. 베커 가족은 그해 2월 1일 강제 이주가 예정된 터여서 탈출을 서둘렀다. 장벽 건너

프로나우까지 이어지는 '베커 터널' 길이는 30m, 폭 1.20m, 높이 60cm였다. 탈출 이틀 전 동네 이웃인 토마스 부인이 찾아와 함께 탈출할 수 있도록 해달라고 했다. 하지만 베커는 70살이 넘은 이 부인이 너무 뚱뚱해 터널을 통과할 수 없다고 판단해 거절했다. 토마스 부부는 동쪽에 남았지만 불과 3개월 뒤 별도의 터널을 뚫고 탈출에 성공했다.

탈출 당일 밤 베커의 다섯 형제자매와 54살의 어머니 등 일가족이 탈출할 예정이었지만 거실에 이웃 주민 14명이 몰려왔다. 결국 28명이 함께 탈출하게 됐다. 터널 출구에서 이들을 맞이한 서베를린 경찰은 탈출 행렬을 보고 "마을 전체가 이리로 오는 것이냐"며 놀라워했다. 동독 당국은 3시간 뒤 탈출 사실을 알게 됐고, 며칠 뒤 이 집을 아예 허물어 버렸다. 베커 터널의 탈출 이야기는 영화 '터널 28'로 만들어져 소개되기도 했다.

베커 터널 탈출에 함께하지 못한 막스 토마스 가족은 오라니엔부르크쇼쎄 22번지 자신의 집에 터널을 팠다. 토마스 집은 석 달 전 탈출을 감행한 베커 터널에서 불과 네 집 떨어져 있었다. 당시 토마스의 나이는 81살이었다. 이 터널은 토마스 터널, 일명 노인 터널로 불린다. 대부분 노인으로 구성된 일행 12명이 탈출에 성공했다.

터널 파기는 토마스 부부의 지인들이 맡았다. 당시 51살의 허버트 샤우어는 토마스 집에 새 건물을 짓는 척하며 은밀히 몇몇과 함께 터널을 팠다. 터널은 16일 동안 길이 32m, 높이 1.75m로 팠다. 토마스 부부 집의 좁은 닭장에서 시작해 서베를린 프로나우로 연결됐다. 탈출은 1962년 5월5일 저녁 이뤄졌다. 12명의 탈출자 대부분이 70~80살의 고령이었다. 제일 먼저 집주인인 토마스가 터널을 통과해 갔지만 몸집이 큰 탓에 터널 출구에서 막혀 나아가지 못했다. 허버트 샤우어가 다가가 터널 출구의 흙을 뚫어내고서야 토마스가 터널을 나올 수 있었다. 이들은 프랑스군과 서베를린 경찰의 도움을 받았다. 토마스는 터널의 높이에 대해 묻자 "우리는 여성들과 함께 몸을 굽히지 않고 편안하게 자유를 누리고 싶었다"고 말했다.[1]

글리니케 지역 이외에도 분단 시절 베를린에선 다양한 터널 탈출 시도가 있었다. 대부분은 1961년 8월 베를린장벽이 건설된 직후부터 1960년대 전반까지 이뤄졌다. 1970년대 초반에도 간헐적으로 터널 탈출이 있었다. 글리니케 지역에서처럼 동독에서 서베를린으로 터널을 파온 경우는 상대적으로 드물었다. 대부분의 터널은 굴착 작업이 상대적으로 쉬운 서베를린 쪽에서 시작해 동베를린까지 파 들어가는 식으로 진행됐다. 동베를린 쪽 터널 탈출 시도는 터널을 파기는 쉽지 않았지만 성공률은 높았다. 반대로 서베를린 쪽에서 파 들어가는 방식은 작업은 수월했지만 성공률은 상대적으로 낮았다.

독일의 역사학자이자 작가인 마리온 데첸이 분류한 바에 따르면 독일 분단 당시 베를린의 탈출 터널 프로젝트는 39개에 달했다. 다른 이들은 70개의 터널 프로젝트를 제시하기도 한다. 데첸에 따르

---

1 '글리니케의 터널 탈출' https://abd-dressler.de/fluchttunnel/

면 최소 254명이 터널을 통해 동독에서 탈출했고, 최소 4명이 사망하고 200명 이상이 체포됐다. 성공률이 절반 정도에 그쳤던 셈이다. 터널은 국경의 동쪽에서 9개, 서쪽에서 30개가 뚫렸다. 동쪽에서 판 9개의 터널 중 하나만 실패했다. 서쪽에서 판 터널은 30개 중 10개에서만 탈출하는 이들이 나왔다. 설사 탈출자가 있더라도 그 와중에 일부가 희생되거나 체포되는 경우도 많았다. 서베를린 쪽에서는 동베를린으로 터널을 뚫기 위한 인도주의적 조력자 그룹이 여럿 생겨났다. 서베를린 도심의 베르나우어슈트라세 주변에서 터널 작업이 빈번했고, 하이델베르거슈트라세에서도 종종 터널 작업이 이뤄졌다.[2]

독일 분단 시절 터널 탈출의 대표적 사례는 이른바 '57 터널'이다. 서베를린 베르나우어슈트라세에서 동쪽으로 뚫은 터널을 통해 동베를린 주민 57명이 대거 탈출했다. 1964년 10월3일과 4일 이틀에 걸쳐 각각 28명, 29명이 동베를린에서 넘어왔다. 터널은 베를린장벽 바로 앞 베르나우어슈트라세 97번지의 빈 빵집 지하에서 시작해 장벽 너머 동베를린 스트렐리처슈트라세 55번지의 버려진 외딴집으로 이어졌다. 깊이 12m, 길이 145m로 베를린에서 만들어진 터널 중 가장 길고 깊었다.

이 터널은 서베를린의 터널 탈출 도우미 그룹이 주도했다. 베를린장벽을 탈출하려다 동독 국경수비대원들에게 발각돼 목숨을 잃는 비인도적 만행이 잇따르면서 이에 분노한 서베를린 시민들은

---

[2] 독일 분단 당시 탈출 터널 목록 https://de.wikipedia.org/wiki/Liste_der_Fluchttunnel_in_Berlin_w%C3%A4hrend_der_deutschen_Teilung

자발적으로 도우미 그룹을 결성했다. 터널 파는 작업은 시민들의 모금, 정부와 언론의 비공식적 도움을 받아 조직적으로 이뤄졌다. 당시 24살의 볼프강 푹스가 이끄는 이 그룹에는 서베를린 프라이 대학 학생 등 35명이 참여해 터널 뚫기 작업을 벌였다. 서베를린 공대생이던 20대 초반의 랄프 카비쉬는 고향 가족 모임에서 만난 사촌 여동생이 서베를린으로의 탈출을 도와달라는 부탁을 하자 이 그룹에 합류했다.

베를린은 지하수 수위가 높고 모래가 많고 땅이 단단하지 않아 터널 뚫기에 적합하지 않았다. 베르나우어슈트라세 지역은 극히 예외적이었다. 이곳의 흙은 점토 성분으로 파내기 쉽고 지지하기가 쉬었다. 1964년 10월 대부분 학생으로 이뤄진 도우미들이 터널 뚫기를 시작했다. 거의 12m 아래 지하수 바닥까지 내려간 뒤 서쪽에서 동쪽으로 145m를 굴착해 갔다. 도우미들은 7~10일은 빈 빵집의 간이침대에서 자며 내리 땅을 파고 7~10일은 쉬는 방식으로 돌아가며 터널을 팠다. 봄에 시작해서 가을이 되어갈 즈음 동베를린 쪽의 비상 화장실로 터널 끝이 닿으며 작업자들은 '똥 세례'를 맞았다. 애초 측량과는 좀 다른 방향이었지만 2차대전의 유물로 사용하지 않는 비상 화장실인 탓에 오히려 더 안전했다.

1964년 10월 3일과 4일 실제 탈출이 이뤄졌다. 동베를린 쪽 탈출자들은 미리 약속된 시간에 스트렐리치슈트라세 55의 빈집으로 와서 문을 두드리고 비밀번호를 말한 뒤 집으로 들어와 튜브를 타고 터널을 통해 서베를린으로 넘어왔다. 첫째 날 28명, 둘째 날 29명이 탈출했다. 둘째 날 탈출이 마무리된 직후 자정쯤 동독 슈타지 장교 2명이 문을 두드렸다. 전날 밤 동베를린의 탈출 후보 중 한 명으로부터 탈출 계획이 새 나간 것이다. 이어 무장한 네 명의 국경수비대원이 뒷마당으로 들이닥치자 집에 있던 도우미 4명은 터널로 도망쳤다. 이 와중에 크리스티안 조벨이 뒤뜰 쪽으로 총을 쏘았고 동독 국경수비대원 중 한 명인 에곤 슐츠 상병의 상체에 맞았다. 도우미 4명은 터널을 통해 무사히 탈출했다. 슐츠는 병원 이송 중 사망했고 순교자로 추앙받았다. 동독 당국은 도우미들을 테러리스트로 몰아 대대적인 선전전을 벌였다. 총을 쏘았던 조벨은 1992년 사망할 때까지 자기가 슐츠를 죽게 했다고 믿으며 괴로워했다. 하지만 독일 통일 후 부검 보고서가 공개되면서 슐츠가 동료 병사가 쏜 총에 사망한 것으로 밝혀졌다. 슐츠는 모두 10발의 총알을 맞았는데 대부분 동료 병사가 쏜 것이었다.[3]

57터널은 대규모 터널 탈출의 하이라이트였다. 이후 서베를린에서 파 들어간 터널로 동베를린 주민들이 대거 탈출한 사례는 없었다. 그 뒤에도 몇몇 터널 작업이 서베를린 쪽에서 시도된 것으로 알려져 있지만 이런 대규모 탈출은 없었다. 베를린장벽에 대한 동독 당국의 경비가 한층 강화되면서 터널 탈출은 점점 어려워져 갔다.

보고된 마지막 터널 탈출은 1973년 7월 베를린 남서쪽 포츠담의 클라인글리니케 지역에서 이뤄졌다. 발트뮬러슈트라세의 베를린장벽 코앞에 있던 집에서 두 가족 9명이 터널을 뚫어 서베를린 쪽으로 넘어왔다. 이곳은 베를린장벽길 남쪽 루트 그리브니츠제~반

---

[3] '자유까지 145m' 슈피겔. https://www.spiegel.de/geschichte/tunnel-57-in-berlin-die-roehre-in-den-westen-a-1061301.html

제 코스를 걸으면서 지나왔던 곳이다. 예전 프로이센 황제의 사냥용 별장 근처의 장벽길 안내판에 터널 사진과 함께 당시 상황을 소개하고 있다. 터널 탈출이 이뤄진 집은 보이지 않았다. 이곳의 탈출이 성공할 수 있었던 이유는 동독 국경수비대가 집 근처 하펠강 때문에 지하수 수위가 높아 터널 파기가 불가능하다고 판단하고 감시를 소홀히 했기 때문이다. 동독 당국은 한여름 동안 이곳의 수위가 낮아진다는 걸 알지 못했다. 두 형제 가족은 지하수 수위가 낮아진 틈을 타 19m 길이의 터널을 파고 탈출에 성공할 수 있었다.

57번 터널 탈출이 이뤄진 베르나우어슈트라세는 대표적인 베를린장벽 관광지다. 거리 일대에 베를린장벽 기념 공원이 조성돼 있다. 베를린장벽길 시내 루트인 볼란크슈트라세~노르트반호프 코스에 속한다. 이곳을 걷다 보면 예전에 뚫었던 터널 표시들이 제법 많다. 터널이 있었던 곳을 따라 땅바닥에 기다란 청동 동판들을 연달아 이어 박아 놓았다. 터널 입구가 있던 곳에는 '탈출 터널, 1962' '탈출 터널, 57번, 1964' '탈출 터널, 1971' 등으로 해당 연도가 표시돼 있다.

이 중에는 '슈타지 터널'로 명명된 터널 동판도 있다. 동독 비밀경찰 슈타지가 터널 탈출을 막기 위해 판 것이다. 슈타지는 이 터널에 모니터링 시스템을 설치하고 탈출용 땅굴의 동-서 방향을 수직으로 가로지르는 남-북 방향의 땅굴을 팠다. 장벽을 넘기 위해 동, 서베를린 주민들이 판 땅굴에다 슈타지 터널까지 엉키면서 이

곳에서 땅굴 전쟁이 얼마나 치열했는지를 엿볼 수 있다.[4]

탈출 터널 안내판에는 베르나우어슈트라세에 만들어졌던 터널들의 위치를 그려놓은 지도도 있었다. 1962년부터 1971년까지 모두 10개의 터널이 이곳에 만들어졌다. 터널들은 2~3개씩 다다닥 붙어 있다고 할 정도로 촘촘하다.

1962년 9월 처음으로 이 거리에서 터널이 뚫려 29명이 탈출할 수 있었다. 이 터널은 '29번 터널'로 불린다. 이탈리아인 두 명과 동독을 탈출한 학생 등이 중심이 된 탈출 도우미들이 터널을 만들어 이틀에 걸쳐 모두 29명을 동베를린에서 데리고 올 수 있었다. 체포되거나 다친 사람은 없었다. 터널 자금을 마련하기 위해 이들 중 일부는 미국 NBC텔레비전에 영화 판권을 팔았고 두 명의 NBC 카메라맨과 함께 터널 작업을 했다. 이런 자금 조달 방식은 이전에 없었던 새로운 시도였지만 탈출이 성공한 뒤 내부 불협화음을 빚기도 했다. 이 터널은 2001년 텔레비전 영화 '터널(The Tunnel)'의 모티브가 되기도 했다. 1963년 2월의 베르나우어슈트라세 터널은 동독 슈타지에 발각돼 최소 20명의 동베를린 탈출 희망자와 3명의 탈출 도우미가 동독 당국에 체포됐다. 이후 1964년 이른바 57번 터널의 대성공 이외에는 베르나우어슈트라세의 터널 탈출은 대체로 실패로 끝났다. 이곳에서의 마지막 터널 탈출 시도였던 1971년 2월의 터널 탈출 작업에서는 최소 40명이 체포됐다.

다시 오라니엔부르크쇼쎄의 베를린장벽길이다. 아가드 터널이

---

4 장남주 『베를린이 역사를 기억하는 법 2』(푸른역사 2023) 99면

있던 집을 뒤로 하고 길을 재촉했다. 베를린 북쪽 끝에서 남쪽으로 남하하던 장벽길은 벨트하임슈트라세 네거리에서 동쪽으로 꺾인다. 이곳이 베를린장벽길 서쪽 루트 마지막 코스 호헨노이엔도르프~헤르스도르프 구간 종착점이다. 이제부터는 다시 베를린장벽길 시내 루트가 시작된다. 15분쯤 걸으면 시내 루트 첫 번째 코스 출발점인 헤르스도르프 역이다.

에필로그

노르트반호프역에서 대광리역으로

경원선 대광리역.

DMZ 평화의 길 14코스 시작점이다. 독일에서 베를린장벽길을 걸으며 문득문득 떠올렸던 DMZ 길을 찾았다. 베를린장벽길 첫 코스 노르트반호프~포츠다머플라츠 구간을 노르트반호프 역에서 시작했듯, 이제 대광리역에서 걷기를 시작한다. 2월도 중순에 접어들었지만 아직은 겨울바람이 차다. 잔설과 살얼음이 여기저기 있다.

대광리역은 평범한 시골 역이다. 역사는 개방돼 있지만 플랫폼으로 나가는 문은 잠겨 있다. 기차가 다니지 않기 때문이다. 마을 주민과 관광객을 위해 화장실만 개방해 놓았다. 경원선 대광리역이란 이름도 낯설다. 서울과 원산을 오갔던 경원선은 끊긴 지 오래다. 1945년 8월 38선이 생기면서 원산행 열차는 중단됐다. 무려 80년 세월이 흘렀다. 경원선은 이름으로만 남아 있다.

내가 걸은 베를린장벽길 14개 코스의 시작과 끝점은 모두 전철역이다. 도심의 복잡한 역부터 교외의 한적한 역까지 베를린장벽길 160km, 400리 길을 전철이 구석구석 연결한다. 동, 서베를린 분단 시절 땅 밑으로 기차는 다녔지만 역 출입은 막혀 있던 이른바 '유령역'들도 이제는 시민들이 분주히 오간다. 역 구내에 걸린 당시 사진들만이 그 시절을 떠올리게 한다.

베를린장벽길과 DMZ 평화의 길은 그 이름만큼이나 다르다. 통일 독일과 분단된 한반도가 그렇듯 같은 것보다 다른 게 훨씬 많다. 베를린장벽길은 장벽이 무너진 자리에 산책길과 자전거길, 도로, 공원, 숲으로 다시 태어났다. 두꺼운 콘크리트 장벽으로 막혔던 동, 서베를린 시절의 엄혹한 상흔들이 여기저기 남아 있지만 이젠 시민의 일상에 모두 녹아들었다.

DMZ 평화의 길은 이름부터가 역설이다. DMZ는 영어로 비무장지대란 뜻이다. 이곳만 빼고 온갖 중무장이 가능하다. 남북은 휴전선을 사이에 두고 비무장지대 밖에 수많은 중화기와 병력을 배치해 놓고 있다. 평화의 길이라 이름 지은 건 평화를 염원하기 때문이다. 그만큼 평화롭지 못하다는 얘기다.

DMZ 평화의 길 14코스는 대광리역에서 신탄리역을 거쳐 백마고지역까지 12km다. 경원선 철길을 따라 걷는다. 길 주변으로 철길과 하천, 논밭이 이어진다. DMZ 평화의 길은 모두 36개 코스, 526km다. 휴전선을 따라 한반도 허리를 횡단한다.

차탄천 천변길에서 14코스가 시작된다. 천변길 초입 다리 건너편에 큰 가로 간판이 세워져 있다. '통일의 문을 여는 열쇠부대.' 군부대 입구다. 이곳은 군부대 밀집 지역이다. 전쟁의 징후가 상존하는, 그래서 평화를 간절히 기원하게 되는 그런 땅이다. 천변길 양쪽으로 크고 작은 황톳빛 산들이 보인다. 가까이 보이는 정겨운 야산부터 저 멀리 제법 높은 산까지 우리 강산의 전형적인 풍경이다.

신탄리역을 조금 지나니 '철도 중단점, 철마는 달리고 싶다'라고 적힌 표지판이 우뚝 서 있다. 경원선은 1945년 38선 분단으로 중단됐고, 한국전쟁 이후 1955년부터는 신탄리역을 종점 삼아 남한 내에서만 기차가 운행됐다. 1971년 통일 염원을 담아 이 표지판을 세웠다. 그 뒤 신탄리역에서 백마고지역까지 철길을 내어 기차가 다녔지만 지금은 운행이 잠정 중단된 상태다. 길가 가드레일 기둥에 작은 글씨로 'DMZ 평화의길'이라 적힌 녹색 스티커가 애틋하다.

차탄천 위로 이제는 끊긴 옛 경원선 교량이 덩그러니 남아 있다. 시멘트와 돌을 쌓아 만든 제법 큰 교량이다. 교량 옆 안내판에 이 일대 평화의 길 지도가 그려져 있다. DMZ 평화의 길이라고는 하지만 DMZ 근처 여러 곳을 지날 뿐 DMZ 자체는 접근할 수 없다. DMZ 아래쪽 산과 들판, 전적지, 마을 등을 지난다. DMZ 일대는 민간인 통제구역이 설정돼 있다. 평화의 길 일부 구간은 미리 예약 받아 민간인 통제구역을 걷지만 대부분 DMZ와는 조금 떨어진 곳을 걷는다. 화살머리고지, 백마고지, 제2땅굴 등도 DMZ 바로 인근이어서 평화의 길 코스에는 포함되지 않는다. DMZ가 존재하는 한 DMZ 평화의 길은 그 주변을 걷는 길일 뿐이다.

백마고지역이다. 역 앞 도로변에 탱크 3대와 장갑차 1대가 서 있다. 탱크 엔진소리가 굉장하다. 누군가 무어라 고함치듯 얘기하고 있고 다른 병사들이 망치 같은 걸로 탱크를 두드리는 소리가 들린다. 탱크를 정비 중인 것 같다. 굉음을 내며 이들이 떠나가자 얼마 지나지 않아 똑같이 탱크 3대, 장갑차 1대로 편성된 무리가 다시 역 앞으로 온다. 군사훈련 중인 것 같다.

대광리역에서 백마고지역까지 12km를 걸었다. 백마고지는 어디인지 알 수 없다. 저 멀리 있는 야산이 백마고지일까. 전쟁의 상흔과 대결의 그림자가 엄혹하게 드리워진 불편한 땅이다.

분단은 1945년부터 80년째 이어지고 있다. 80년이면 강산이 8번 변한다. 머지않아 100년 세월을 바라볼 터다. 같은 세월 독일은 분단을 극복하고 통일을 이뤄냈다. 28년간 지속됐던 베를린장벽이 1989년 붕괴하고 이듬해인 1990년 통일을 이뤘다. 동, 서독 분단 40년 만의 일이었다. 독일이 통일된 지도 벌써 35년이 지났다. 남북은 그사이 전진과 후퇴를 반복하며 어쩌면 다시 원점에 서 있는지도 모른다.

베를린장벽길과 DMZ 평화의 길이 다르듯 독일과 우리의 분단도 다르다. 나라의 분단이란 본질은 같지만 그 양태와 고통의 폭과 깊이는 많이 다르다. 독일의 길이 아니라 우리의 길을 가야 하는 이유다. 독일 통일의 핵심을 직시해야 하지만 우리는 우리만의 길을 찾아야 한다. 오늘날 베를린 도심 노르트반호프 역과 경기도 연천 DMZ 인근 대광리역이 다르듯이.

차탄천 천변길을 걷다 어디론가 무리 지어 날아가는 새떼를 봤다. 저 새들은 자유로이 북녘땅을 넘나들 거란 생각을 했다. 1989년 베를린장벽이 붕괴한 뒤 장벽을 넘나들며 살던 토끼들은 삶의 터전을 잃었지만 사람들은 장벽을 부수고 자유로이 넘나들 수 있었다. 우리는 어떤가. 저 새들만 오갈 뿐 사람의 길은 더 좁아지고 아예 끊기고 있다. 통일이 아니더라도 함께 살아가는 길을 찾아야 한다. 사람이 오가고 동물들도 온전히 쉴 수 있는 길을 찾아야 한다.

  노르트반호프 역에서 처음 베를린장벽길 걷기를 시작했다. 이제 대광리역에서 그 철길이 이어질 때까지 다시 걷기를 시작한다.

참고문헌

Gabriele Camphausen, Wo stand die Mauer in Berlin. Berlin:Jaron Verlag, 2008.

김영희 『베를린장벽의 서사』, 창비 2016.

이은정 『베를린, 베를린』, 창비 2019.

앙겔라 메르켈, 박종대 옮김 『자유, 1954-2021년을 회상하다』, 한길사 2024.

통일부 '2023 북한인권보고서' '2024 북한인권보고서', 통일부 2023, 2024.

장남수 『베를린이 역사를 기억하는 법』, 푸른역사 2023.

그레고어 쇨겐, 김현성 옮김 『빌리 브란트』, 빗살무늬 2003.

에곤 바, 박경서·오영옥 옮김 『빌리 브란트를 기억하다』, 북로그컴퍼니 2014.

헬무트 콜, 김주일 옮김 『나는 조국의 통일을 원했다』, 해냄 1998.

이동기 "빌리 브란트 민주사회주의와 평화의 정치가", 『역사비평』 통권 102호(2013년 봄).

이동기 『비밀과 역설』, 아카넷 2020.

리하르트 폰 바이츠제커, 탁재택 옮김 『우리는 이렇게 통일했다』, 창비 2012.

손기웅 강동완 『동서독 접경 1393km 그뤼네스 반트를 종주하다』, 너나드리 2020.

염돈재 『독일통일의 과정과 교훈』, 평화문제연구소 2010.

베를린장벽길 산책
장벽길 160km 희망과 슬픔의 기록

초판 1쇄 인쇄 2025년 4월 7일
초판 1쇄 발행 2025년 4월 14일

지은이 백기철
펴낸이 김재광
펴낸곳 솔과학
편 집 바다
영 업 최희선
디자인 본문·표지 장덕종
등 록 제02-140호 1997년 9월 22일
주 소 서울특별시 마포구 독막로 295번지 302호(염리동 삼부골든타워)
전 화 02)714-8655
팩 스 031)422-4656
E-mail solkwahak@hanmail.net

ISBN 979-11-7379-006-5 03300

ⓒ 솔과학, 2025
값 27,000원

이 책의 내용 전부 또는 일부를 이용하려면 반드시 저작권자와 도서출판 솔과학의 서면 동의를 받아야 합니다.

이 책은 관훈클럽정신영기금의 도움을 받아 저술 출판되었습니다.